Kallimni 'Arabi

كَلِّمْنِي عَرَبِي

Kallimni 'Arabi

An Intermediate Course in
Spoken Egyptian Arabic

Samia Louis

with

Iman A. Soliman

Illustrations by

Nessim Guirges

The American University in Cairo Press
Cairo • New York

www.aucpress.com

Dar el Kutub No. 14100/05
ISBN-10: 977 424 977 1
ISBN-13: 978 977 424 977 8

4 5 6 12 11 10

Designed by the AUC Press Design Center
Printed in Egypt

Contents المحتويات

Acknowledgments

I would like to thank:

Colin Rogers, the CEO and founder of the International Language Institute (ILI) in Cairo, whose vision and support made this book possible. Mr. Rogers provided all the necessary finances for consultants, an artist, and a recording studio, and most of all believed in our capabilities.

Dr. Iman Aziz Soliman, educational consultant and book planning expert, who used her skills and experience to help in designing and guiding the work.

Mohamed Amer, project manager, who edited the work and added in the pronunciation slot in each chapter.

Hoda Adeeb, director of studies at the International Language Institute, for sharing her opinions, grammatical analysis, and for providing teacher support in editing and recording.

The International Language Institute teaching staff for recording and pioneering the book in class and giving their constructive feedback and suggestions.

Our administrative staff **Zeinab El Ghazaly**, head of reception, who typed the manuscript and **Dalia Abou El Ezz**, who helped edit the work on computer. **Elaine Hermina** helped oversee the administrative work.

Nessim Guirges, the artist, for all his effort in making the illustrations so helpful as a teaching aid.

- make daily transactions and use money and numbers in daily purchases
- talk about their daily routine and about their plans for the future
- give simple narrations about their trips and past life
- make requests and offer simple apologies
- express their likes and dislikes and talk about their abilities
- talk about their feelings when they are ill
- talk about their personal possessions

Introduction

Kallimni 'Arabi is part of a planned series of multi-level Egyptian Colloquial Arabic course books for adults. It combines rich everyday cultural content, comprehensive grammar, and real-life functional language. It is designed according to the guidelines for teaching and learning Arabic of the American Council for Teaching Foreign Languages (ACTFL).

This book covers the Novice High and Intermediate Low levels of language proficiency set by the ACTFL. Chapters 1–5 address the needs of Novice High students when communicating aurally in a number of survival situations; it recycles everyday vocabulary and progressively builds and enforces students' knowledge of sentence structure through presentations and practices that focus on real-life situations. Chapters 6–10 are aimed at Intermediate level students, helping them communicate aurally and allowing for progressive acquisition of vocabulary and sentence structure through a number of interactive classroom tasks and everyday situations. This volume covers the skills of listening, speaking, reading, and writing, with particular emphasis on listening and speaking.

Students using this course book should already be able to read and write some Arabic, having studied around thirty hours of a beginners' Egyptian Colloquial Arabic class or around eighty hours of a Modern Standard Arabic program.

By the end of this course students should be able to:

• introduce themselves and ask people for their personal information
• use polite greetings
• respond and initiate conversations
• ask about things they do not know and describe people and things they know
• ask for and give instructions and directions
• order meals and shop for groceries, vegetables, and fruits

book. The recorded material also includes language presentations, the language points (points of grammar and expressions), pronunciation drills, and listening activities as well as reading texts. A variety of native speaking voices are used to enrich the students' exposure to the spoken language in its natural context.

Listening Texts

The written texts for the listening material are written in Arabic and presented as a part of the practice section in each presentation.

Methodology

Kallimni 'Arabi covers sixty classroom teaching hours. The teacher is free to use the practices in the Real Life or Remember sections according to student needs and classroom time constraints. The book is designed in such a way as to allow the teacher to structure the lessons as needed. However, since the vocabulary and grammar are used cumulatively throughout the units, it is recommended to follow the sequence in which the lessons are ordered in the book.

Structure

Kallimni 'Arabi consists of ten modules with a revision unit at the end of every five modules. Each module is structured as follows:

Presentation
New language points and vocabulary are presented in context through listening or speaking, to highlight form, use, and pronunciation.

Practice
Each presentation is followed by a number of exercise types which offer controlled and freer activities, often involving all four skills.

Real Life
A skill-based section in which the student participates in a number of learning tasks that simulate real-life situations. The aim is to use the vocabulary and structure that the student learned in the module.

Remember
A section providing a quick overview of all the language points taught in each module.

Kallimni 'Arabi also includes the following:

Glossary
Using illustrations, the book presents the necessary vocabulary for each function and presentation within each module. Also, at the end of the book there is an Arabic/English glossary of the vocabulary used in each module.

CDs
Listening texts are recorded as mp3 files on a CD for class and personal use. Each recorded part has a track number that is indicated next to the text in the

Skills			
Listening	**Speaking**	**Reading**	**Writing**
Dialog about greetings and introducing oneself.	Using greetings and introductions in a conversation.	Completing gap filling exercises of greetings and reading comprehensions.	Writing sentences about greetings.
Dialog about location of countries on a map.	Forming questions about location and giving more information about people.	Reading sentences on different directions and instructions.	Writing a survey about people's nationalities and locations.
Dialog with possessives. Language (for general and detailed information).	Dialog with colleagues about possessiveness of things.	Reading sentences about possessiveness.	Writing sentences about possessions. Producing questions.
People asking questions about telephone numbers, dates, and course Schedules.	Students exchange information about their telephone numbers and identity card numbers.	Reading the names of different governorates on a map and their code numbers.	Creating their own telephone directory.
Dialog between a government employee and a foreign student renewing his/her visa.	Role play between a hotel receptionist and a student making a hotel reservation.	Reading personal business cards, identity cards, and driving licenses.	Writing information from a real business card.

Skills			
Listening	**Speaking**	**Reading**	**Writing**
Dialog about different jobs and places of work.	Conversation to ask about jobs.	Reading for understanding a dialog about jobs.	Writing sentences about occupations.
Dialog about different job salaries.	Conversation about salaries in different parts of the world.	Statistics of Egyptian employee incomes.	Writing sentences by gap filling of a dialog about jobs.
Recognition of the family tree.	Talking about one's family tree and the occupations of different family members.	Reading for comprehension. Sentences about one's family.	Writing sentences about one's own family and occupation.
Listening for recognition of places of people in a party.	People asking about places of things.	Reading and recognizing places of objects and people.	Writing sentences about location of things and people.
Dialog about employment: Woman applying for a job.	Role play student applying for a job and an interview with a manager.	Reading a letter of a daughter to her family about her job.	Writing a similar letter.

Module 1

Module 1	Grammar	Pronunciation	Function	Vocabulary
1st Presentation التحيات إنت منين؟	Pronominal Suffixes e.g. اسمي – كتابي Relative adjectives. مصري – أمريكي – ياباني	Solar and Lunar letters.	Greetings and introducing oneself. Nationalities.	Countries, nationalities.
2nd Presentation بلدك فين؟	Using original directions. الجهات الأصلية	Word stress: North, South, East, West, North West, etc.	Introducing oneself using nationalities, reading maps and the ability to specify country locations.	Geographical sets. محيط، الجهات الأصليّة، جزيرة ... إلخ
3rd Presentation عندك إيه؟	Possessive pronouns. عندي - عندك ... إلخ	Word stress of nouns and pronominal suffixes.	Using possessive form with people and objects.	Things you have. عندي أصحاب، جيران، صداع ... إلخ
4th Presentation كام؟ نمرة تليفونك كام النمرة كام؟	Numbers. العدد من ١–٩٠ تمييز العدد (المفرد والجمع)	Word stress of numbers and their plurals.	Asking about telephone numbers, addresses, age, size, weight, and telephone calls.	Numbers, days, weeks, months, years, names of Egyptian governorates and their codes.
Real Life Language Application	Recycling all the grammar taught in the four presentations.	Monitoring the pronunciation of students.	Revising all the pre-taught target language in Real Life situations	House, hotel, passport, visa date, expiry date.

Remember	résumé of all the grammar in the previous presentations

Module 2

Module 2	Grammar	Pronunciation	Function	Vocabulary
1st Presentation هو بيشتغل إيه؟	Imperfect (negative and affirmative) الفعل المضارع	Word stress of imperfect tense verbs.	Introducing one's job. Asking about occupations and places of work.	Jobs and places of work.
2nd Presentation دخلك كام؟ بياخد كام؟	Reading big numbers. ألف - مليون ... إلخ	Word stress of hundreds and thousands.	Introducing hundreds and thousands. Asking about family income and salaries.	Numbers from 1-100 million. Income and salary words. محيط، الجهات الأصليّة، جزيرة ... إلخ
3rd Presentation عيلتي – العيلة	Attaching pronouns to family vocabulary. الضمير المتصل بالاسم، العدد والتمييز مع مفردات العيلة	Word stress of family members and pronominal suffixes.	Introducing family members and their jobs.	Family. بابا ، ماما، أخ، أخت، متجوز، عازب
4th Presentation فين الـ ؟ فين ده/ دي؟	Adverbs of place. حرف الجر والظرف واتصالهم بالضمير	Word stress of adverbs of place and pronouns.	Asking about family members.	Adverbs of place e.g. In front of it, behind it / you, under them etc.
Real Life Language Application	Using and recycling pre-taught grammar in the 4 presentations.	Monitoring and correcting pronunciation.	Revising all the pre-taught target language in the four presentations and Real Life situations.	Recycling old vocabulary.

Remember	résumé of all the grammar in the previous presentations

Skills			
Listening	**Speaking**	**Reading**	**Writing**
Recognition of objects in the plural form.	A question and answer activity. Asking about names of things in the singular and plural.	Reading names of different objects. Reading table of plural nouns with articles.	Answering tag questions using plural nouns.
Dialog and sentences about things that belong to people.	Asking and answering questions to identify personal belongings.	Reading labels and names of different items.	Writing missing objects and possessive articles in a gap filling exercise.
Dialog between two people asking about places and neighborhood.	Students exchange information about places on the map.	Reading maps for direction.	Writing information on a map to locate specific places.
Dialog between two people describing their accommodation.	Students exchange information about their place of accommodation.	Reading names of streets on map of Downtown Cairo.	Gap filling exercise. Writing addresses.
Dialog between customer and taxi driver about information.	Role play: A police officer asking students about some found stolen personal items.	Reading a leeter of invitation to a party to identify address.	Writing a party invitation describing how to get to the venue.

Skills			
Listening	**Speaking**	**Reading**	**Writing**
Dialog between a husband and wife discussing their weekend.	Exchange information about daily routine and what they do on weekends.	Reading about routine activities of other people.	Writing Q&A about weekend activity. Writing sentences from an illustrated story.
Mini-dialogs between a waiter and different customers for recognition of ordered items.	Role play activity between a student and a waiter to practice ordering drinks at the cafeteria.	Reading a cafeteria menu.	Categorizing different items of vocabulary by writing them as a list of requests. Arranging some words to form orders and requests.
Listening for detailed information about shopping at the grocer's.	Role play: Shopping at the green grocer's.	Reading shopping items.	Writing a shopping list.
Listening to some future plans and producing similar ones.	Giving accounts of future plans.	Reading future plan sentences.	Gap filling exercise to use participle in correct form.
Dialog between two employees talking about their daily routine at work.	Talking about different future plans for the coming weekend.	Reading a menu and listing food prepared by a housewife for a dinner party.	Writing sentences on illustrated future plans. Writing a shopping list for a housewife.

Module 3

Module 3	Grammar	Pronunciation	Function	Vocabulary
1st Presentation إيه ده؟ ده كتابي.	Singular, dual, and plural nouns. Singular and plural articles. ده – دي – دول	Word stress of singular and plural nouns.	Using different articles with singular, dual and plural nouns. Using objects. Possessive form with objects.	Household and classroom objects. (singular and plural)
2nd Presentation ده بتاعي.	Possessive article. بتاع – بتاعة – بتوع	Word stress of different possessive articles.	Using different possessive articles with singular, dual, and plural nouns.	Personal belongings. فوق – تحت – ورا – قدام
3rd Presentation الأماكن والمحلات فين بالظبط؟	Attaching pronoun to adverb of place. شمالك – يمينك Adverbs of time. لحد – لغاية – خش – Imperatives. امشي ... إلخ Ordinals. أول – تالت ... إلخ	Word stress of adverbs connected to possessive pronouns.	Asking about places and directions. Expressing distance and duration.	Adverbs of place. Names of places. نادي – كنيسة – جامع
4th Presentation ساكن فين؟	Active participle (affirmative and negative) ساكن – ساكنة – ساكنين	Word stress of different active participle with all pronouns.	Asking about the place of living. Getting to know names of streets.	Names of some streets and districts in Cairo.
Real Life Language Application	Using and recycling pre-taught grammar in the four presentations.	Monitoring and correcting students' pronunciation.	Using all pre-taught target language in Real Life situations.	Recycling old vocabulary.

Remember	résumé of all the grammar in the previous presentations

Module 4

Module 4	Grammar	Pronunciation	Function	Vocabulary
1st Presentation بتعمل إيه كل يوم؟	Conjugation of the imperfect routine verbs. (affirmative and negative) تصريف المضارع مع كل الضمائر	Pronouncing present routine verbs and change of word stress between the affirmative and negative.	Asking about daily routine and habits.	Daily routine Verbs, some adverbs of time.
2nd Presentation في الكافيتريا: عندك؟ فيه؟	Some imperatives and Pronominal suffixes. (indirect object) هات لي – جيب لنا ... إلخ	Word stress of items in the cafeteria.	Ordering drinks in the coffee shop.	Drinks and desserts.
3rd Presentation الخضار والفاكهة عند الخضري والفكهاني	Money language. Countable and uncountable nouns. عندك – عايز – الحساب كام؟	Word stress of fruits and vegetables.	Shopping for fruits and vegetables.	Fruits and vegetables. Some money words.
4th Presentation عايز تعمل إيه بكره؟	Active participle and unmodified imperfect for future planning (affirmative and negative) عايز والفعل المضارع	Pronouncing active participles and of different numbers and genders.	Money language. Talking about future plans.	New verbs and some future time words.
Real Life Language Application	Using and recycling pre-taught grammar.	Re-enforcing and monitoring students pronunciation for pre-taught language.	Using all previously taught language through real life situations.	Recycling old vocabulary.

Remember	résumé of all the grammar in the previous presentations

الوحدة الخامسة

Skills			
Listening	Speaking	Reading	Writing
Dialog between customer and the grocer to identify quantities of shopping items.	Role play at the supermarket.	Reading a shopping list.	Writing a shopping list.
Mini-dialogs to get detailed information about flats and furniture.	Describing one's own apartments and furniture as well as those of famous people.	Reading items of furniture and rooms.	Writing information about flats.
Dialog between a shop attendant and a customer in a clothes shop.	Role play for shopping for colored items: Asking about colors of different items in class.	Matching exercise using colored items in Q&A form. Choosing the correct form of color.	Completing a dialog between a customer and a shop attendant.
Dialog between a lady and a landlord describing flat contents.	Describing people in different pictures. What he/she is wearing? Exchanging information about suitable clothes for particular trips.	Reading a dialog between a customer and a shop attendant in a clothes shop.	Write missing information to complete a dialog.
	Students exchange information about their new flats (rooms, contents, price).	Reading adverts for flats for rent.	Writing adverts to describe flats for renting.

الوحدة السادسة

Skills			
Listening	Speaking	Reading	Writing
A description of the weather conditions.	Talking about the weather conditions in some countries; Asking classmates about the weather in their countries.	Reading a table of temperatures in different cities around the world.	Writing a survey about weather conditions in different countries of other students.
Dialog between different people making suggestions and choosing right meanings.	Talking to friends about suggestions for the weekend.	Reading sentences for suggestion and choosing right answers.	Writing missing parts of a dialog.
Dialog between a husband and his wife making suggestions for an outing on the weekend.	Talking about what one likes to do in ones free time. Exchanging information about hobbies and interests.	Reading sentences expressing likes and dislikes Questions and answers about weekend and activity.	Writing a survey about different hobbies of classmates.
A number of short orders for food.	Role play between a waitress and a customer in a restaurant.	Reading requests and food orders.	Completing a missing part of a dialog between a customer and a waiter. Writing sentences to ask and request help for house work.
Dialog between a husband and a wife suggesting a trip to Aswan.	Role play: Two people making plans for their vacation.	Reading restaurant menus.	Writing a bill and filling in a check form.

Module 5

Module 5	Grammar	Pronunciation	Function	Vocabulary
1st Presentation في السوبر ماركت	More numbers and counting. الكميات الكبيرة – العدد والتمييز	Word stress of numbers and nouns of specification in connected speech.	Shopping for large quantities using countable nouns and money language.	Vocabulary of containers and packaging.
2nd Presentation شقتك الجديدة فيها إيه؟	In it. (masc / fem) There is. فيه / فيها – مافيهوش / مافيهاش	Word stress to highlight feminine *Idafaa* constructions. التاء المربوطة في الإضافة	Talking about apartments and rooms.	Rooms and furniture.
3rd Presentation الهدوم: لابس إيه؟	Colors in noun adjective agreement. أحمر – حمرا – حُمر	Word stress of colors.	Using colors to describe items.	Colors.
4th Presentation	Active participles for description. The nominal sentence. (لابس – لابسة – لابسين	Pronunciation and intonation of different clothes.	Describing what people are wearing. Shopping for clothes.	Clothes for men and women.
Real Life Language Application	Recycling all the grammar taught in the four presentations.	Reinforcing and monitoring students pronunciation.	Revising all pre-taught target language in Real Life situations.	Recycling old vocabulary.
Remember	résumé of all the grammar in the previous presentations and general revision for units 1-5.			

Module 6

Module 6	Grammar	Pronunciation	Function	Vocabulary
1st Presentation الجو عامل إيه؟ درجة الحرارة كام؟	There is / there isn't. Relative adjective. فيه مطرة / مفيش مطرة – فيه برد / مافيش برد	Sun and moon letters.	Talking about the weather and seasons of the year.	Seasons and weather.
2nd Presentation تيجي / ياللا نسافر؟	Proposing. ياللا / تيجي + مضارع	Intonation of suggestions.	Making suggestions or plans.	More verbs and names of places.
3rd Presentation هواياتك إيه؟	I like + unmodified imperfect. (affirmative and negative) باحب ألعب / ما بحبش ألعب	Word stress of the different conjugations of verb like with different pronouns.	Expressing likes and dislikes. Talking about hobbies.	Hobbies.
4th Presentation في المطعم: عندك؟ – فيه؟ – هات لي	May I / Can I + unmodified imperfect. (affirmative and negative) يقدر يلعب – ممكن يلعب ... إلخ	Word stress of names of food and meals.	Making requests and orders.	Meals and food.
Real Life Language Application	Recycling all the grammar taught in the four presentations.	Monitoring the pronunciation of students.	Revising all the pre-taught language in Real Life.	Recycling old vocabulary and some restaurant expressions.
Remember	résumé of all the grammar in the previous presentations			

Skills			
Listening	**Speaking**	**Reading**	**Writing**
Dialog between a policeman and a wife who is describing her missing husband. Listening to recognize different people in a picture.	Describing people in a picture. Guessing game "Who is he?" Asking about different classmates.	Reading the dialog between a policeman and a wife and using a role play.	Writing numbers to identify people.
Dialog between two friends; one of them needs help, and the other offers help.	Using language to describe and anticipate what is going on in a set of pictures. Asking questions to fill in a survey.	Reading sentences corresponding to a set of pictures.	Filling in a survey about the likes and dislikes of other people.
Recognizing frequency words in sentences. People talk of certain events in their lives.	Talking and asking questions about how often one does certain things.	Reading a list of names of different sports.	Filling in a survey concerning the frequency of doing some daily activities.
Dialog between a landlady and a tenant concerning conditions of renting a flat.	Talking about different family habits in different countries.	Reading a dialog between a student and the head of the dorm telling her what she should / shouldn't do.	Completing a dialogue.
A telephone conversation describing someone.	Talking with a friend, and planning and suggesting a weekend outing.	Reading different adverts on a board about different trips and activities for the weekend.	Filling in a school registration form for different activities.

Skills			
Listening	**Speaking**	**Reading**	**Writing**
Dialog between a manager and his employee.	Role play: A housewife and the cleaning lady. Giving advice on how to live healthy. Simon Says game.	Reading imperative sentences and put them in right order.	Arranging sentences and re-writing them. Forming imperative sentences according to pictures.
Dialog between the porter and a lady moving into her new flat.	Role play: A teacher ordering students to tidy up their class. A manager giving orders to his employees.	Reading a dialog between a lady and a porter and using it as a role play.	Writing imperative sentences of a manager ordering his secretary.
Dialog between a father and daughter concerning a trip to Sharm El Sheikh.	Role play: A secretary reminding her boss of some tasks. Giving directions to a lost driver.	Reading a dialog between a father and his daughter for drilling.	Gap filling exercise.
Dialog of a patient reminding his nurse of other duties.	Making arrangement and organizing a dancing party.	Reading a dialog between two employees in a business party.	Gap filling exercise.
Dialog between a husband and his wife packing to travel.	Role play: Two employees arranging a business gathering.	Reading a letter of an Egyptian friend inviting a foreigner to visit Egypt.	Writing a letter for an Egyptian friend inviting a friend or family member to visit Egypt.

Module 7

Module 7	Grammar	Pronunciation	Function	Vocabulary
1st Presentation شكله إيه؟	Adjectives and prepositional phrases. أشقر – طويل – بشنب – بنضارة ... إلخ	Word stress of different adjectives.	Describing people and physical criteria (characteristics).	Adjectives. طويل – قصير ... إلخ
2nd Presentation تحب تعمل إيه بكره؟	Some auxiliary verbs + unmodified imperfect. تحبّ تلعب اسكواش بكره؟	Word stress and verb conjugation.	Making offers and invitations.	More verbs: يعزم – يساعد ... إلخ
3rd Presentation كلّ قدّ إيه؟	Imperfect verb (habits) and adverbs of time and frequency. دايما – أحيانا – أبدا – خالص ... إلخ	Word stress of adverbs of frequency.	Asking about the frequency of habits and actions.	More verbs and adverbs of frequently words. دايما – أحيانا ... إلخ
4th Presentation لازم – ضروري	Should / ought to + unmodified imperfect (affirmative and negative). لازم تروح – ضروري تذاكر – مش لازم – مش ضروري ... إلخ	Sentence intonation.	Expressing necessities and obligations.	More verbs and modals.
Real Life Language Application	Recycling all the grammar taught in the four presentations.	Monitoring the pronunciation of students during the activities.	Revising all the pre-taught target language in Real Life. situations	Recycling old vocabulary.

Remember	résumé of all the grammar in the previous presentations

Module 8

Module 8	Grammar	Pronunciation	Function	Vocabulary
1st Presentation الأمر	Forming imperative verb from present tense.	Word stress of some imperative verbs. (affirmative and negative)	Giving orders.	New imperative and imperfect verbs.
2nd Presentation ممكن تعمل لي؟	Attached objects to pronouns. Attached imperatives to pronouns.	Word stress of the object pronoun.	Asking and ordering people to do certain tasks for oneself.	More new verbs: يعدّي – ينسى – يدفع
3rd Presentation إوعى	Other forms of imperatives. إوعى + مضارع	Sentence intonation.	Warnings and prohibiting certain actions.	More verbs: يخاف – ينسى
4th Presentation خليك فاكر – ما تنساش	More imperatives forms.	Word stress of some imperative forms.	Giving advice and reminding.	More expressions: خليك فاكر – ما تنساش – صوت عالي
Real Life Language Application	Recycling all the grammar taught in the four presentations. خلليك فاكر – خللي بالك – ما تنساش	Monitoring the pronunciation of students during the activities.	Revising all the pre–taught target language in Real Life situations	Recycling old vocabulary and some new words. يرمي – يساعد – يتعب – سريع

Remember	résumé of all the grammar in the previous presentations

Skills			
Listening	**Speaking**	**Reading**	**Writing**
Dialog about a job ad in the newspaper.	Describing a set of pictures. Asking people about things they are able to do or know how to do.	Reading sentences and arranging them.	Arranging words to form sentences.
Dialog between friends talking about their plans for a birthday party.	Talking about future plans.	Reading a dialog between two friends and using it as a role play.	Filling in a gap exercise.
Short phone call conversations.	Making phone call conversations.	Reading telephone conversations and repeating them for drilling. ·	Completing a phone call conversation.
Dialog between engaged couple arranging for a date.	Making and giving excuses.	Reading a jumbled dialog to re-arrange it.	Filling in a survey about frequency of making certain excuses.
Dialog between friends talking about their family plans for the holidays.	Dialog between two friends making an appointment.	Reading an invitation from a student inviting her friends to here graduation party.	Writing apologies to different invitations.

Skills			
Listening	**Speaking**	**Reading**	**Writing**
Dialog between teacher and student.	Talking about what one did and what one did not do on vacation.	Reading sentences to identify the personal pronouns.	Completing a dialog.
People giving accounts of different past events.	Asking about and giving information about what your friends did.	Reading sentences to recognize verb conjugation.	Filling in past tense forms of verbs in sentences and dialog.
Dialog about what someone did yesterday.	Giving a short account of a past event. Telling a story.	Reading and rearranging a dialogue between two friends.	Gap filling exercise.
Dialog at the pharmacy. Listening to advice from doctor to patient.	Role play; Doctor and patient complaining of illnesses.	Reading a number of sentences to match them to pictures.	Answering comprehension questions for a dialog between a pharmacist and a customer.
Dialog between a patient and her doctor.	Giving an account of a real life situation that one has passed through.	Reading a tourist's program of a trip around Egypt.	Writing a story in the past from picture prompts.

Module 9

Module 3	Grammar	Pronunciation	Function	Vocabulary
1st Presentation تعرّف تعمل؟ تقدر تعمل؟ ممكن تعمل؟	Can and able and know + imperfect. Relative adjectives. يقدر يلعب – يعرف يستعمل – ممكن + يعوم	Word stress of verbs.	Asking and exchanging information about hobbies and abilities.	Vocabulary of some activities and hobbies. يعوم – يقدر – يعرف
2nd Presentation هتعمل إيه بعدين؟	The future affirmative and negative forms. هـ + مضارع	Word stress in future verbs.	Speaking about future plans.	Future time words. الأسبوع الجاي – السنة الجاية – بكره – بعد شوية
3rd Presentation تليفونات ورسايل: قول له – ممكن أسيب له رسالة؟	Indirect speech. قول له – ممكن أسيب له؟	Sentence stress and intonation of passing and leaving messages.	Leaving and taking messages.	Taking and leaving messages vocabulary.
4th Presentation آسف ماعنديش وقت – ما اقدرش	Apologies. آسف – كان لازم – عشان	Intonation of apologetic formulae.	Making suggestions, apologies, and giving excuses.	Vocabulary for apologizing and making excuses. عيد – حفلة – راس السنة – حفلة التخرّج
Real Life Language Application	Recycling all the grammar taught in the four presentations.	Monitoring the pronunciation of students during the activities.	Revising all the pre-taught target language in real life situations.	Recycling old vocabulary and some new words.

Remember	résumé of all the grammar in the previous presentations

Module 10

Module 10	Grammar	Pronunciation	Function	Vocabulary
1st Presentation عملت إيه الأجازة اللي فاتت؟	Past tense. لعب – كتب – أجّر – عزم – جه – اجتمع	Past tense verbs stress. (affirmative and negative)	Asking about the weekend.	Past tense verbs and time words. إمبارح – الإسبوع اللي فات
2nd Presentation حصل إيه إمبارح؟	Past tense verbs (affirmative and negative). قال – نام شال – اشتغل – اتكلّم	Word stress of hollow verb conjugations.	Asking about past events in a workday.	More past tense verbs and words. مالك – ساب – شال – ساعد – بعد الضهر
3rd Presentation حصل إيه؟ المدير عمل إيه؟	Past tense verbs. Using original directions. – وصل – صحي خد اتغدّى – استعمل	Word stress of final weak verbs.	Asking about different events and situations in the past.	More past tense verbs عدّ – نطّ – لقي – انبسط – روّح – ضرب
4th Presentation أنا تعبان يا دكتور – عندك إيه؟ – مالك ؟	What is wrong? Possessive pronouns. مالك؟ – عندك إيه؟	Sentence stress and intonation of complaining of illness.	Expressing complaints of physical illness to the doctor.	Vocabulary of illnesses. مغص – صداع – حرارة – أنفلونزا – أقراص – حقن – دوا شرب – دهان
Real Life Language Application	Recycling all the grammar taught in the four presentations.	Monitoring the pronunciation of students during the activities.	Revising all the pre-taught target language in Real Life situations.	Recycling old vocabulary and learning more words. القلعة – وادي الملوك – آثار رومانيّة ... إلخ

Remember	résumé of all the grammar in the previous presentations and general revision for units 5-10

الوحدة الأولى

محتويات الموضوعات في الوحدة الأولى

◆ التحيّات والتعارف – الضمير المتّصل بالاسم (اسمي – كتابي)

◆ أسماء البلاد والجنسيّات – الجهات الأصليّة والفرعيّة

◆ لغة الملكيّة (عندي – ماعنديش) – إسناد الضمائر للحروف

◆ الأرقام ١ – ٩٠ والجموع والتمييز

الكلمات الجديدة في وحدة ١

تقديم (١)

ضمائر الجمع: همّ – إحنا – إنتو

حفلة – عامل إيه؟ – مبسوط – منين؟ – حضرتك – كمان – أخبارك – إيه؟

تشرّفنا – كلّه تمام – العفو – لكن

تقديم (٢)

جنسيّة – قارّة أفريقيا – آسيا – أمريكا الشماليّة – أمريكا الجنوبيّة – أوروبّا –

أستراليا – جنوب غرب – جنوب شرق – بلدك – عاصمة – مدينة – محيط – بحر –

أصلاً – محافظة – فين بالظبط؟ – مش كده؟

تقديم (٣)

عندي وتصريفها – أصحاب – زميل – زميلة – جيران – زمايل – كام؟ – سنة –

الجماعة – كام سنة؟ – مش قوي – نصّ نص – حلوة قوي – ليه؟ – فلوس –

برد – قاموس – بالإنجليزي – حرارة – صداع – كحّة

تقديم (٤)

نمرة تليفونك كام؟ – موجود – موجودة – صح – غلط – دورة – ماشي – إسبوع –

شهر – مشغول ومشغولة – آسف – آسفة – عاميّة – فصحى – كود – يا أفندم – لو

سمحت – دليل – الدّور الأول – الدّور التاني – أوضة – الأرقام من ١ إلى ٩٠ – عندك

كام؟ – الحساب كام؟ – عندك كام سنة؟ – حوالي – ألف شكر – يوم – دورة –

موظّف

تقديم (١ – ١)
إنت منين؟

ادرس:

شمال

غرب ← → شرق

جنوب

بصّ للصورة. اسمع وكرّر:

الناس دول فين؟ في حفلة.

٢

استماع

مارك	حضرتِك اسمك نادية. مش كده؟
سامية	لا، أنا آسفة. أنا مش نادية. أنا اسمي سامية.
مارك	أهلاً وسهلاً يا مدام سامية. أنا مارك.
سامية	أهلاً بيك يا مارك. حضرتَك منين؟
مارك	أنا من أمريكا. وحضرتِك منين؟
سامية	أنا من مصر.
مارك	فين في مصر؟ من القاهرة؟
سامية	لا، أنا مش من القاهرة. أنا من المنيا.
مارك	المنيا؟ المنيا في جنوب مصر؟
سامية	أيوه، المنيا في جنوب مصر.
مارك	أيوه.. أيوه، لكن منين في المنيا؟
سامية	من بني مزار.. وحضرتَك منين في أمريكا؟
مارك	أنا من ولاية مريلاند من بالتيمور في شرق أمريكا.
سامية	وبالتيمور دي عاصمة مريلاند. مش كده؟
مارك	تمام.

٣

لاحظ القواعد:

٤

اسمك إيه؟	إنت منين؟	الصّفة	
		مذكّر	مؤنّث
أنا اسمي مارك	أنا من أمريكا	أنا أمريكاني أمريكي	أمريكانيّة أمريكيّة
أنا اسمي سامية	أنا من مصر	أنا مصري	أنا مصريّة
إنت اسمَك بول	إنت من فرنسا	أنا فرنساوي / فرنسي	فرنساويّة
إنتي اسمِك	إنتي من السعوديّة	أنا سعودي	سعوديّة
هو اسمُه	هو من الهند	أنا هندي	هنديّة
هيّ اسمَها	هيّ من المغرب	أنا مغربي	مغربيّة
إحنا اسمِنا	إحنا من ألمانيا	أنا ألماني	ألمانيّة
إنتو اسمُكو	إنتو من فرنسا	أنا فرنسي	فرنساويّة
همّ اسمُهم	همّ من إيطاليا	أنا إيطالي / طلياني	إيطاليّة / طليانيّة

٥

البلد	الجنسية
مصر	مصري/يّة
فرنسا	فرنساوي/ويّة
أمريكا	أمريكاني/نيّة
الهند	هندي/يّة
السعودية	سعودي/يّة
إيطاليا	إيطالي/يّة
ألمانيا	ألماني/يّة

كلمني عربي

سؤال	إجابة
اسمَك إيه؟	اسمي........
إنت سعودي؟	لا، أنا مش سعودي.
اسمَك حسن؟	لا، أنا مش اسمي حسن.
منين في مصر؟ من العاصمة؟	لا، أنا مش من العاصمة. أنا من المنيا.
حضرتِك سامية؟	لا، أنا مش سامية.

٧

التحيّة:

عامل إيه؟ — الحمد لله.

أخبارَك إيه؟ — كلّه تمام، الحمد لله.

إزيّك؟ — كويّس، الحمد لله. — كويّسة. — كويّسين.

أهلاً وسهلاً. — أهلاً بيك. — أهلاً بيكي. — أهلاً بيكو.

٨

الاتجاهات:

الشّمال – شمالي / الشّرق – شرقي / الغرب – غربي / الجنوب – جنوبي

٩

النطق

لاحظ النبر:

قاعدة انتقال النبر

مصري

مصريّة

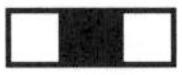

أمريكا

أمريكيّة

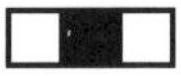

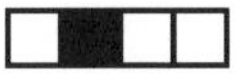

(النّبر على المقطع قبل الأخير)

السّعوديّة

سعودي

سعوديّة

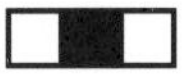

(لسّه النبر على المقطع قبل الأخير)

١- اسمع وقول فين ال شمسيّة وال قمريّة.

الشرق – الشمال	المغرب – السودان – الهند – البرازيل – الكويت
الغرب – الجنوب	اليابان – الصين – السعوديّة – الفلبين – الجزائر

٢- اسمع المدرّس وحطّ النَّبر:

> جنوبي – شمالي – شرقي – سويدي – أمريكي
>
> جنوبيّه – شماليّة – شرقيّة – سويديّة – أمريكيّة

> هندي – سعودي – ألماني – ياباني – فرنساوي
>
> هنديّة – سعوديّة – ألمانيّة – يابانيّة – فرنسيّة / فرنساويّة

التدريبات

تدريب (١ – ١ – أ)

وصّل أ مع ب:

ب	أ
أ- أنا كندي.	١- صباح الخير.
ب- أنا من السعوديّة.	٢- جنسيتك إيه؟
ج- اسمي حسام، وهي اسمَها نادية.	٣- اسمُكوا إيه؟
د- أيوه، تمـام.	٤- أخبارَك إيه؟
هـ- المنيا جنوب مصر.	٥- حضرتَك منين؟
و- الحمد لله، كويّس.	٦- إنت منين في أمريكا؟
ز- أنا من ولاية مريلاند.	٧- بلتيمور عاصمة مريلاند؟
ح- صباح النور.	٨- المنيا فين في مصر؟

اسمع وصحّح.

تدريب (١ – ١ – ب)

استعمل الكلمات دي واعمل جملة:

الكلمات	الجملة
١– من – أنا – شمال – الهند	
٢– كويّس – الحمد لله – هو	
٣– أمريكا – برازيلي – من – هو – الجنوبيّة	
٤– آسيا – شرق – من – ياباني – هو	
٥– تمام – كلّه – الحمد لله	
٦– أنا – مش – العاصمة – من – الغرب – أنا – من	
٧– عامل – يا أحمد – إيه – ؟	
٨– أنا – مش – إنجلترا – جنوب – من	

تدريب (١ – ١ – ج (١))

اتكلّم مع زميلك في الفصل زي كده:

١ – إنت منين؟   أنا من ....

٢ – من الشمال / من الجنوب ....

٣ – عاصمة بلدك إيه؟

تدريب (١ – ١ – ج (٢))

أنا مين؟ / منين؟

١ – دي ناس مشهورة.

كلّ واحد يختار شخصيّة ويسأل زميله معلومات عن الشخصيّة دي.

العاصمة	البلد	الاسم

١٢

تقديم (١ - ٢أ)

بلدك فين؟

المفردات

(١) قدّامك خريطة العالم. اكتب اسم القارّة والمحيط والبحر.

في العالم فيه:

١- قارّة أفريقيا ٢- ....

٣- .... ٤- ....

٥- .... ٦- ....

(٢) اكتب اسم المحيط / البحر.

المحيط: ٧- .... ٨- ....

٩- ....

البحر: ١٠- .... ١١- ....

المحيط الأطلنطي
قارّة آسيا
قارّة أفريقيا
قارّة أوروبا
قارّة أستراليا
قارّة أمريكا الشماليّة
قارّة أمريكا الجنوبيّة
البحر الأحمر
البحر الأبيض
المحيط الهندي
المحيط الهادي

(٣) اسمع وكرّر أسماء البلاد في كلّ قارّة.

(٤) اتكلّم مع زميلك عن كلّ بلد: ١ - البلد دي فين؟ ٢ - عاصمتها إيه؟

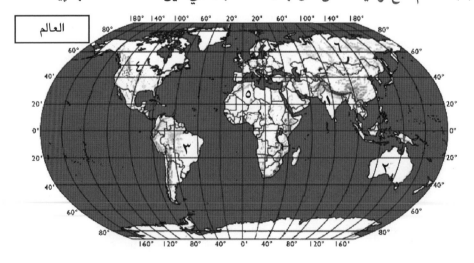

العالم

١٣

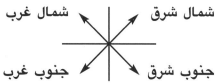

تقديم (١ - ٢ب)

إنت منين بالظّبط؟

ادرس:

شمال شرق
شمال غرب
جنوب شرق
جنوب غرب

اقرا وكرّر مع المدّرس.

١٤

أحمد	صباح الخير يا لورا. إنتي أسبانيّة؟
لورا	صباح الفلّ . لا، أنا مش أسبانيّة. أنا أمريكيّة.
أحمد	من أمريكا الشماليّة وللا أمريكا الجنوبيّة؟
لورا	أنا من أمريكا الجنوبيّة، من البرازيل.
أحمد	آه، إنتي برازيلية وفين البرازيل؟ في غرب أمريكا الجنوبيّة؟
لورا	لا، البرازيل مش في غرب أمريكا الجنوبيّة. هيّ في شمال شرق أمريكا الجنوبيّة.
أحمد	وإنتي منين في البرازيل؟ من العاصمة؟
لورا	لا، مش من العاصمة. أنا من ريو دي جانيرو في جنوب شرق البرازيل.

١٥

لاحظ القواعد:

الاتّجاهات الفرعيّة: شمال شرق – شمال غرب – جنوب شرق – جنوب غرب

سؤال: فين مصر بالظّبط على الخريطة؟ مصر في شمال شرق أفريقيا.

١٦

يعني على الخريطة:

من الشمال ← البحر الأبيض

من الشرق ← البحر الأحمر

من الجنوب ← السودان

من الغرب ← ليبيا

١٧

سؤال: إنتي منين في مصر؟	أنا من عاصمة مصر.. القاهرة.
إنتي منين؟	أنا من أمريكا الجنوبيّة. أنا من البرازيل من شمال شرق أمريكا الجنوبيّة.
إنتي أوروبيّة وللا أمريكانيّة؟	أنا أوروبيّة من إيطاليا في جنوب غرب أوروبا.

١٨

مفردات أكتر:

أمريكاني	أمريكانيّة
أفريقي	أفريقيّة
أوروبي	أوروبيّة
أسترالي	أستراليّة
آسيوي	آسيويّة

النطق

١٩

لاحظ النبر:

أمريكي   أوروبي   آسيوي   أفريقي   أسترالي

أمريكيّة   أوروبيّة   آسيويّة   أفريقيّة   أستراليّة

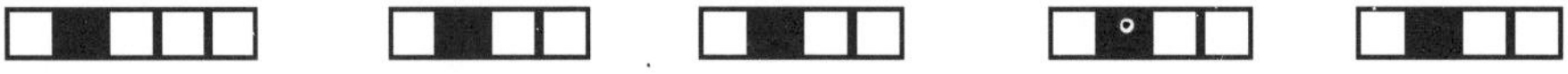

اسمع المدرّس وحدّد النبر:

سوداني – أفريقي – أوروبي – أسترالي – آسيوي – أمريكي
سودانيّة – أفريقيّة – أوروبيّة – أستراليّة – آسيويّة – أمريكيّة

التدريبات

تدريب (١ – ٢ – أ)

بصّ لخريطة العالم في صفحة ١١ وكمّل الجملة من الكلمات تحت.

١– أنا كوري من كوريا في جنوب .... آسيا.

٢– كندا في .... مش في ....

٣– المحيط .... في غرب أمريكا الشمالية و .... في شرق أمريكا الشماليّة.

٤– .... في شمال مصر والبحر .... في شرق مصر.

٥ –مصر في .... أفريقيا و .... القاهرة.

الكلمات:

الهادي – شمال – شرق – المحيط الأطلنطي – البحر الأبيض – الأحمر – قارّة –
أمريكا الشماليّة – عاصمتها – أمريكا الجنوبيّة

تدريب (١ – ٢ – ب)

اعمل أسئلة لكلّ جملة من جمل التّدريب اللّي فات.
كرّر السّؤال والجواب مع زميلك.

١٤

تدريب (١ – ٢ – ج)

قدّامك خريطة العالم. كلّ واحد بيختار لنفسه بلد.

اسأل زميلك واملا الجدول.

	الاسم	جنسيّته إيه؟	بلده فين بالظبط على الخريطة؟	عاصمة بلده إيه؟
١				
٢				
٣				
٤				
٥				
٦				

العالم

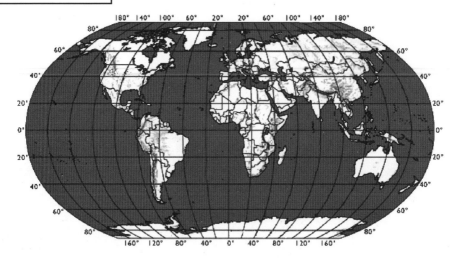

٢٠

تقديم (١ – ٣)

عندك إيه؟

(مفردات)

١– اقرا وكرّر مع المدرّس:

هيّ عندها أصحاب؟ هيّ عندها ساعة؟ هيّ عندها زميلة / زميل في الفصل؟ هيّ عندها جيران؟

أيوه، عندها أصحاب أيوه، هيّ عندها ساعة. أيوه، عندها زميلة في الفصل. أيوه، عندها جيران.

٢١

٢– بصّ للصورة وكرر مع المدرّس:

هو عنده إيه؟ هو عنده إيه؟ هو عنده إيه؟ هو عنده إيه؟

هو عنده برد. هو عنده حرارة. هو عنده كحّة. هو عنده صداع.

٢٢

٣- النفي

بصّ للصورة وكرّر:

هو عنده ساعة؟

لا، هو ماعندوش ساعة.

هو عنده أصحاب؟

لا، هو ماعندوش أصحاب.

٢٣

لاحظ القواعد:

السؤال	الجواب
عندك أصحاب؟	أيوه، عندي أصحاب.
	لا، ماعنديش أصحاب.
هو عنده إيه؟	هو عنده برد.

القاعدة:		عند	+	اسم		
النفي:	لا، ما	+	عند	+	ش	+	اسم

٢٤

عندي		ماعنديش	
أنا	عندي	أنا	ما عنديش
إنت	عندَك	إنت	ما عندكش
إنتي	عندِك	إنتي	ما عندكيش
هو	عنده	هو	ما عندوش
هيّ	عندها	هيّ	ما عندهاش
إحنا	عندنا	إحنا	ما عندناش
إنتو	عندكو	إنتو	ما عندكوش
همّ	عندهم	همّ	ما عندهمش

النطق

لاحظ النبر:

ما عنديش	عندي

ما عندهاش	عندها

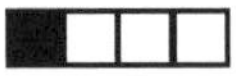

(النبر دايماً على المقطع الأخير مع النفي)

اسمع المدرّس وحدّد النبر:

عندي – عنده – عندنا – عندها – عندكو – عندهم – عندَك –
ما عنديش – ما عندوش – ما عندناش – ما عندهاش –
ما عندهمش – ما عندكوش – ما عندكيش

التدريبات

تدريب (١ – ٣ – أ (١))

اكتب عنده – ماعندوش (الكلّمة الناقصة).

١– هو .... كمبيوتر؟ ١– لا، هو ما ....ش كمبيوتر. هو .... عربيّة.

٢– هيّ .... أصحاب؟ ٢– أيوه، هيّ .... أصحاب.

٣– إنتو .... فيلا؟ ٣– لا، إحنا .... فيلاّ. إحنا .... بيت.

٤– همّ .... تليفون؟ ٤– أيوه، همّ .... تليفون.

٥– إنت .... جيران؟ ٥– لا، أنا .... جيران.

تدريب (١ – ٣ – أ (٢))

٢٦

١– اسمع وقول الكلام عن أنهي صورة.

٢– اسمع مرّه تانية وقول:

أ– أحمد عنده أصحاب؟ ب– علي عنده أصحاب؟

ج– أحمد عنده صاحب من أنهي بلد؟

نص الاستماع لتدريب (١ - ٣ - أ (٢))

علي	أحمد
- أهلاً يا أحمد، إزيّك؟	- أهلا يا علي، الحمد لله. إنت عامل إيه؟
- الحمد لله كويّس. إنت في مدرسة إيه؟	- أنا في مدرسة إنجليزي اسمها مدرسة السّلام. وإنت؟
- أنا في مدرسة فرنساوي.	- آه، وعندك أصحاب في المدرسة؟
- أيوه، عندي أصحاب في المدرسة.	- عندك أصحاب من بلد تاني؟
- أيوه، عندي صاحب فرنساوي وأسترالي وياباني. وإنت؟	- لا، أنا ما عنديش أصحاب من بلد تاني. عندي أصحاب من مصر بس.
- طيّب أشوفك بكره تاني؟	- إن شاء الله، مع السلامة.
- الله يسلّمك.	

تدريب (١ - ٣ - ب)

اسأل زمايلك وكمّل الجدول. استعمل الكلمات اللّي تحت.

	الاسم	السن	عنده - عندها	ما عندوش- ما عندهاش
١-				
٢-				
٣-				
٤-				
٥-				

الكلمات:

صداع - عربية - كتاب - أصحاب - زميل - تلفزيون - تليفون - فاكس - كحّة - فلوس في البنك - برد - قاموس بالإنجليزي - حرارة

تدريب (١ – ٣ – ج)

كلّ طالب يختار خمس صور. كلّ طالب يسأل زميله عن الصور اللّي اختارها (عنده إيه؟ – ما عندوش إيه؟).

تقديم (١ – ٤)

النمرة كام – كام كتاب؟

اقرا وكمّل: الرقم / النمرة كام؟

١	٢	٣	٤	٥	٦	٧	٨	٩	١٠
١١	١٢	١٣	١٤	١٥	١٦	١٧			٢٠
٢١	٢٢			٢٥					٣٠
					٣٦	٣٧			٤٠
٤١	٤٢			٤٥					
		٥٣	٥٤					٥٩	٦٠
٦١		٦٣				٦٧			٧٠
	٧٢			٧٥	٧٦				
٨١	٨٢						٨٨	٨٩	٩٠

٢٧

لاحظ القواعد

١ كتاب واحد	٢ كتابين	٣ – ١٠ كتب	١١ – ١٠٠ كتاب

إحنا بنقول مع العدد من ٣ – ١٠ كتب ومن ١١ – ١٠٠ كتاب

مع الشرب والأكل بنقول ٣ كباب

والمقاسات بنقول ٤ متر

والوزن بنقول ٥ كيلو

سؤال

كام كتاب؟ – كام متر؟ – كام كيلو؟

مثلا: عندك كام كتاب؟

عندك كام سنة؟

نمرة تليفونك كام؟

الحساب كام؟

بعد كام = كلمة مفرد

كام كتاب؟

كام قلم؟

١– الرقم مع ة : تلاتة = تلات كتب – أربعة كتب = أربع كتب ..... تسعة كتب

عندك كام كتاب؟ عندي تلات كتب.

٢أ – كلمات بتبتدي بـ (أ) بعد الرقم

٣ أقلام (تنطق) ← تلات تقلام ✓

← ٣ أقلام ✗

٢ب – كلمات من غير (أ) بعد الرقم

٢٨

٣ كُتب (تنطق) تلات كُتب

النطق

انطق الكلمات دي:

| قلم | كتاب | كيس | كرسي |
| أقلام | كتب | أكياس | كراسي |

لاحظ النبر:

| كرسي | قلم | كتاب |
| ■□■ | ■□■ | ■□■ |

| كراسي | أقلام | كتب |
| □■□ | ■■□ | □■□ |

التدريبات

كلمات مفيدة:		
أيام	يومين	يوم
أسابيع	إسبوعين	إسبوع
شهور	شهرين	شهر
سنين	سنتين	سنة

تدريب (١ – ٤ – أ (١))

دلوقتي جاوب على الأسئلة دي:

١– السنة كام شهر؟

٢– الشهر كام يوم؟

٣– الشهر كام إسبوع؟

٤– الإسبوع كام يوم؟

تدريب (١ – ٤ – أ (٢))

٣٠

كرّر مع صاحبك الحوار ده:

طالب ١	طالب ٢
– ألو، صباح الخير. دليل التليفون؟	– أيوه، صباح النور ... أيوه يا فندم؟
– لو سمحت كود إسكندرية كام؟	– كود إسكندرية ٠٣.
– شكراً.	– العفو.

دلوقتي اسأل زميلك عن باقي المحافظات بالتبادل زي الحوار اللّي فات.

خريطة مصر

٣١

تدريب (١ – ٤ – ب)

كرّر الجملة دي:

نمرة تليفونك كام؟

نمرة تليفوني ٨٠٧٥١٤٥.

اسمع واختار الإجابة.

١– المديرة موجودة – المديرة مش موجودة.

٢– نمرة ILI ‏٣٤٦٣٠٨٧ – ٣٠٢٨٣٥٨ – ٣٠٣٥٦٢٤.

٣– ال ILI عنده فاكس – ال ILI ما عندوش فاكس.

٤– نمرة الفاكس صحّ وللا غلط؟

صح – غلط.

٥– ال ILI عنده

١٠ دورات – ١١ دورة – ١٢ دورة

اسمع مرة تانية وجاوب.

١– الدورة في ILI

٤ أسابيع

٥ أسابيع

٦ أسابيع

٢– دورة الفصحى

٣٢ ساعة

٤٠ ساعة

١٠ ساعات

٣٢

نص الاستماع لتدريب (١ – ٤ – ب)

جون	صباح الخير.
سكرتيرة	صباح النّور يا فندم.
جون	أنا اسمي جون. أنا طالب أجنبي. المديرة موجودة لو سمحتي؟
سكرتيرة	لا، أنا آسفة .. هيّ مش موجودة. أي خدمة؟
جون	لو سمحتي ILI عندهم كام دورة؟ ١٠ دورات؟
سكرتيرة	لا، إحنا عندنا حوالي ١١ دورة.
جون	مدة الدورة كام إسبوع؟
سكرتيرة	مدة الدورة حوالي ٤ أسابيع أو ٥ أسابيع.
جون	وكام ساعة في الدورة؟
سكرتيرة	العامية ٣٢ ساعة والفصحى ٤٠ ساعة.
جون	والنّمرة ٣٤٦٣٠٨٧ نمرة واحدة بس ولا عندك نمرة تانية؟
سكرتيرة	عندي نمرة تانية هيّ ٣٠٢٨٣٥٨.
جون	٣٠٢٨٣٥٨، ماشي وعندهم فاكس نمرته ٣٠٣٥٦٢٤، صحّ؟
سكرتيرة	لا، غلط. نمرة الفاكس ٣٠٣٥٦٢٥.
جون	٣٠٣٥٦٢٥، مظبوط كده؟
سكرتيرة	أيوه مظبوط.
جون	شكراً ألف شكر.
سكرتيرة	العفو.

تدريب (١ – ٤ – ج)

اسأل أصحابك في الفصل أسئلة.

راجع: بيت – شقّة – شارع

اسأل عن مصر وعن بلده:

الاسم	نمرة التليفون في مصر	النّمرة في بلده	نمرة البيت في مصر	الشّقة	في بلده	كام ساعة عربي في ILI

٣٣

<u>من واقع الحياة</u>

الاستماع

١- الصّورة دي فين؟

٢- هو بيشتغل إيه؟

اسمع هو بيسأل عن إيه وجاوب:

١- لورا نمرة بيتها كام؟

٢- نمرة باسبورها كام؟

٣- عندها فيزا كام شهر؟

نص استماع من واقع الحياة

موظّف	اسمك إيه يا أفندم؟
لورا	اسمي لورا من كندا. أنا كنديّة.
موظّف	منين في كندا؟
لورا	من تورنتو في جنوب كندا.
موظّف	أهلاً وسهلاً بيكي في مصر. عنوانك إيه في كندا لو سمحتي؟
لورا	العنوان في الباسبور تورنتو – شارع مادسيون ميسيساجا ونمرة بيتي ١٤.
موظّف	شكراً، ونمرة باسبورك ٥٤٣٦٦٢٨، مظبوط؟
لورا	أيوه صحّ نمرة باسبوري ٥٤٣٦٦٢٨.
موظّف	وعنوانك في مصر؟
لورا	٣٣ شارع أحمد عرابي، ونمرة تليفوني ٣٩٤٥٦٧١.
موظّف	عندك شهرين فيزا في مصر إن شاء الله.
لورا	شكراً يا فندم.
موظّف	العفو مع السلامة.

القراءة والكتابة

١- اقرا مع زميلك كلَّ كارت:

٢-

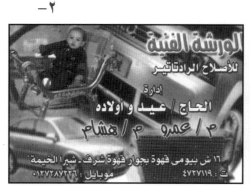

٣-

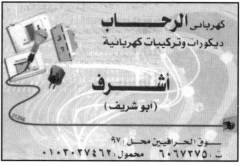

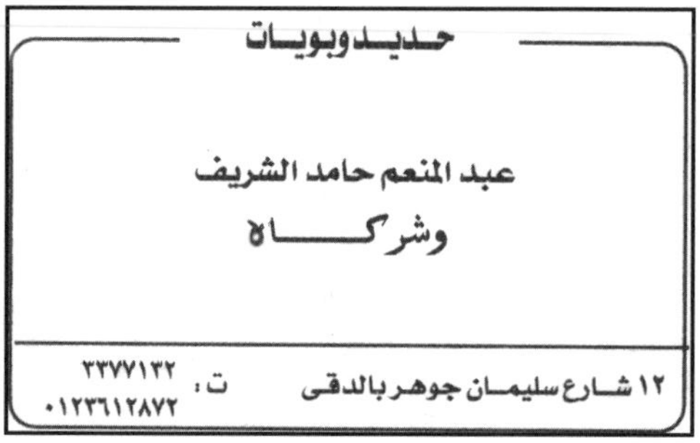

٤-

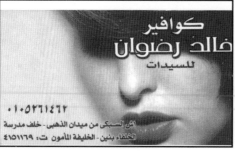

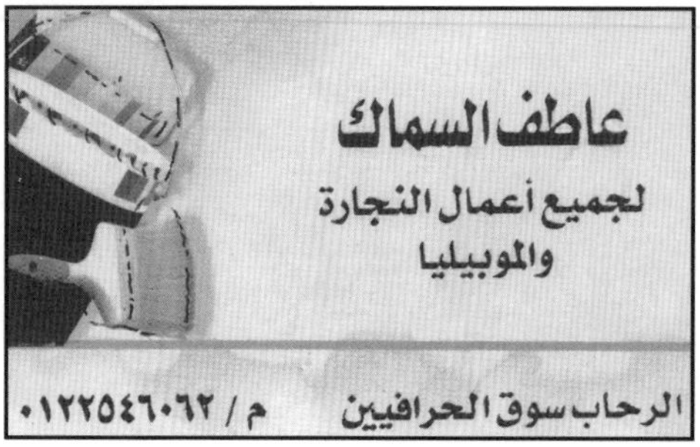

٥-

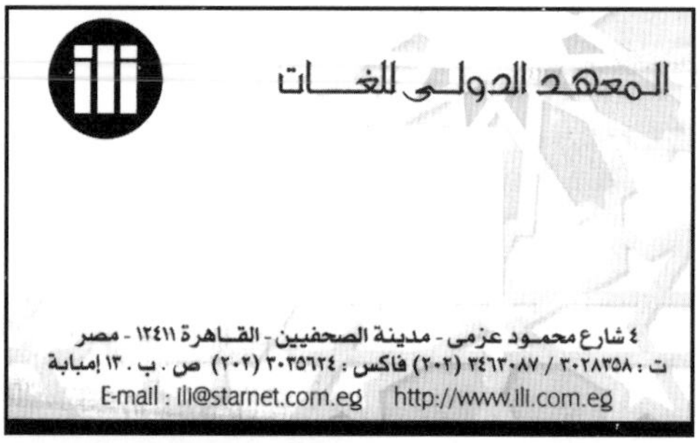

٦-

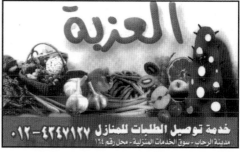

٧-

الكتابة

اقرا وقول:

١- أنهي كارت محل؟

٢- اقرا مرة تانية واكتب:

نمرة التليفون	الموبايل	نمرة الكارت	أنهي عنده
			١- أنهي محل عنده تليفون وموبايل
			٢- أنهي محل عنده موبايل وماعندوش تليفون
			٣- أنهي محل عنده تليفون وماعندوش موبايل
			٤- أنهي محل ماعندوش عنوان على الكارت

اسأل صاحبتك:

نمرة تليفونك كام؟

من واقع الحياة

الكلام

١- ده الاستقبال في الفندق
اسأل زميلك عن المطلوب
في الجدول.

طالب ٢ – الضيف	طالب ١ – الموظف
جاوب على الأسئلة اللّي فاتت واسأل عن:	١- الاسم
١- نمرة الأوضة؟	٢- السّن
٢- نمرة تليفون اللوكاندة؟	٣- العنوان
٣- كود مصر كام؟	٤- نمرة الباسبور
	٥- نمرة التليفون
	٦- البلد
	٧- الجنسيّة
	٨- كود البلد

٢- اسأل كلّ طالب في الفصل نفس الطريقة مرّة إنت موظف ومرّة إنت ضيف.

افتكر

الملكيّة

١- اسم + ضمير: اسمي - تليفوني - عنواني - جنسيتي - كتابي

٢- الصفة	من
هو مصري.	هو أفريقي من شمال شرق أفريقيا.
هو إنجليزي.	هو أوروبي من غرب أوروبا (أوروبا الغربية).
هو برازيلي.	هو أمريكاني من شمال شرق أمريكا الجنوبية.
هو أمريكاني.	هو من كاليفورنيا من غرب أمريكا الشماليّة.
هو أسترالي.	هو من سيدني من جنوب شرق أستراليا.
هو بولندي.	هو أوروبي من أوروبا الشرقيّة.

الجمل

في الإثبات	في النفي
أنا مصري.	أنا مش مصري.
اسمي ليلى.	أنا مش ليلى.
عندي أصحاب.	ماعنديش أصحاب.
أنا من ...	أنا مش من...
موجود.	مش موجود.
النمرة صحّ.	النمرة غلط.
مشغول.	مش مشغول.

السؤال	الجواب
اسمك إيه؟	اسمي ....
حضرتك من مصر؟	أيوه أنا من مصر.
صباح الخير.	صباح النّور.
مساء الخير.	مساء النّور.
عامل إيه؟	الحمد لله.
أخبارك إيه؟	الحمد لله، كلّه تمام.
إزيّك؟	مش قوي .. نصّ نص.
نمرة تليفونك كام؟	٢٦٥١٣٤٩.
عندك كام سنة؟	٢٢ سنة.
الحساب كام؟	٤٠ جنيه.
جنسيتك إيه؟	أنا مصري.
إنت منين؟	أنا من إسكندرية.
مبسوط في مصر؟	أيوه مبسوط.
إنجلترا فين على الخريطة؟	هيّ في غرب أوروبا.
عاصمة بلدك إيه؟	عاصمة بلدي ....

الأعداد

كتاب	كتابين	٣ – ١٠ تلات كتب	١١ – ١٠٠ كتاب
قلم	قلمين	تلات أقلام = تلات تقلام	١١ – ١٠٠ قلم

١

الوحدة الثانية

محتويات الموضوعات في الوحدة الثانية

- مراجعة وإضافة وظائف مع الجملة الإسميّة
- الأرقام وتقديم ١٠٠ - ١٠٠٠ ومضاعفاتها مع التمييز العددي
- العيلة ومفرداتها واتّصالها بضمير الملكيّة
- حروف الجرّ للسؤال عن الأماكن واتّصالها بالضمير

الكلمات الجديدة في وحدة ٢

تقديم (١)

مصنع المعادي – عيادة العباسيّة – محامي – محكمة – شركة – رسّام – عازف – ممثّل – محاسب – وظيفة – مغنّي – مرتّب – كبير – صغيّر – ضابط ملاّح – موظّفة – شركة سياحة – مش قوي – نصّ نص – حوالي – برضه – ده – دي – دول – دخل

تقديم (٢)

الأرقام من ١٠٠ إلى ١٠٠٠ / ١٠٠٠ – مليون جنيه

تقديم (٣)

عيلة – بابا – ماما – أخت – أخّ – ابن – بنت – ولد – أولاد – مراة – جوز

تقديم (٤)

فوق – تحت – ورا – قدّام – جوّه – برّه – في – على – من – قُصاد – تحت – بعيد عن – قريّب من – مفاتيح – قاموس – محفظة

٢

تقديم (٢ – ١)

هو بيشتغل إيه؟

(الجملة الإسميّة)

راجع الوظائف مع المدرّس.

اقرا، كرّر، واكتب الوظيفة الناقصة.

هو بيشتغل إيه؟

هو بيشتغل ....

في عيادة العباسيّة.

هو بيشتغل ....

في مصنع المعادي.

هيّ بتشتغل ....

في محكمة شبرا.

هو بيشتغل ....

في مكتب الأمل.

هو بيشتغل ....

في مسرح الجمهوريّة.

هيّ بتشتغل ....

في شركة شلّ.

٣

النفي

بصّ للصورة وكرّر السؤال والجواب

١- هيّ ممثّلة؟ لا، هيّ مش ممثّلة. هيّ مغنيّة.

٢- هيّ بتشتغل ممثّلة؟ لا، هيّ ما بتشتغلش ممثّلة. هيّ بتشتغل مغنيّة.

٤

لاحظ القواعد

١- سؤال: **هو بيشتغل إيه؟** **هو بيشتغل مهندس.**

٢- أيوه	لا
أنا باشتغل مهندس.	ما باشتغلش مهندس.
إنت بتشتغل مهندس.	ما بتشتغلش مهندس.
إنتي بتشتغلي مهندسة.	ما بتشتغليش مهندسة.
هو بيشتغل مهندس.	ما بيشتغلش مهندس.
هيّ بتشتغل مهندسة.	ما بتشتغلش مهندسة.
إحنا بنشتغل مهندسين.	ما بنشتغلش مهندسين.
إنتو بتشتغلوا مهندسين.	ما بتشتغلوش مهندسين.
همّ بيشتغلوا مهندسين.	ما بيشتغلوش مهندسين.

ب + فعل	ما + ب + فعل + ش

٥

السؤال: إنت بتشتغل إيه؟ **الجواب**: أنا باشتغل مهندس.

السؤال: إنت بتشتغل ممرّض؟ **الجواب**: لا، أنا ما باشتغلش ممرّض. أنا باشتغل دكتور.

٣- **السؤال**: إنت مهندس؟ **الجواب**: أيوه، أنا مهندس.

السؤال: إنت ممرضّ؟ **الجواب**: لا، أنا مش ممرّض. أنا دكتور.

أنا + اسم (وظيفة)

لا ← أنا مش + اسم (وظيفة)

٦

٤- **هو بيشتغل فين؟**

هو بيشتغل دكتور في عيادة العباسيّة.

هو بيشتغل مهندس في مصنع المعادي.

هو بيشتغل محامي في محكمة شبرا.

هو بيشتغل سكرتير في شركة الأمل.

هو بيشتغل ممثّل في مسرح الجمهوريّة.

٧

النطق

لاحظ النبر:

١- باشتغل
ما باشتغلش
إنتي بتشتغلي
ما بتشتغليش

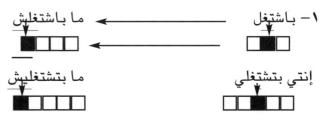

اسمع المدرّس وحدّد النبر:

بتشتغل - بيشتغل - بنشتغل - بتشتغلوا - بيشتغلوا

ما بتشتغلش - ما بيشتغلش -ما بنشتغلش - ما بتشتغلوش - ما بيشتغلوش

التدريبات

تدريب (٢ – ١ – أ (١))

اسمع واكتب الوظيفة تحت الاسم.

محمد

سامح

هدى

أحمد

هاني

نهال

ليلى

ماجد

ماجدة

تدريب (٢ – ١ – أ (٢))

وصّل

١– إحنا	ما بتشتغلوش
٢– هي	ما بنشتغلش
٣– أنا	ما بتشتغلش
٤– همّ	بيشتغلوا
٥– إنتو	باشتغل

نص الاستماع لتدريب (٢ – ١ – أ (١))

٨

١– ماجد بيشتغل طبّاخ في فندق هيلتون.

٢–أحمد بيشتغل مدير في مكتب I.T.T للكمبيوتر.

٣– ليلى بتشتغل من سنة سكرتيرة في بنك باركليز.

٤– نهال بتشتغل موظّفة في شركة كادبري.

٥– سامح بيشتغل مهندس في مصنع بولاق للمقاولات.

٦– هاني بيشتغل ممثّل في مسرح الأزبكيّة – العتبة.

٧– ماجدة بتشتغل دكتورة في مستشفى المعادي.

٨– محمد بيشتغل دكتور سنان في عيادة الزمالك.

٩– هدى بتشتغل محاميّة في محكمة عابدين.

تدريب (٢ – ١ – ب (١))

كمّل الحوار وكرّره مع زميلك.

أ– هيّ .... ؟

– لا هيّ .... دكتورة.

- طيب هيّ .... ممرضة؟
- أيوه، هيّ بتشتغل ....
- .... ممرّضة .... ؟
- بتشتغل ممرّضة في مستشفى الزّمالك.

ب- هو .... ؟
- لا، هو .... مهندس؟
- آه هو .... سبّاك؟
- لا، هو ما بيشتغلش سبّاك. هو ب .... عامل.
- .... عامل .... ؟
- بيشتغل عامل في مصنع بولاق.

تدريب (٢ - ١ - ب (٢))

اسمع المدرّس وصحّح الحوار.
كرّر الحوار مع زميلك.

تدريب (٢ - ١ - ج)

أ- اسأل أصحابك في الفصل: **إنت بتشتغل إيه؟**
اسأل الناس في المعهد: **إنتو بتشتغلوا إيه؟**

ب- خمّن بيشتغل إيه؟   (تمثيل)

طالب (١) مثّل الوظائف دي.   طالب (٢) خمّن الوظيفة.

لامش
دكتور ممثل في ......

إنت
بتشتغل دكتور؟

هو
بيشتغل دكتور في مستشفي
مصرالجديدة.

تقديم (٢ – ٢)

بياخد كام؟

(مفردات للأرقام)

أ – راجع مع المدرّس وكرّر:

١٠٠ –١٠١ ———————————— ١٩٩

٢٠٠ – ١٠٢ ———————————— ٢٩٩

٣٠٠ – ١٠٣ ———————————— ٣٩٩

٤٠٠ – ٥٠٠

٦٠٠ – ٧٠٠

٨٠٠ – ٩٠٠

٩

١٠٠٠	ألف + جنيه		ألف جنيه
٢٠٠٠	ألفين + جنيه		ألفين جنيه
٣٠٠٠	تلاتة + آلاف	تلات آلف (كلمة جمع)	تلاتلاف
٤٠٠٠	أربعة + آلاف	أربعة آلاف (كلمة جمع)	أربعتلاف
٥٠٠٠	خمسة + آلاف	خمسة آلاف	خمستلاف
٦٠٠٠	ستة + آلاف	ستة آلاف	ستلاف
٧٠٠٠	سبعة + آلاف		سبعتلاف
٨٠٠٠	تمن + آلاف		تمنتلاف
٩٠٠٠	تسع + آلاف		تسعتلاف
١٠٠٠٠	عشر + آلاف		عشرتلاف
١١٠٠٠	حداشر+ ألف	حداشر ألف (كلمة مفرد)	حداشر ألف
١٢٠٠٠	اتناشر + ألف	اتناشر ألف (كلمة مفرد)	اتناشر ألف

مليون جنيه – ٢ مليون جنيه – ٣ مليون جنيه

١٠٠ مليون = ميت مليون جنيه / كتاب

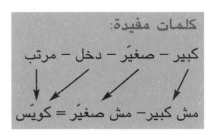

١٠

كلمات مفيدة:

كبير – صغيّر – دخل – مرتب

مش كبير– مش صغيّر = كويّس

تقديم (٢ - ٢ب)

أستاذ أحمد بيشتغل مدير في البنك.

دخله ٦٠٠٠٠ جنيه في السنة.

هو دخله كبير.

عم عثمان بيشتغل بوّاب.

مرتبه ٦٠٠٠ جنيه في السنة.

هو دخله صغيّر.

اقرا الجدول وكرّر مع المدرّس الجملة دي:

ظابط طيّار دخله كام في السنة؟

ظابط طيّار دخله ٤٥٠٠٠٠ جنيه في السنة. هو دخله كبير.

كرّر باقي الوظائف مع المدرّس

٤٥٠٠٠٠ جنيه	************	ظابط طيار
١٥٠٠٠ جنيه	****	ظابط بوليس
٢٠٠٠٠٠ جنيه	***********	دكتور
١٥٠٠٠٠ جنيه	********	محامي
١٠٠٠٠٠ جنيه	******	طيّار
١٢٠٠٠ جنيه	***	ممرّضة
٤٠٠٠٠ جنيه	*****	أستاذ الجامعة
١٠٠٠٠ جنيه	**	مدرّس المدرسة
١٥٠٠٠ جنيه	****	موظّف شركة سياحة
١٢٠٠٠ جنيه	***	طبّاخ
من ٦٠٠٠ جنيه إلى ١٠٠٠٠ جنيه	**	سكرتيرة

١١

لاحظ القواعد:

١٠٠ مِيّة	ميت	كتاب – جنيه – ست / راجل
٢٠٠ ميتين	ميتين	كتاب – جنيه – ست
٣٠٠ تُلتميّة	تلتميت	كتاب – جنيه – ست
٤٠٠ رُبعميّة	ربعميت	كتاب
٥٠٠ خُمسميّة	خمسميت	كتاب
٦٠٠ سُتميّة	ستميت	كتاب
٧٠٠ سُبعميّة	سبعميت	كتاب
٨٠٠ تُمنميّة	تمنميت	كتاب
٩٠٠ تُسعميّة	تسعميت	كتاب
ـُـْـُـ ميّة	ـُـْـُـ ميت	**جنيه**

١٠٠٠	ألف	ألف جنيه
٢٠٠٠	ألفين	ألفين جنيه
٣٠٠٠	تلاتة + آلاف	تلاتلاف جنيه
٤٠٠٠	أربعة + آلاف	أربعتلاف جنيه
٥٠٠٠	خمسة + آلاف	خمستلاف جنيه
٦٠٠٠	ستة + آلاف	ستلاف جنيه
٧٠٠٠	سبعة + آلاف	سبعتلاف جنيه
٨٠٠٠	تمانية + آلاف	تمنتلاف جنيه
٩٠٠٠	تسعة + آلاف	تسعتلاف جنيه
١٠٠٠٠	عشرة + آلاف	عشرتلاف جنيه
١١٠٠٠	حداشر + ألف	حداشر ألف جنيه
١٢٠٠٠	اتناشر + ألف	اتناشر ألف جنيه

١٠٠٠٠٠	ميت + ألف	ميت ألف جنيه
٢٠٠٠٠٠	ميتين + ألف	ميتين ألف جنيه
٣٠٠٠٠٠	تُلتميت + ألف	تُلتميت ألف جنيه
٩٠٠٠٠٠	تُسعميت + ألف	تُسعميت ألف جنيه

مليون – ٢ مليون – ٣ مليون

إحنا بنقول :

١٠٠٠ ألف	جنيه	ألف = مفرد
٢٠٠٠ ألفين	جنيه	ألفين = مثنى
٣٠٠٠ لغاية ١٠٠٠٠ آلاف	جنيه	آلاف = جمع
١١٠٠٠ ألف	جنيه	ألف = مفرد
٣– ١٠ + كلمة جمع	١١ – ٩٩ + كلمة مفرد	

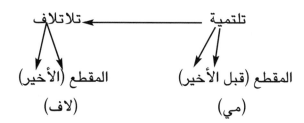

النطق ١٢

لاحظ النبر في المقطع:

تلاتة ← تلاتاشر ← تلاتين

تلاتة: المقطع (قبل) الأخير عند (لا)

تلاتاشر: المقطع (قبل) الأخير عند (تا)

تلاتين: المقطع (الأخير) عند (تين)

تلتمية ← تلاتلاف

تلتمية: المقطع (قبل الأخير) (مي)

تلاتلاف: المقطع (الأخير) (لاف)

١– دلوقتي اسمع المدرّس وحدّد النبر:

تلتميّة – ربعميّة – خمسميّة – ستميّة

سبعميّة – تمنميّة – تسعميّة

٢– اسمع المدرّس وحدّد النبر:

تلاتلاف – أربعتلاف – خمستلاف – ستلاف

سبعتلاف – تمنتلاف – تسعتلاف – عشرتلاف

التدريبات

تدريب (٢ – ٢ – أ (١))

اكتب النمرة قدّام الوظيفة.

(١) (٢) (٣) (٤)

(٥) (٦) (٧) (٨)

– بيّاعة ( ) – سواق تاكسي ( )

– دكتور ( ) – ست بيت ( )

– حلاّق ( ) – ظابط بوليس ( )

– مدرّسة ( ) – موظّفة في شركة سياحة ( )

١٣

تدريب (٢ – ٢ – أ (٢))

اسمع واكتب قدّام كل وظيفة الدخل كام في السنة.

نص الاستماع لتدريب (٢ – ٢ – أ (٢))

البيّاعة دخلها	١٥٠٠٠ جنيه في السنة
الدكتور دخله	٢٠٠٠٠٠ جنيه في السنة
الحلاّق دخله	٤٠٠٠٠ جنيه في السنة
المدرّسة دخلها	٢٤٠٠٠ جنيه في السنة
سوّاق تاكسي دخله	٣٦٠٠٠ جنيه في السنة
ست بيت	ما عندهاش مرتّب
ظابط بوليس دخله	٣٠٠٠٠ جنيه في السنة
موظّفة في شركة سياحة دخلها	١٨٠٠٠ جنيه في السنة

صحّح مع زميلك.

١٤

تدريب (٢ – ٢ – ب (١))

كلمات مفيدة:

مبسوط – مش قوي

نصّ نص – طبعاً

برضه – حوالي

دخل

١- اسمع وقول: أحمد مبسوط؟

٢- اسمع تاني وقول:

	بيشتغل إيه؟	دخله كام؟	دخله كبير ولّلا صغيّر؟
أحمد			
عادل			

٣- كرّر الحوار مع زميلك.

نص الاستماع لتدريب (٢ - ٢ - ب (١))

زينب	أحمد بيشتغل إيه يا سعاد؟
سعاد	بيشتغل ظابط.. ظابط أمن في فندق.
زينب	مبسوط في الشغل؟
سعاد	مش قوي.. نصّ نص.
زينب	ليه؟ دخله مش كويّس؟
سعاد	أيوه، دخله حوالي ١٥٠٠٠ جنيه في السنة. وإنتي، عادل بيشتغل إيه؟
زينب	عادل بيشتغل طبّاخ. شِفّ - في فندق برضه.
سعاد	آه، مبسوط؟ مرتبّه كويّس؟
زينب	أيوه، الحمد لله. كلّه تمام، دخله حوالي ٤٠٠٠٠ جنيه في السنة، وطبعاً ده دخل كويّس.

تدريب (٢ - ٢ - ج (١))

كمّل الحوار عن الوظائف في بلدك.

كرّر الحوار مع زميلك.

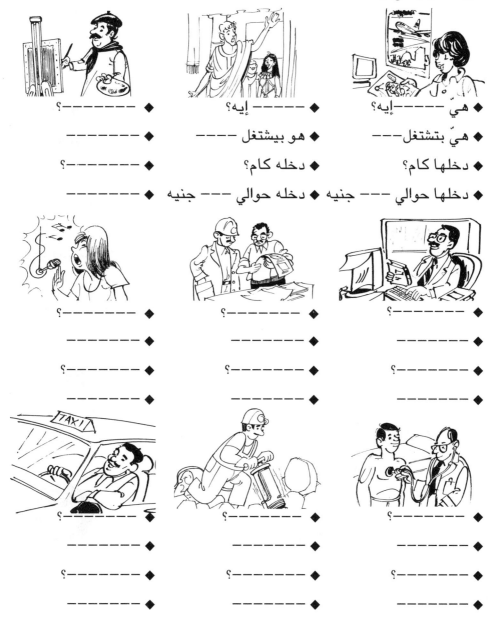

◆ هيّ -----إيه؟

◆ هيّ بتشتغل---

◆ دخلها كام؟

◆ دخلها حوالي --- جنيه

◆ ----- إيه؟

◆ هو بيشتغل ----

◆ دخله كام؟

◆ دخله حوالي --- جنيه

◆ --------؟

◆ --------

◆ --------؟

◆ --------

◆ --------؟

◆ --------

◆ --------؟

◆ --------

◆ --------؟

◆ --------

◆ --------؟

◆ --------

◆ --------؟

◆ --------

◆ --------؟

◆ --------

◆ --------؟

◆ --------

◆ --------؟

◆ --------

◆ --------؟

◆ --------

◆ --------؟

◆ --------

◆ --------؟

◆ --------

◆ --------؟

◆ --------

تدريب (٢ – ٢ – ج (٢))

اسأل باقي زمايلك عن الوظائف دي في بلدهم – كل وظيفة دخلها كام؟

١٥

تقديم (٢ – ٣)

العيلة

١– كرّر مع المدرّس:

(مذكّر) (مؤنّث)

(مفرد) ده راجل	ده ولد	دي بنت	دي ستّ
(جمع) دول رجّاله	دول أولاد	دول بنات	دول ستّات

ده + دي = دول ناس

١٦

٢– بصّ للصورة. دي إيه؟

دي صورة عيلة / عيلة كريم

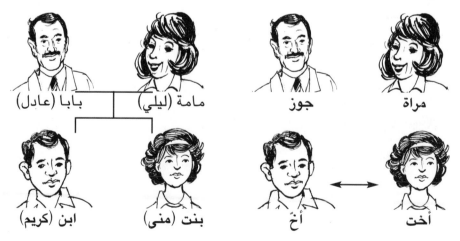

مراة
جوز
مامة (ليلي)
بابا (عادل)
أخت
أخّ
بنت (منى)
ابن (كريم)

٣- كرّر مع المدرس.

مين عيلة كريم؟

دي ليلى مراة عادل = دي مراته

ده عادل جوز ليلى = ده جوزها

دي مراة ← → ده جوز

(اسمها ليلى)

(اسمه عادل)

٤- (ماما - بابا)

مين دي؟

دي ليلى مامة منى = دي مامتها

دي ليلى مامة كريم = دي مامته

ليلى مامة كريم ومنى = دي مامتهم

ده عادل بابا منى = ده باباها

ده عادل بابا كريم = ده باباه

عادل بابا كريم ومنى = ده باباهم

دي مامة (اسمها ليلى) ده بابا (اسمه عادل)

دي بنت (اسمها منى) ده ابن (اسمه كريم)

٥- (ابن - بنت)

مين ده؟

ده كريم ابن منى = ده ابنها

دي منى بنت ليلى = دي بنتها

ده كريم ابن عادل = ده ابنه

دي منى بنت عادل = دي بنته

ده كريم ابن عادل وليلى = ده ابنهم

دي منى بنت عادل وليلى = دي بنتهم

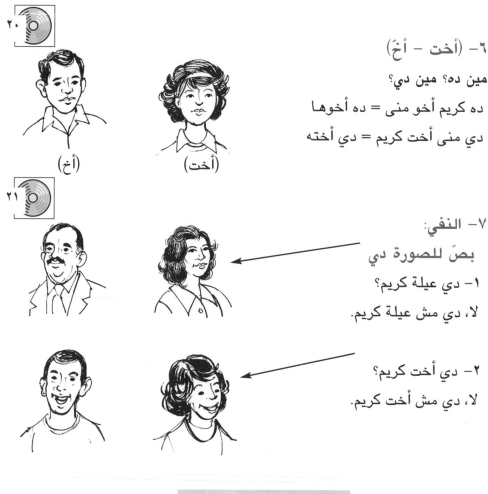

٢٠

٦- (أخت - أخّ)

مين ده؟ مين دي؟

ده كريم أخو منى = ده أخوها

دي منى أخت كريم = دي أخته

(أخت)

(أخ)

٢١

٧- النفي:

بصّ للصورة دي

١- دي عيلة كريم؟

لا، دي مش عيلة كريم.

٢- دي أخت كريم؟

لا، دي مش أخت كريم.

النفي = ده / دي مش + اسم

مش أختي / أخويا .... الـ

لاحظ القواعد:

١- العيلة: بابا - ماما - أخّ - أخت - جوز - مرات- ابن - بنت

عيلتي - عيلتك - عيلته ...... زي الجدول:

٢٢

ضمير	ماما	بابا	ابن	بنت	أخّ	أخت	مرات	جوز
أنا	مامتي	بابايا	ابني	بنتي	أخويا	أختي	مراتي	جوزي
إنت	مامتَك	باباك	ابنَك	بنتَك	أخوك	أختَك	مراتَك	
إنتي	مامتِك	باباكي	ابنِك	بنتِك	أخوكي	أختِك		جوزِك
هو	مامته	باباه	ابنه	بنته	أخوه	أخته	مراتُه	
هيّ	مامتها	باباها	ابنها	بنتها	أخوها	أختها		جوزها
همّ	مامتهم	باباهم	ابنهم	بنتهم	أخوهم	أختهم		
إحنا	مامتنا	بابانا	ابننا	بنتنا	أخونا	أختنا		
إنتو	مامتكو	باباكو	ابنكو	بنتكو	أخوكو	أختكو		

٢٣

٢- سؤال	جواب
ده أخوك؟	أيوه، ده أخويا.
ده باباك؟	لا، ده مش بابايا. ده أخويا.
	النفي: مش مامتي / أختي (مش + الاسم)

٣- مش جملة	جملة
مامة أحمد	دي مامة أحمد.
مامته	دي مامته.

٢٤

٤- ده أب. دول أبّهات.	دي أم. دول أمهات.
ده ابن. دول أولاد.	دي بنت. دول بنات.
ده أخّ. دول إخوات.	دي أخت. دول إخوات.

٥- بتسأل عن الناس: مين ده؟ ده بابا. أو ده مين؟ ده بابايا.

٢٥

النطق:

لاحظ النبر:

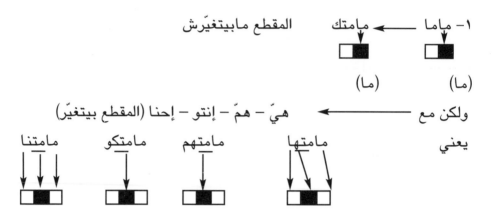

١- ماما ← مامتك   المقطع مابيتغيّرش

(ما)   (ما)

ولكن مع ← هيّ - همّ - إنتو - إحنا (المقطع بيتغيّر)

يعني   مامتها   مامتهم   مامتكو   مامتنا

٢- يتكرّر مع كلمة ابن:

ابني   ابنك   ابنه   ابنها   ابنهم   ابنكو   ابننا

٣- يتكرّر النبر بنفس الطريقة مع بنت وأخّ وأخت.

٤- مع كلمة بابا وأخو ما بيتغيرش النبر.

اسمع المدرّس وحدّد النبر:

مامتي - ابنك - باباها - بنته - أخوها - مراته
بنتهم - مامتنا - أخويا - أختي - أختهم - جوزها

٢٦

التدريبات

تدريب (٢ – ٣ – أ (١))

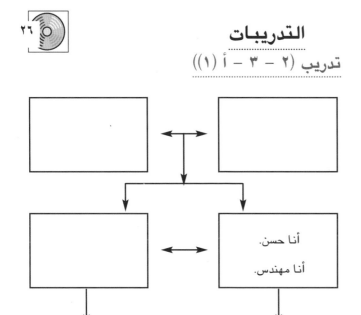

اسمع جملة جملة.

اكتب الاسم والوظيفة.

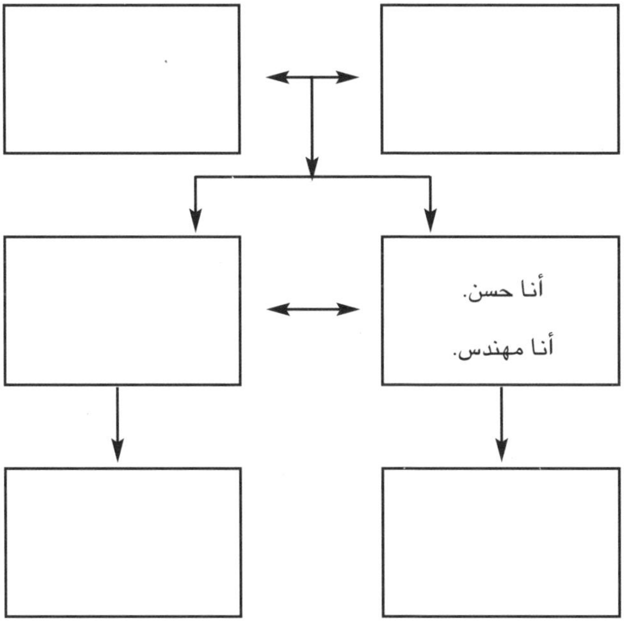

نص الاستماع لتدريب (٢ – ٣ – أ (١))

- أنا اسمي حسن، باشتغل مهندس في مصنع كوكاكولا.
- بابايا ناجي بيشتغل دكتور في مستشفى السلام.
- مامتي اسمها نادية، هيّ ستّ بيت.
- ومراتي اسمها سارة، هيّ ممرّضة في مستشفى النيل.
- أخويا اسمه خالد، هو بيشتغل مدرّس عربي في مدرسة العجوزة.
- ابني اسمه سامر، هو بيشتغل محامي في محكمة مصر الجديدة.
- بنتي اسمها نوال وبتشتغل مديرة في شركة كمبيوتر.

تدريب (٢ – ٣ – أ (٢))

كوّن كلمات من الجدول ده بأسماء العيلة:

ب	أ	ج	م	ت	ك	أ
أ	خ	ب	و	أ	أ	م
ب	أ	ن	و	ك	خ	ت
أ	م	ت	أ	ي	ك	ي
ك	خ	ب	خ	ز	م	ت

مثال: باباك – أم

تدريب (٢ – ٣ – ب)

كمِّل الناقص زي المثال:

١– ده باباك (إنت)؟ لا، ده مش بابايا. ده أخويا (أنا).

٢– دي مامت .... (إنتي)؟ أيوه، دي مامت ....

٣– ده أخو .... (هيّ)؟ لا، ده .... ده ....

٤– ده ابن .... (إنتو)؟ أيوه، ....

٥– دي بنت .... (همّ)؟ لا، ....

٦– ده أبو .... (إنتو)؟ لا، .... ده أخو ....

٧– دي أخت .... (إنت)؟ لا، .... دي أم ....

ادرس ولاحظ الجمع:

أخّ – أخّين – ٣ إخوات

أخت – أختين – ٣ إخوات

مرتّب – مرتّبات

تدريب (٢ – ٣ – ج (١))

١- ارسم شجرّة عيلتك.

٢- اتكلّم مع زميلك عن:

اسمهم إيه؟

بيشتغلوا إيه؟ فين؟

المرتّب كام؟ المرتّب كبير وللا صغيّر؟

عنده كام أخّ؟

عنده كام أخت؟

تدريب (٢ – ٣ – ج (٢))

اكتب جملة على كل كلمة من كلمات العيلة في الجدول اللّي فات ص ٥٩.

تقديم (٢ - ٤)

فين ده؟   فين دي؟

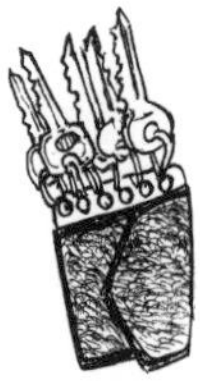

١- ده مفتاح   دول مفاتيح

فين المفاتيح؟

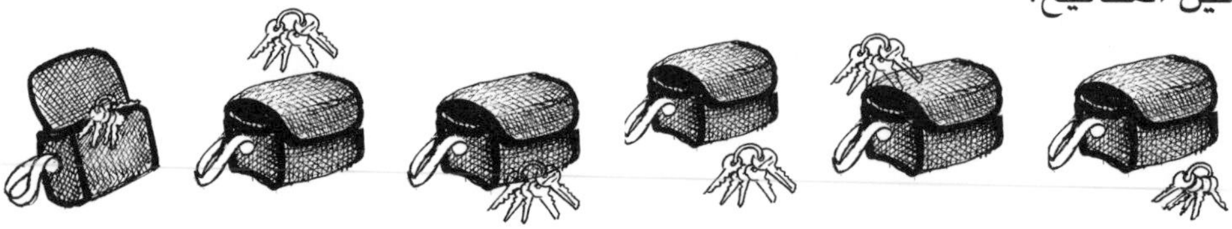

المفاتيح قدّام   ورا   جنب   تحت   فوق   جوّه

الشنطة

(قدّام = قصاد)   (فوق = على)

الراديو مع البنت

٢- المفاتيح على يمين الشّنطة.   المفاتيح على شمال الشّنطة.

المفاتيح على اليمين.   المفاتيح على الشّمال.

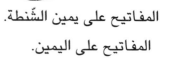

المفاتيح بعيدة عن الشّنطة.   المفاتيح قرّيبة من الشّنطة.

٢٩

تابع تقديم (٢- ٤)

٣- مذكّر

ده تليفزيون

فين الشّنطة؟

الشّنطة قدّام (التليفزيون)؟

أيوه، الشّنطة قدّامه.

ده قاموس

ده كتاب

فين الكتاب؟

الكتاب تحت (القاموس)؟

أيوه، الكتاب تحته.

مؤنّث

دي شنطة

فين الشّنطة؟

الشّنطة ورا (المفاتيح)؟

أيوه، الشّنطة وراها.

ده جورنال

دي محفظة

فين الجورنال؟

الجورنال جنب (المحفظة)؟

أيوه، الجورنال جنبها.

٣٠

٤- الجمع:

فين المغنيّة؟

المغنية قدّام (الناس)؟

أيوه، المغنيّة قدّامهم.

المغنيّة ورا (الناس)؟

لا، المغنيّة مش وراهم. هيّ قدّامهم.

دي مغنيّة

دول ناس

٣١

لاحظ القواعد:

فوق – تحت – ورا – قدّام – على – جوّه – برّه – قصاد – جنب – مع

بنسأل عن المكان:

الكتاب تحت الترابيزة؟	لا، الكتاب مش تحت (الترابيزة). الكتاب فوقها.	(مؤنّث)
الكتاب فوق الكرسي؟	لا، الكتاب مش فوق (الكرسي). الكتاب تحته.	(مذكّر)
الكتاب ورا المفاتيح؟	لا، الكتاب مش ورا (المفاتيح). الكتاب قدّامهم.	(جمع)

حروف الجرّ مع الضمائر: ٣٢

النفي ٣٣

أنا	قدّامي	ورايا	معايا		تحتي	جنبي
إنت	قدّامَك	وراك	معاك		تحتَك	جنبَك
إنتي	قدّامِك	وراكي	معاكي		تحتِك	جنبِك
هو	قدّامه	وراه	معاه		تحته	جنبه
هيّ	قدّامها	وراها	معاها	مش +	تحتها	جنبها
إحنا	قدّامنا	ورانا	معانا		تحتنا	جنبنا
إنتو	قدّامكو	وراكو	معاكو		تحتكو	جنبكو
هم	قدّامهم	وراهم	معاهم		تحتهم	جنبهم

ظرف + ضمير — **مش + حرف الجرّ**

كلمات تانية للأماكن: ٣٤

	مذكّر	مؤنّث
بعيد عن	الكتاب **بعيد عن** الترابيزة.	الشّنطة **بعيدة عن** المدرّس.
	المعهد **بعيد عن** المدرّسة.	أمريكا **بعيدة عن** مصر.

قريّب من الكتاب **قريّب من** الترابيزة. الشّنطة **قريّبة من** المدرّس.

المعهد **قرّيب من** المدرسة. إمبابه **قريّبة من** المهندسين.

ظرف + ضمير = بعيد عني (أنا) **ظرف + ضمير = قريب مني (أنا)**

بعيد عن + (ه / ها / هم / نا / كو / ي) قريّب من + (ه / ها / هم / نا / كو / ي)

٣٥

السؤال: المدرسة بعيدة عنّك؟ أيوه، المدرسة بعيدة عنّي.

المدرسة قريّبة منّك؟ لا، المدرسة مش قريّبه منّي.

٣٦

النطق

١- لاحظ النبر:

مع:	أنا	إنت	هو
	قدّامي	قدّامَك	قدّامُه

إنتي	هيّ	إنتو	إحنا	همّ
قدّامِك	قدّامها	قدّامكو	قدّامنا	قدّامهم

بيتكرّر النبر مع باقي حروف الجرّ.

٢- اسمع المدرّس وحدّد النبر:

ورايا - وراك - وراه - وراكي - وراها - وراهم

تحتي - تحتَك - تحته - تحتِك - تحتها - تحتهم

فوقي - فوقَك - فوقه - فوقِك - فوقها - فوقهم

٣- اسمع المدرّس وحدّد النبر:

عليكي - عليها - عليهم - عليكو

معاكي - معاها - معاهم - معاكو

التدريبات

تدريب (٢ – ٤ – أ (١))

كمّل بالضمير المناسب:

(أ)

١– أحمد قدّام ..... (إنت)؟

٢– نبيل ورا الترابيزة؟

٣– الكتاب مع المدرّسة؟

٤– الكومبيوتر فوق المكتب؟

٥– سمير مع الأولاد؟

٦– مامة مع ..... (إنتو)

٧– أخوكم جنب ..... (إنتو)

٨– باباهمّ ورا ..... (إنتي)

٩– الشغل بعيد عن ..... (إنتو)؟

١٠– المستشفى قرّيبة من ..... (إنت)؟

(ب)

– لا، هو ..... قدّام ..... (أنا)

– أيوه، هو ورا ..... (هيّ)

– لا، الكتاب ..... مع ..... (هيّ)

– أيوه، الكومبيوتر فوق ..... (هو)

– لا، سمير ..... مع ..... (همّ)

– لا، مامة مش مع ..... (إحنا)

– لا، أخو..... مش جنب ..... (إحنا)

– أيوه، بابا ..... ورا ..... (أنا)

– لا، الشغل ..... بعيد عن ..... (إحنا)

– أيوه، المستشفى قريّبه من ..... (أنا)

تدريب (٢ – ٤ – أ (٢))

اعمل جمل زي دي:

المفتاح – ورا – قدّام – التليفزيون – مش

المفتاح مش ورا التليفزيون. المفتاح قدّامه.

١– التليفون – قريّب من – بعيد عن – الكرسي

٢– الكتاب – فوق – تحت – الترابيزة

٣– النضّارة – في – برّه – الشّنطة

٤– الشغل – جنب – ورا – المستشفى

٣٧

تدريب (٢ - ٤ - ب)

اسمع وقول: مين دول؟

اسمع مرّة تانية وجاوب:

١- الناس دول فين؟

٢- اكتب اسم كل واحد في الصورة.

٣- مين قدّام مدام فاطمة ومدام سهير؟

٤- مين ورا أستاذ حسام المدير؟

نص الاستماع لتدريب (٢ – ٤ – ب)

تهاني	مين دول؟
عفاف	دول أصحابي صورتهم في حفلة الشغل.
تهاني	مين اللّي على اليمين في آخر الصورة؟
عفاف	دي مدام سهير بتشتغل محاسبة وجنبها مدام فاطمة السكرتيرة.
تهاني	ومين قدّامهم؟
عفاف	قدّامهم أستاذ عادل ومراته، هو محامي في الشركة.
تهاني	ومين الأولاد دول؟
عفاف	دول أولاد أستاذ حسام مدير الشركة وجنبه على اليمين مدام حسنية مديرة الحسابات.
تهاني	ووراهم مين؟
عفاف	وراهم المهندس سامي ومراته هو بيشتغل مهندس كمبيوتر في الشركة.
تهاني	وفين دكتور فؤاد؟
عفاف	آه، دكتور فؤاد قصاد مراته مدام عايدة ورا الترابيزة.

تدريب (٢ – ٤ – ج (١))

اسأل عن أصحابك في الفصل

١– هو فين؟

٢– مين قدّامه؟

٣– مين وراه؟

٤– مين جنبه؟

تدريب (٢ – ٤ – ج (٢))

استعمل خريطة العالم. اوصف لصاحبك البلد فين، وهو يقول أنهي بلد.

قريبة من أنهي بلد / بعيدة عن أنهي بلد؟

على يمين أنهي بلد؟

على شمال أنهي بلد؟

أنهي بلد جنبها؟

قدّامها البحر وللا المحيط؟

أنهي بلد تحتها؟

العالم

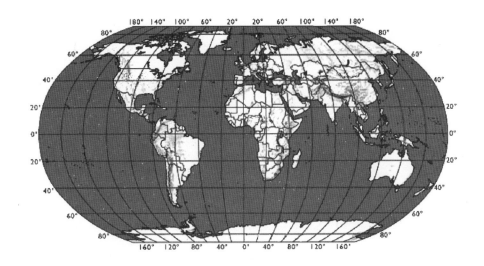

٣٨

من واقع الحياة

مكتب التوظيف

الاستماع

اسمع وقول:

١- الوظيفة إيه؟ وفين؟

٢- الشغل كام ساعة كل يوم؟

٣- هيّ عندها عربيّة وكمبيوتر؟

٤- المرتّب كام؟ المرتّبَ كويس؟

نص استماع من واقع الحياة

ليلى	عندكو وظيفة محاسبة، صحّ؟
موظّف	أيوه مظبوط وظيفة محاسبة. الوظيفة في مكتب المعادي.
ليلى	مكتب المعادي. ده بعيد قوي عن البيت.. طيّب كام ساعة في اليوم؟
موظّف	٩ ساعات في اليوم من ٩ لـ ٦. وحضرتِك عندِك لغات إيه؟
ليلى	إنجليزي وفرنساوي.
موظّف	وعندِك عربيّة وكمبيوتر؟
ليلى	أيوه، عندي عربيّة وعندي كمبيوتر. لكن المرتّب كام؟
موظّف	المرتّب حوالي ١٢٠٠ جنيه في الشهر.
ليلى	١٢٠٠ جنيه بس؟ ياه! ده مرتّب صغيّر قوي.
موظّف	أنا آسف. هو ده المرتّب وهي دي الوظيفة.

القراءة

اقرا الجواب ده وجاوب:

١– هيّ بتشتغل إيه؟

٢– عندها أصحاب؟

٣– مرتّبها كام؟

٤– فين الجيران؟

السيدة / فاتن عبدالجليل

٢٥ شارع محمد فريد / أسيوط

مصر

حبيبتي ماما

أنا باشتغل دلوقتي ممرّضة في مستشفى النيل. المستشفى قريّبة من البيت. عندي أصحاب كتير في المستشفى. باشتغل ١٠ ساعات. المرتّب نصّ نص. الدخل حوالي ١٥٠٠٠ جنيه في السنة. قدّامي جيران كويسين في البيت. عندهم أولاد، بنتين وولد. مامتهم وباباهم بيشتغلوا معايا في المستشفى.

أنا مبسوطة قوي يا ماما... سلام.

بنتك

فريدة

الكتابة

اكتب جواب لعيلتك في بلدك زي الجواب اللّي فات عن المدرسة أو عن الشغل في مصر.

الكلام

١- بصّ لصورة مكتب التوظيف مرّة ثانية.

إنت مرّة موظّف المكتب، وزميلك عايز وظيفة. اسأل زي كده:

مدير مكتب التوظيف	الزبون
١- بتشتغل فين دلوقتي؟ قريّب من البيت؟ بعيد عن البيت؟	باشتغل في المهندسين.
٢- بتشتغل إيه؟	باشتغل محاسب.
٣- بتشتغل برّه المكتب؟	
٤- بتشتغل جوّه المكتب؟	
٥- بتشتغل مع الناس؟	
٦- بتشتغل قدّام ناس؟	
٧- بتشتغل كام ساعة؟	
٨- مرتبك كام؟	
٩- عندك عربيّة؟	
١٠- عندك لغات؟	
١١- عندك كمبيوتر؟	

٢- كل طالب يختار وظيفة: أ- يتكلّم عن وظيفته.

ب- يسأل زميله عن وظيفته.

يتكلّم عن:

اسم الوظيفة - المكان - المرتّب - الأصحاب في الشغل - مبسوط وللا لا

افتكر

١-

| هو مدرّس؟ | أيوه، هو مدرّس. |
| هو بيشتغل إيه؟ | هو بيشتغل مدرّس. |

٢-

		الإيجاب				النفي	
أنا	ب	ا	شتغل		ب	ا	شتغل ش
إنت	ب	ت	شتغل		ب	ت	شتغل ش
إنتي	ب	ت	شتغل	ي	ب	ت	شتغل يش
هو	ب	ي	شتغل		ما + ب	ي	شتغل ش
هيّ	ب	ت	شتغل		ب	ت	شتغل ش
إحنا	ب	ن	شتغل		ب	ن	شتغل ش
إنتو	ب	ت	شتغل	وا	ب	ت	شتغل وش
همّ	ب	ي	شتغل	وا	ب	ي	شتغل وش

٣-

| السؤال: | إنت دكتور؟ | لا، أنا مش دكتور. أنا ممرّض. |
| السؤال: | إنت بتشتغل دكتور؟ | لا، ماباشتغلش دكتور. باشتغل ممرّض. |

النفي = لا + ما + ب + الفعل + ش

٤-

بتشتغل فين؟ في عيادة / محكمة / مصنع / مسرح / شركة / مستشفى / مدرسة

٥-

العدد من ١٠٠ - ٩٠٠	١٠٠٠ - ٢٠٠٠	٣٠٠٠ - ١٠٠٠٠	١١٠٠٠ - للآخر
ميت كتاب / ميتين / تلتميت..... إلخ + كتاب	ألف كتاب / ألفين كتاب	٣ آلاف كتاب (٣ + كلمة جمع + كتاب)	١١ ألف كتاب (١١ + كلمة مفرد + كتاب)

٦-

مليون ـــ مليونين ـــ ٣ مليون ـــ ١٠٠ مليون + كتاب

٧- **العيلة**:

بابا - ماما - أخّ - أخت - جوز - مرات - ابن - بنت - عيلتي - عيلتك - عيلته

نصّرّف كلّ الأسماء زي الجدول ده:

ضمير	ماما
أنا	مامتي
إنت	مامتَك
إنتي	مامتِك
هو	مامتة
هيّ	مامتها
همّ	مامتهم
إحنا	مامتنا
إنتو	مامتكو

جملة	مش جملة
دي مامة أحمد.	مامة أحمد

السؤال	إيجاب	نفي
ده باباك؟	أيوه، ده بابايا.	لا، ده مش بابايا.

٨- ظرف المكان:

فوق – تحت – ورا – قُدّام – على – جوه – برّه – قصاد – جنب – مع – بعيد عن

قريّب من – في

٩- التصريف مع الضمير :

أنا   قدّامي

١٠-

السؤال	إيجاب	نفي
الكتاب قدّامك؟	أيوه، الكتاب قدّامي.	لا، الكتاب مش قدّامي. الكتاب ورايا

إنت	قدّامك
إنتي	قدّامِك
هو	قدّامه
هيّ	قدّامها
إحنا	قدّامنا
إنتو	قدّامكو
همّ	قدّامهم

الوحدة الثالثة

١

محتويات الموضوعات في الوحدة الثالثة

- تدريب أدوات الإشارة: ده - دي - دول - مفردات شخصيّة - الجمع
- تدريس الملكيّة: بتاع - بتاعة - بتوع - والسؤال عنها
- الأماكن في المدينة والسؤال عن الاتّجاهات والأماكن
- التعارف والسؤال عن مكان السكن والعنوان

الكلمات الجديدة في وحدة ٣

تقديم (١)

كيس – علبة – شمسيّة – فرشة – مشط – محفظة – رخصة – سرير – مكتبة –
سَبَت – مباراة – فريق – كسبان

تقديم (٢)

بتاع – بتاعة – بتوع – يحطّ – فريق – مباراة – يمكن

تقديم (٣)

أنا عارف – مش عارف – فين الإستاد – متأكّد – مش متأكّد – أفتكر – لفّ –
خُشّ – في وسط – قبل – بعد – امشي دوغري – لغاية – لحدّ – الآخر

تقديم (٤)

عمارة – جديد – قديم – شقّة – ساكن – ساكنة – ساكنين – نادي – صحيح –
برضه – الله – دور – عايش – يختار – يوصل

من واقع الحياة

فاضي – مليان – زحمة – مشغول – كفاية – تمام – مش ممكن – يافندم –
اتسرقت – عايز – تشوف

٢

تقديم (٣ – ١)

ده كتابي

ده كتابك؟
أيوه ده كتابي

راجع مفرداتك:

للمذكّر   ده كتابَك؟

أيوه	لا
أيوه، ده كتابي.	لا، ده مش كتابي.

للمؤنّث   دي نضّارتِك؟

أيوه	لا
أيوه، دي نضّارتي.	لا، دي مش نضّارتي.

٣

	دي صورة مكتب	دي صورة عربيّة	ده	دي
أنا	ده مكتبي	دي عربيّتي		
إنت	ده مكتبَك	دي عربيّتك		
إنتي	ده مكتبِك	دي عربيّتك		
هو	ده مكتبه	دي عربيّته		
هيّ	ده مكتبها	دي عربيّتها		
إحنا	ده مكتبنا	دي عربيّتنا		
إنتو	ده مكتبكو	دي عربيّتكو		
همّ	ده مكتبهم	دي عربيّتهم		

٤

النفي:

لا، ده + مش + مكتبي

لا، دي + مش + عربيّتي

لا، ده / دي + مش + اسم

٥

تقديم (٣ – ١)

ده إيه؟ دي إيه؟ دول إيه؟

كرّر مع كلّ صورة أنهي ده / دي؟

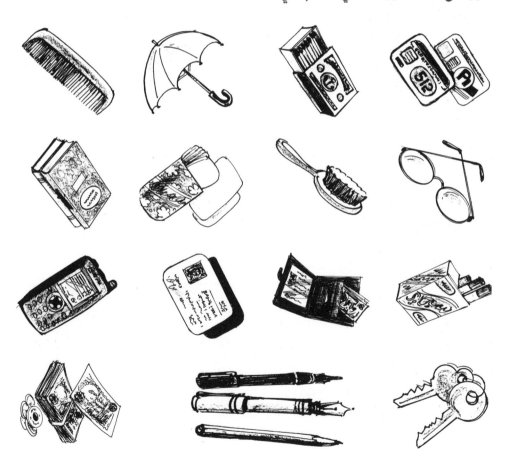

كرّر مع المدرّس الجمع:

مفرد مذكّر	جمع	مفرد مؤنّث	جمع
ده كيس	دي أكياس (دول)	دي علبة	دي علب (دول)
ده مشط	دي أمشاط	دي صورة	دي صور
ده قلم	دي أقلام	دي شمسيّة	دي شماسي
ده كرت	دي كروت	دي فرشة	دي فرش
ده جورنال	دي جرايد	دي محفظة	دي محافظ
ده مفتاح	دي مفاتيح	دي نضّارة	دي نضّارات
ده كتاب	دي كتب	دي فلوس	دي فلوس
ده تليفون	دي تليفونات	دي رخصة	دي رخص

تابع تقديم (٣ – ١)

سؤال	جواب
ده مفتاحك؟	أيوه، ده مفتاحي.
	لا، ده مش مفتاحي.
ده مفتاح مين؟	ده مفتاح أحمد. ده مفتاحه.

سؤال	جواب
دي مفاتيحك؟	أيوه، دي مفاتيحي.
	لا، دي مش مفاتيحي.
دي مفاتيح مين؟	دي مفاتيح أحمد. دي مفاتيحه.

دي صورتك؟ — أيوه، دي صورتي. ٧

دي صورتك؟ — لا، دي مش صورتي.

دي صورة مين؟ — دي صورة فاطمة. دي صورتها.

دي صُوَرك؟ — أيوه، دي صوري.

دي صُوَرَك؟ — لا، دي مش صوري.

دي صُوَر مين؟ — دي صور أولادي. دي صورهم.

دي طالبة + ده طالب

= دول طلبة

(طالبات)

دول طالبتين

جمع مع الحاجات

ده كتاب ← الجمع دي كتب أو دول كتب / المثنّى: دول كتابين

دي صورة ← الجمع دي صور أو دول صور / المثنّى: دول صورتين

لاحظ القواعد:

٨

الجمع مع الحاجة

	مفرد	مثنّى	جمع
مذكّر	ده كتاب	دول كتابين	دي/دول كتب
مؤنّث	دي ساعة	دول ساعتين	دول ساعات
	دي فلوس	دول فلوس	دول فلوس

الجمع مع الناس : دول طلبة / دول بنات / دول أولاد

	مفرد	مثنّى	جمع
مذكّر	ده مدرّس	دول مدرّسين	دول مدرّسين
مؤنّث	دي مدرّسة	دول مدرّستين	دول مدرّسات

ده	دول	دي / دول	دي	دول	دي / دول
قلم	قلمين	أقلام	علبة	علبتين	علب
مشط	مشطين	أمشاط	صورة	صورتين	صُوَر
كيس	كيسين	أكياس	شمسيّة	شمسيّتين	شمسيّات
كتاب	كتابين	كتب	فرشة	فرشتين	فرش
جورنال	جورنالين	جرايد	محفظة	محفظتين	محافظ
مفتاح	مفتاحين	مفاتيح	نضّارة	نضّارتين	نضّارات
كرت	كرتين	كروت	فلوس	فلوس	فلوس
تليفون	تليفونين	تليفونات	رخصة	رخصتين	رُخص

السؤال	الإيجاب	النفي
ده كتابك؟	أيوه، ده كتابي.	لا، ده مش كتابي.
ده كتاب مين؟	ده كتاب أحمد.	ده كتابه.
كتاب مين ده؟	ده كتاب أحمد.	ده كتابه.

٩

النطق

لاحظ النبر:

مشط	أمشاط	كتاب	كتب
تليفون	تليفونات	مفتاح	مفاتيح

اسمع المدرّس وحدّد النبر :

مفتاح – محفظة – قلم – فرشة – كرت – مفتاح – محافظ – أقلام – فرش – كروت

التدريبات

تدريب (٣ – ١ – أ (١))

١– اعمل جُمل زيّ دي:

١– دي فرش	٢–	٣–
٤– .	٥–	٦–
٧–	٨–	٩–

تدريب (٣ – ١ – أ (٢))

طالب (أ): اسأل عن صورة أ.

طالب (ب): اسأل عن صورة ب.

١- اسأل زميلك: فين الفرشة في الصورة؟

٢- اسأل عن باقي الحاجات في الصورة.

٣- قول جمع كلّ حاجة في صورتك.

صورة أ

صورة ب

تدريب (٣ – ١ – ب)

اسأل عن حاجات في الفصل
واكتب إجابات للأسئلة دي: أيوه / لا

١– دول أقلامك؟ ....

٢– دي صورك؟ ....

٣– دول كتبهم؟ ....

٤– دي شنطتكو؟ ....

٥– دول جرايدها؟ ....

٦– دي كروتك؟ ....

تدريب (٣ – ١ – ج (١))

كلّ طالب يسأل زميله عنده في بيته إيه من الحاجات اللّي موجودة في الصورة زيّ المثال:

عندك صور كتير في بيتك؟

أيوه، عندي.　　　　لا، ما ......

تدريب (٣ – ١ – ج (٢))

اسألوا بعض في الفصل أسئلة زيّ كده:

١- كام سرير عندك؟

٢- كام كتاب عندك في الشّنطة؟ في البيت؟

٣- كام كرسي في البيت؟

٤- كام صورة / قلم / شبّاك / صاحب؟

اسألوا بعض عن حاجات تانية في بيتك أو في المدرسة والجامعة.

تدريب (٣ – ١ – ج (٣))

مباراة

فريق ١- اختار حاجات في الفصل واسأل فريق ٢ عن الجمع.
سجّل درجة للإجابة الصحّ.

فريق ٢- اختار حاجات تانية في الفصل واسأل فريق ١ عن الجمع.
سجّل درجة للإجابة الصحّ.

الفريق الكسبان ياخد أكبر درجات.

١٠

تقديم (٣ – ٢)

ده بتاعي

اسمع وكرّر مع المدرّس:

سمير	الكتاب ده بتاعِك يا سلوى؟
سلوى	لا يا سمير، الكتاب ده مش بتاعي. ده بتاع ناهد.
سمير	وفين ناهد؟
سلوى	ناهد هناك أهه.
سمير	ناهد الكتاب ده بتاعِك؟
ناهد	أيوه يا سمير. الكتاب ده بتاعي.
سمير	اتفضّلي.
ناهد	شكراً.

١١

سهام	النضّارات بتوعك منين يا داليا؟
داليا	النضّارات بتوعي من محل قُصاد البيت.
سهام	ونضّارة الشمس دي كويّسة؟
داليا	مش قوي، نُصّ نص.

تابع تقديم (٣ – ٢)

١– ده كتابِك يا سلوى؟ = ده الكتاب بتاعِك يا سلوى؟

أيوه، ده كتابي. = أيوه، ده الكتاب بتاعي.

لا، ده مش كتابي. = لا، الكتاب ده مش الكتاب بتاعي.

أو

٢– دي نضّارتك يا سهام؟ = دي النضّارة بتاعتك يا سهام؟

أيوه، دي نضّارتي. = دي النضّارة بتاعتي.

لا، دي مش نضّارتي. = لا، دي مش النضّارة بتاعتي.

أو

٣– دول كُتبَك؟ = دول الكتب بتوعَك؟

أيوه، دول كتبي. = أيوه، دول الكتب بتوعي.

لا، دول مش كتبي. = لا، دول مش الكتب بتوعي.

١٣

لاحظ القواعد:

	ده قلمي = القلم ده بتاعي	دي شنطتي = الشّنطة دي بتاعتي	دول كروتي = الكروت دول بتوعي
أنا	القلم ده بتاعي.	الشّنطة دي بتاعتي.	الكروت دول بتوعي.
إنت	القلم ده بتاعَك.	الشّنطة دي بتاعتَك.	الكروت دول بتوعَك.
إنتي	القلم ده بتاعِك.	الشّنطة دي بتاعتِك.	الكروت دول بتوعِك.
هو	القلم ده بتاعه.	الشّنطة دي بتاعته.	الكروت دول بتوعه.
هيّ	القلم ده بتاعها.	الشّنطة دي بتاعتها.	الكروت دول بتوعها.
إحنا	القلم ده بتاعنا.	الشّنطة دي بتاعتنا.	الكروت دول بتوعنا.
إنتو	القلم ده بتاعكو.	الشّنطة دي بتاعتكو.	الكروت دول بتوعكو.
همّ	القلم ده بتاعهم.	الشّنطة دي بتاعتهم.	الكروت دول بتوعهم.

١٤

	مذكّر	مؤنّث
مفرد	الكتاب ده بتاع أحمد.	الشّنطة دي بتاعة أحمد.
جمع	الكتب دول بتوع أحمد.	الشّنط دول بتوع أحمد.

إيجاب	نفي
ده بتاعه؟	لا، ده مش بتاعه.
دي بتاعته؟	لا، دي مش بتاعته.
دول بتوعه؟	لا، دول مش بتوعه.

١٥

النطق

لاحظ النبر:

بتاعي　　بتاعَك　　بتاعها　　بتاعكو

بتاعهم　　بتاعنا　　بتاعِك　　بتاعه

اسمع المدرّس وحددّ النبر:

بتاعي – بتاعَك – بتاعه – بتاعنا

بتاعها – بتاعهم – بتاعكو – بتاعِك

التدريبات

تدريب (٣ – ٢ – أ (١))

اكتب الكلمة الناقصة (بتاع – بتوع):

سؤال	إجابة
١– القلم ده .... ؟ (إنت)	
٢– الشّنطة دي .... ؟ (إنتي)	
٣– المفاتيح دول .... ؟ (همّ)	
٤– الأقلام دول .... ؟ (إحنا)	
٥– الجرايد دول .... ؟ (إنتو)	
٦– الكراسي دول .... مين؟	
٧– النضّارة دي .... مين؟	
٨– فين المشط .... سمير؟	

تدريب (٣ – ٢ – أ (٢))

١٦

اسمع وقول الحاجات دي بتاعة مين؟ ومين عنده أكتر من حاجة؟

الحاجة	نادر	سهير	سمير	سهام
فرشة				
شنطة				
نضّارة				
مفاتيح				

نص الاستماع لتدريب (٣ – ٢ – أ (٢))

١٦

١– المفاتيح دول بتوع نادر.

٢– الفرشة دي بتاعة سهير.

٣– النضّارة دي بتاعة سهام.

٤– الشّنطة والمفاتيح دول بتوع سمير.

تدريب (٣ - ٢ - ب (١))

كلام

اسأل زميلك في الفصل الحاجات دي بتاعة مين. زي كده:

الراديو ده بتاع نوال؟

لا، ده مش بتاعها. ده بتاع أحمد.

أحمد ✓
نوال X

عادل X
مجدي ✓

سهام ✓
فؤاد X

سمير X
نادية ✓

داليا X
رامي ✓

زينب X
فاتن ✓

تدريب (٣ - ٢ - ب (٢))

١٧

اسمع وقول:

الشمسيّة مع مين؟

اسمع مرّة تانية وقول:

الشمسيّة بتاعة مين؟

نص الاستماع لتدريب (٣ - ٢ - ب (٢))

خالد	فين الشمسيّة بتاعتي يا نُها؟
نُها	الشمسيّة بتاعتَك مش هنا. يمكن تحت الترابيزة.
خالد	تحت الترابيزة؟ لا، مش تحتها.
نُها	طيّب يمكن ورا الباب.
خالد	ورا الباب؟ لا، مش وراه.
نُها	آه، هناك مدام عفاف معاها شمسيّة. هيّ دي؟
خالد	آه ... آم ... أيوه، هيّ دي بتاعتي.
	مدام عفاف ... مدام عفاف، لو سمحتي، الشمسيّة دي بتاعتي.
عفاف	دي بتاعتَك! لا، دي مش بتاعتك. دي بتاعتي.
خالد	لا يا مدام. أنا آسف، دي بتاعتي. دي بتاعة أولادي كمان.

تدريب (٣ - ٢ - ج)

كلّ الطلبة يحطّوا حاجات من بتاعتهم قدّام المدرس على الترابيزة.
اسال زميلك بتاعة مين دي.

تقديم (٣ – أ٣)
فين بالظبط؟

المفردات

ادرس أسماء المحلات دول وجاوب: الحاجات دي في أنهي محل؟

الكتب في أنهي محل؟   الكتب في ....

الكتاب	العشاء		
الجزر	الطوابع		
التليفزيون	البنزين		
الدوا	المجلّات		

١٨

تقديم (٣ – ٣ب)

فين بالظبط؟

بصّ لصورة المدينة. راجع الأماكن دي:

١– حسام فين؟ حسام قدّام البنك.

اتعلّم التعبيرات دي: حسام بيقول:

أنا عارف = أنا متأكّد البنك قدامي في شارع النّصر أهه. = متأكّد

أفتكر شركة الدّخان جنب المدرسة. = يمكن

مش متأكّد قسم البوليس ورا الإستاد وللا لا. = يمكن

مش عارف محطّة البنزين فين. = صفر

فين الإستاد؟

١٩

إسمع:

حسام	لو سمحت فين الإستاد؟ بعيد عن هنا؟ أنا مش عارف فين.
راجل	الإستاد ... آه أفتكر هو بعيد شويّة عن هنا.
حسام	فينه يعني؟
راجل	بصّ، إحنا دلوقتي قدّام البنك في شارع اسمه النّصر. كويّس؟
حسام	آه، أنا عارف البنك أهه ... قدّامنا في شارع النّصر.
راجل	امشي في شارع النّصر ده على طول. وبعدين خشّ أول يمين في شارع السّادات.
حسام	أوّل يمين في شارع السّادات ... كويّس.
راجل	امشي دوغري في شارع السّادات. أوّل شارع يمينك لا.
حسام	أوّل شارع يميني لا. ماشي.
راجل	امشي برضه على طول في شارع السّادات لغاية آخر الشّارع وخشّ شمال هناك الإستاد على شمالك.
حسام	لحد آخر الشارع شمالي ... ماشي. أنا متشكّر قوي.
راجل	العفو. أيّ خدمة، مع السّلامة.
حسام	الله يسلّمك.

٢٠

لاحظ القواعد:

السؤال

١– فين الإستاد لو سمحت؟ — فينه لو سمحت؟ (الإستاد)

فين السينما؟ — فينها؟ (السينما)

٢– على الشّمال أو على شمالك (إنت)

على اليمين أو على يمينك (إنت)

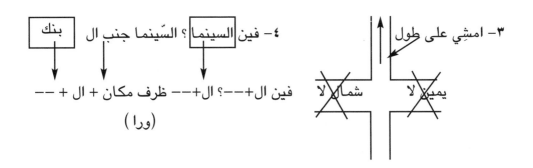

٣- امشِي على طول

يمين لا
شمال لا

٤- فين السينما ؟ السّينما جنب ال بنك

فين ال+--؟ ال+-- ظرف مكان + ال + --

(ورا)

٥- المكان

البيت جنب البنك على طول = بالضّبط	قدّام +ال+---
خشّ - خشّي - خشّوا شمال	في الوسط
لفّ - لفّي - لفّوا الميدان	بعيد عن X قريّب من
(إنت) (إنتي) (إنتو)	قبل X بعد

٢١

٦- عبارات مفيدة

	لغاية	لحد	لآخر
المسافة	امشي لآخر الشارع امشي على طول = امشي دوغري	امشي لحدّ آخر الشارع	امشي لغاية آخر الشارع
الوقت	لغاية آخر الإسبوع لغاية آخر الدورة	لحدّ آخر الإسبوع لحدّ آخر الدورة	لآخر الإسبوع لآخر الدورة
الفلوس العدد/الكمية	لغاية آخر جنية / إزازة / صفحة	لحدّ آخر فلوس معايا	لآخر مليم عندي

٧–

١ = أوّل / ٢ = تاني / ٣ = تالت / ٤ = رابع / ٥ = خامس / ٦ = سادس /

٧ = سابع / ٨ = تامن / ٩ = تاسع / ١٠ = عاشر

٨–

عارف = متأكّد = ١٠٠٪   افتكر = ٩٠٪

مش متأكد = ٥٠٪ = يمكن   مش عارف = صفر ٪

النطق

لاحظ النبر:

شمالهم	شمالكو	شمالِك	شمالَك

يمينهم	يمينكو	يمينِك	يمينَك

اسمع المدرّس وحدّد النبر:

شمالي – شمالك – شمالها – شمالنا – شمالكو – شمالهم

يميني – يمينَك – يمينها – يمينا – يمينكو – يمينهم

التدريبات

تدريب (٣ - ٣ - أ)

كمّل الكلمة النّاقصة في التّدريب من الكلمات دي:

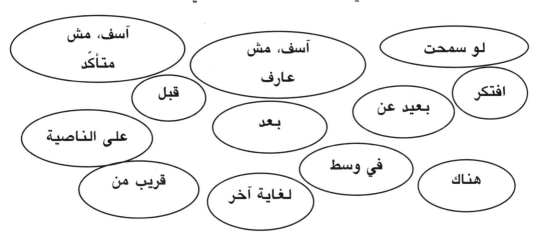

آسف، مش متأكّد — آسف، مش عارف — لو سمحت — قبل — افتكر — بعيد عن — بعد — على الناصية — في وسط — هناك — قريب من — لغاية آخر

١- .... البوسطة .... هنا؟

لا، البوسطة هناك .... البنك. مش بعيدة عن هنا.

٢- لو سمحت السّوبر ماركت والجزّار فين؟

.... السّوبر ماركت .... والجزّار على شمالك آخر الشارع.

٣- الحلاّق فين بالظّبط لو سمحت؟

بصّي، امشي على طول ....الشارع .... الحلاّق .... الصيدليّة.

٤- لو سمحت فين المُجمّع؟

هناك أهه .... ميدان التّحرير قدّامك على طول.

٥- المحكمة فين بالظّبط لو سمحت؟

.... يمكن هناك على يمين المكتبة .... الميدان.

٦- فين محل صيدناوي لو سمحت؟

....

اسمع وصحّح - كرّر الحوار مع زميلك.

تدريب (٣ – ٣ – ب (١))

ده جار مدام نجوى. هو أجنبي.

اسمع وقول:

١– هو عارف المحلاّت فين؟

٢– السّؤال عن أنهيّ محلاّت؟

٣– فين مكان المحلاّت دي؟

نص الاستماع لتدريب (٣ - ٣ - ب (١))

الجار	صباح الخير يامدام نجوى. أنا جارك هنا، وأنا أجنبي ومش عارف حاجة هنا خالص.
نجوى	صباح النّور يا ابني. أي خدمة؟
الجار	لو سمحتي، فين البقّال وفين الجزّار هنا؟
نجوى	آه البقال.. امشي على طول أوّل شارع على يمينك هناك على النّاصية. أفتكر هناك بقّال كويّس.
الجار	أوّل شارع على يميني على النّاصية البقال. طيب وفين الجزّار؟
نجوى	آه الجزّار.. امشي شوية تاني بعد البقّال تالت شارع على شمالك، الجزّار هناك قبل البوسطة. قدّامه صيدليّة كبيرة قوي.
الجار	بعد البقّال تالت شارع شمالي قبل البوسته وقدّامه الصيدليّة. كويّس قوي. والبنك قريّب من هنا؟
نجوى	أيوه، البنك قريّب من هنا، بعد محطّة البنزين على طول. أفتكر جنبه حلاّق كويس قوي كمان.
الجار	البنك بعد محطّة البنزين وجنبه إيه؟ آه حلاّق، طيّب شكراً.
نجوى	العفو أيّ خدمة.

تدريب (٣ - ٣ - ب (٢))

اسمع تاني مدام نجوى

وارسم خريطة: فين البقّال / البنك / الجزار / الحلاّق؟

تدريب (٣ – ٣ – ب (٣))

١– اسأل زميلك عن الأماكن دي في الخريطة. اتكلّم زيّ الحوار اللّي فات.

٢– زميلك يسأل عن أماكن تانية في الخريطة.

تدريب (٣ - ٣ - ج)

محمود جنب بيته بقّال.

دي خريطة بيته: اوصف إزاي يوصل للبقّال

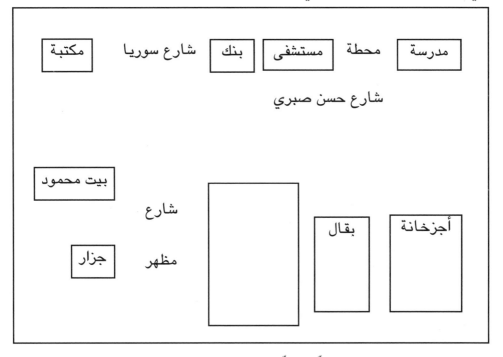

١- اسأل زميلك عن المحلّات اللّي جنب بيته وارسم خريطة بيته والمحلّات.

٢- زميلك يسأل عن المحلّات اللّي جنب بيتَك ويرسم خريطة لبيتك والمحلّات.

25

تقديم (٣ – ٤أ)

بيتي الجديد فين؟

بيتي الجديد في أنهي منطقة؟

المفردات

إيه دي / ده؟

دي عمارة

دي شقّة

ده آخر دور

دي فيلاّ

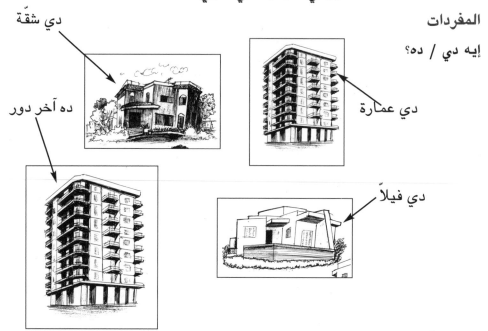

أنهي دور؟

الدور الأول.

الدور التاني.

الدور التالت.

إيه ده؟

ده بيت جديد.

إيه ده؟

ده بيت قديم.

٢٦

تقديم (٣ - ٤ب)

دول ماهر وحسين ومي.

١- هم فين؟

٢- كلّ واحد ساكن فين؟

كرّر مع المدرّس.

استماع

ماهر	الشقّة الجديدة بتاعتك كويسة يا حسين؟
حسين	آه، الشقّة الجديدة بتاعتي حلوة قوي في عمارة كبيرة وجديدة.
ماهر	أم، عمارة كبيرة. ليه؟ ساكن في أنهيّ منطقة؟ وأنهيّ دور؟
حسين	في مصر الجديدة في شارع الحكماء، ساكن في الدور ال ١٣ ورا النادي ومحطّة البنزين. وإنت يا ماهر ساكن فين؟
ماهر	أنا ساكن في جاردن سيتي في شارع معروف نمرة خمسة الدور التاني عماره جديدة برضه، زي بتاعة مي.
حسين	مي؟عمارة جديدة؟ هو إنتي ساكنة في عمارة جديدة دلوقتي؟ مش ساكنة في عمارتكو القديمة؟
مي	لا، أنا مش ساكنة في العمارة القديمة. أنا ساكنة دلوقتي في الجيزة. في شارع النيل، لكن بابا وماما ساكنين في العمارة القديمة.
حسين	أمّ .. أمّ .. ساكنة في الجيزة في شارع النيل. دي منطقة شيك قوي.

٢٧

لاحظ القواعد:

١- مذكّر		مؤنّث		جمع	
أنا إنت هو	ساكن	إحنا إنتو هم	ساكنين	أنا إنتي هي	ساكنة

٢٨

٢- سؤال	جواب
١- إنت ساكن فين؟	أنا ساكن في المهندسين/رمسيس/الزمالك.
٢- فين بالظبط؟	في شارع الحكماء نمرة ١٣.
٣- أنهي دور؟	الدور الخامس.
٤- أنهي منطقة؟	منطقة إمبابة جنب الجزّار.

٢٩

٣- إنت ساكن في أنهي دور؟

أنا ساكن في الدور الأوّل / التاني / التالت / الرابع ---- العاشر

أو: ساكن في أول دور / تاني دور / تالت دور / --- عاشر دور

أنا ساكن في الدور ال ١١ / ال ١٢ / ال ١٣ ------

٣٠

النفي:

٤-

إنت ساكن في عنوانك القديم؟

لا، أنا مش ساكن في عنواني القديم. أنا ساكن في عنوان جديد.

مش { ساكن / ساكنة / ساكنين

٣١

النطق

لاحظ النبر:

ساكن	ساكنة	ساكنين

لاحظ: ساكنة في أنهي منطقة: (ساكنة ف أنهيّ-----)

ساكنة في شقة: (ساكنة ف شقة -----)

اسمع المدرّس وحدّد النبر: سامع – سامعة – سامعين – عارف – عارفة – عارفين – قاعد – قاعدة – قاعدين

التدريبات

تدريب (٣ – ٤ – أ)

وصّل السؤال والإجابة:

(أ)	(ب)
١– أحمد ومنى ساكنين فين؟	– لا، هيّ مش ساكنة في بيتها القديم. هيّ دلوقت ساكنة في بيت جديد.
٢– نبيل ساكن جنب الشركة؟	– مش عارف.
٣– نبيلة ساكنة في بيتها القديم؟	– أيوه، هو ساكن جنب الشركة بالظبط.
٤– عماد ونهال ساكنين في الجيزة؟	– مش متأكّد، يمكن ورا الصيدليّة.
٥– محمود ساكن جنب الصيدليّة؟	– لا، هم مش ساكنين في الجيزة. همّ ساكنين في شبرا.
٦– ماجدة ساكنة بعد المطار؟	– لا .. لا .. هيّ ساكنة قبل المطار قريب من نادي الجلاء.
٧– جمال ساكن في البيت بتاع باباه ومامته؟	– ساكنين جنب محطّة البنزين قصاد الصيدلية.

٣٢

اسمع وصحّح الإجابة.
كرّر السؤال والإجابة مع زميلك.

تدريب (٣ - ٤ - ب (١))

كمّل الحوار بكلمة مناسبة من الكلمات اللّي تحت.

حسني	إنتي ..... في فيلاّ وللا شقّة يا رشا؟
رشا	لا أنا ..... في شقّة مش ..... في فيلاّ.
حسني	والشقّة بتاعتِك فين؟ في ..... منطقة؟
رشا	أنا ..... في العباسيّة والشقة بتاعتي نمرتها ١٨ والعمارة نمرة ١٠٥ في شارع شكري.
حسني	وجنبكو إيه؟
رشا	..... نا محلاّت كتيرة، جزّار و ..... و ..... و .....
حسني	ياه، إنتو ..... كو كلّ حاجة. وعيلتك ..... فين؟
رشا	بابا وماما ..... في الدقّي بعيد عنّي شويّه همّ ..... في بيت جديد جنب الشغل ..... بابا.

الكلمات:

ساكنة - ساكنة - ساكنة - أنهي - ساكنة - صيدليّة - مستشفى - سوبر ماركت
جنب - ساكنة - ساكنة - ساكنين - ساكنين - بتاع - جنب

٣٣

اسمع وصحّح الحوار.

تدريب (٣ - ٤ - ب (٢))

اسمع

دي فايزة. هيّ عايشة في كندا من زمان.
جوزها دلوقتي بيشتغل في مصر.
دلوقتي همّ ساكنين في الجيزة.

١- فايزة عندها بيت جديد؟
٢- هيّ ساكنة فين بالظبط؟
٣- مين ساكن جنبها؟
٤- أختها ساكنة فين؟
٥- هشام ساكن فين؟

نص الاستماع لتدريب (٣ – ٤ – ب (٢))

هشام	الله! فايزة. إنتي هنا؟ إنتي مش عايشة في كندا؟
فايزة	لا، دلوقتي أنا وجوزي عايشين في مصر. جوزي بيشتغل هنا وساكنين في بيت جديد.
هشام	طيب، مبروك البيت الجديد. ساكنة فين يعني؟ فين البيت ده؟
فايزه	ساكنين في الهرم، البيت ده في الهرم في آخر شارع ترعة المريوطيّة، أنا ساكنة في فيلا هناك.
هشام	شارع ترعة المريوطيّة. ياه ده بعيد قوي من هنا.
فايزة	آه، أنا عارفة بس ماما وبابا ساكنين هناك وإحنا ساكنين جنبهم دلوقتي.
هشام	أم، بابا وماما ساكنين هناك وإنتو ساكنين جنبهم. طيب وأختك سناء ساكنة جنبكو برضه؟
فايزة	لا .. لا .. سناء مش ساكنة جنبنا خالص. سناء ساكنة بعيد عنّنا.
هشام	ساكنة بعيد عنّكو فين يعني؟
فايزة	ساكنة في النزهة الجديدة جنب المطار.
هشام	ياه! ساكنة في النزهة الجديدة في شارع إيه؟
فايزة	ساكنة في شارع محمود حنفي.
هشام	صحيح ساكنة في شارع محمود حنفي؟ ده أنا ساكن هناك برضه.

تدريب (٣ – ٤ – ج)

بصّ لخريطة وسط البلد. كلّ واحد يختار شارع وعنوان لبيته.
اسألوا بعض عن عنوانكم، وإزّاي توصل بالتاكسي.

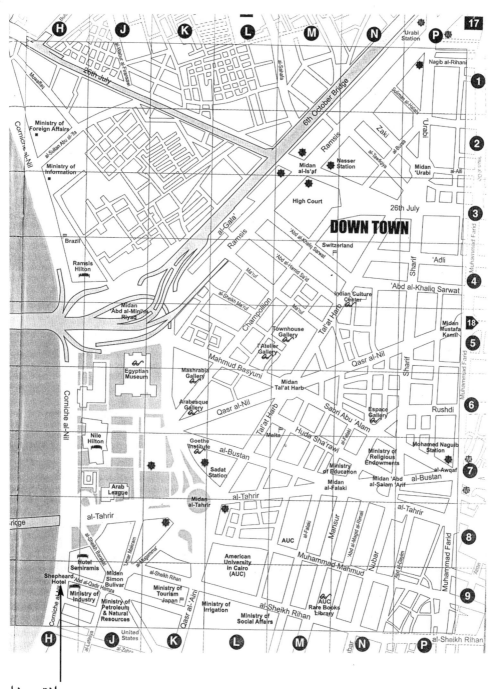

إنتو هنا

المصدر خرائط القاهرة – الناشر مطبعة الجامعة الأمريكية

٣٥

من واقع الحياة

على فين؟

الاستماع

بصّ للصورة عاطف فين؟ مين في العربية؟

كلمات مفيدة:

أنا مشغول X فاضي   مليان X فاضي

شارع زحمة X فاضي   معاك فكّه / كفاية / تعالى هنا

اسمع وقول:

١- عاطف عايز يروح فين؟

٢- الشارع زحمة؟

٣- الحساب كام؟

٤- السوّاق معاه فكة؟

٥- السواق مبسوط؟

نص استماع من واقع الحياة

عاطف	تاكسي ... تاكسي.
أسطى	أيوه يا فندم. صباح الخير، على فين إن شاء الله؟
عاطف	الهرم ... شارع الهرم.
أسطى	شارع الهرم؟ السكّة زحمة دلوقتي في شارع الهرم.
عاطف	لا يا أسطى مش زحمة دلوقتي الشارع فاضي.
أسطى	ماشي اتفضّل. فين بالظبط في شارع الهرم؟
عاطف	امشي دوغري لحدّ ميدان الجيزة وبعدين لفّ الميدان وخشّ في شارع الهرم.
أسطى	دوغري لميدان الجيزة، وبعدين ألفّ الميدان وأخشّ في شارع الهرم.
عاطف	أيوه بالظبط، امشي على طول في شارع الهرم، في نص الشارع على شمالك هنا، خش شمال عند مسرح سيد درويش.
أسطى	في نص الشارع أخشّ شمالي. آه، هو ده المسرح صحّ؟
عاطف	أيوه هنا ... كويّس ... معاك فكّة ٢٠ جنيه؟
أسطى	لا، ما معايش فكّة وبعدين المشوار بـ ٢٠ جنيه.
عاطف	لا، ٢٠ جنيه كتير قوي.
أسطى	لا، هو كده ٢٠ جنيه كويّس قوي.
عاطف	اتفضّل ١٠ جنيه كفايه قوي، مع السّلامة.
أسطى	يا أستاذ ... يا أستاذ ... مش ممكن كده ... تعالى هنا يا أستاذ.

٣٦

أنا عندي حفلة

القراءة

دي دعوة بتاعة حفلة. اقرا وقول الحفلة دي بتاعة مين.

عزيزي هاني

أنا عندي حفلة الإسبوع الجّاي يوم الجمعة الساعة ٨ بالليل. أنا ساكن في المهندسين. عنواني ٢٥ ش وادي النيل تاني شمال بعد ميدان مصطفى محمود. البيت جنب محل العربيّات بتاع أيبكو وقصاده مستشفى لبنان. تعالى إنت ومراتك والأولاد عشان أخويا وأختي معاهم أولادهم في الحفلة إن شاء الله.

أخوك

ناجي

اقرا مرّة تانية وجاوب:

الحفلة إمتى؟

الحفلة فين؟

مين في الحفلة؟

الكتابة

اكتب دعوة لأصحابك عن الحفلة بتاعتك الشهر الجاي.

١- إمتى الحفلة؟

٢- فين الحفلة؟

٣- مين في الحفلة؟

الكلام

بصّ للصورة دي فين؟

الطالب (أ) إنت ظابط البوليس. أسأل زميلك عن الحاجات اللّي على الترابيزة بتاعته ولّا لا.

الطالب (ب) إنت شقّتك اتسرقت وإنت في القسم عايز تشوف الحاجات بتاعتك.

افتكر

١-	ده	دي	دول	دي / دول
	<u>ده قلم</u>	<u>دي شنطة</u>	<u>دول كتابين</u>	<u>دي أقلام</u>
للملكيّة	ده قلمي	دي شنطتي	دول كتبي	دول أقلامي
	القلم ده بتاعي	الشّنطة دي بتاعتي	الكتابين دول بتوعي	الأقلام دول بتوعي
النفي	ده مش قلمي	دي مش شنطتي	دول مش كتابيني	الأقلام بتاعتي
	ده مش بتاعي	دي مش بتاعتي	دول مش بتوعي	دول مش أقلامي
				دول مش بتوعي

٢- تصريف بتاع:

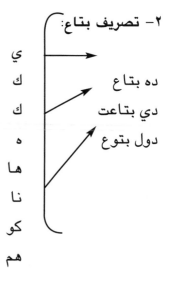

ده بتاع
دي بتاعت
دول بتوع

ي
ك
ك
ه
ها
نا
كو
هم

٣- السؤال عن الأماكن

فين السينما؟ أو السينما فينها؟

السينما على الشمال أو السينما على شمالك

فين ال + مكان؟

ال + مكان + ظرف مكان + ال + مكان.

(قدّام)

٤- الإتجاهات

إنت	إنتي	إنتو
خشّ لفّ	خشّي لفّي	خشّوا تاني شارع لفّوا الميدان

٥- كلمات مفيدة:

على طول = دوغري

لغاية – لحدّ – لآخر الشارع

٦- للتعارف والسؤال عن السكن:

أنا إنت هو	ساكن فين	أنا إنتي هيّ	ساكنة	إحنا إنتو همّ	ساكنين

للنفي: أنا مش + ساكن

١

الوحدة الرابعة

محتويات الموضوعات في الوحدة الرابعة

◆ مراجعة الساعة ومفرداتها – الأفعال والروتين اليومي

◆ لغة الطلب (١) مفردات المشروبات في الكافتيريا

◆ لغة الفلوس والطلب (٢) مفردات الخضار والفاكهة

◆ لغة التخطيط للمستقبل (عايز + فعل مضارع)

كلمني عربي

الكلمات الجديدة في وحدة ٤

تقديم (١)

الصّبح – الفجر – بعد الضّهر – بالليل – بدري – متأخّر – يوم الحدّ – الإتنين –
التلات – الأربع – الخميس – الجمعة – السبت – يوم – أيام – إسبوع – أسابيع –
شهر – شهور – أجازة – استراحة – إمتى – بيروح – بيرقص – بيقابل – بيجري –
بيتفرّج على – بيلعب – بيسمع – بيحضّر – بياكل – بيشرب – بيشتري –
بينضّف – بيتغدّى – بيرجع – بيعوم – بينام – بيسمع – ما فيش مشكلة –
بيفطر – بيلبس – كسلان – بيشوف

تقديم (٢)

مشروبات سخنة – شاي سادة – شاي بلبن – قهوة عالريحة – قهوة سكّر زيادة –
قهوة مظبوطة – قهوة فرنساوي – قرفة – نعناع – ينسون – كركديه –
مشروبات متلّجة وعصاير – ميّة معدنية – كوكا – عصير برتقان – فراولة –
جوافة – شيشة تفّاح – كانتلوب – ألبان – رز بلبن – أمّ علي – مهلبيّة – هات
لي – عايز – جيب لي

تقديم (٣)

خضار: كوسة – بامية – بطاطس – خسّ – خيار – فلفل – طماطم – بسلّة –
فاصوليا – بتنجان – بصل – توم – جزر – كُرنب
فاكهة: موز – برتقان – بطّيخ – فراولة – عنب – تين – بلح – شمّام – مانجه –
كمّترى – خوخ – برقوق – تفّاح – يوستفندي – عندك فكّة – هات باقي – بكام ال

تقديم (٤)

عايزة تستقبل – بعد كده – بعد شويّة – الإسبوع الجّاي – السنة الجّاية –
عايزين – مش عايز – الآثار – هدايا – يقعد في البيت – لمّا يكبر

من واقع الحياة

مش فاضي – عيش بالتوم – كفتة – كوسة بالبشامل – سلطة بابا غنوج – الحلو –
سلطة خضار بالمايونيز

تقديم (٤ – ١ أ)

السّاعة كام؟

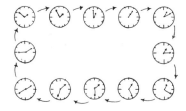

راجع مفرداتك

١- السّاعة كام بالظبط؟

٢- كلمات مفيدة

دلوقتي السّاعة كام؟

السّاعة ٣ الفجّر   السّاعة ٦ الصّبح   السّاعة ١٢ الضّهر   السّاعة ٥ بعد الضّهر

السّاعة ٩ بالليل

بدري X متأخّر

٣- إيه دي؟ دي نتيجة.

الجمع

النتيجة فيها إيه؟ فيها أيّام الإسبوع. ← دول / دي أيّام.

راجع من الصورة إيه هي أيّام الإسبوع. ← دول / دي أسابيع.

إيه ده؟ يوم الجمعة ....

من يوم ١ ليوم ٣١

ده شهر ← دي شهور

إمتى الأجازة؟

يوم الجمعة ده يوم الأجازة = استراحة = ما فيش شغل

٢

تقديم (٤ – ١ ب)

بتعمل إيه في الأجازة؟

دي صورة صبري ونوال.

كلّ إسبوع عندهم الجمعة والسبت أجازة.

بيعملوا إيه في الأجازة؟

١– كرّر مع المدرّس واكتب النمرة الصحّ تحت كلّ صورة.

(   )

(   )

(   )

(   )

(   )

١– بيروحوا السينما السّاعة ٦ بعد الضّهر.

٢– بيرقصوا في الديسكو السّاعة ٩ باللّيل.

٣– بيقابلوا أصحابهم وبيتغدّوا معاهم السّاعة ٣ بعد الضّهر.

٤– بيجري ٥ كيلو في الساعة.

٥– بتتفرّج على التليفزيون السّاعة ٥ بعد الضّهر.

٦– بيلعب ماتش كورة الصّبح في الإستاد.

٧– بيسمع مزّيكا في الأوبرا السّاعة ٨ باللّيل.

٨– بتاكل فشار كتير قدّامّ التليفزيون السّاعة ٤ بعد الضّهر.

(   )

(   )

(   )

٣

٢– **النفي**:

همّ بيروحوا الشغل في الأجازة؟ لا، همّ ما بيروحوش الشغل في الأجازة.

٤

لاحظ القواعد:

١-

الإثبات	النفي

عادةً كلّ يوم دلوقتي	ب	+ الفعل المضارع بيصحى السّاعة ٦	ما	+ ب	الفعل المضارع ما بيصحاش السّاعة ٦ يوم الأجازة	ش

٢- تصريف الفعل في الإثبات

	ي + ل ع ب ي + □□□	ي + روح ي+□و□	ي + ج ر ي ي+□□ ي	ي+ نضّف ي+□□□□	ي + اخد ي+ا□□
أنا	بالعب	باروح	باجري	بانضّف	باخد
إنت	بتلعب	بتروح	بتجري	بتنضّف	بتاخد
إنتي	بتلعبي	بتروحي	بتجري	بتنضّفي	بتاخدي
هو	بيلعب	بيروح	بيجري	بينضّف	بياخد
هي	بتلعب	بتروح	بتجري	بتنضّف	بتاخد
إحنا	بنلعب	بنروح	بنجري	بنّضّف	بناخد
إنتو	بتلعبوا	بتروحوا	بتجروا	بتنضّفوا	بتاخدوا
همّ	بيلعبوا	بيروحوا	بيجروا	بينضّفوا	بياخدوا

٣- تصريف الفعل مع النفي

إنت بتروح الشغل في الأجازة؟

لا، ما باروحش الشغل في الأجازة.

٥

أنا: ما باروحش
إنت: ما بتروحش
إنتي: ما بتروحيش
هو: ما بيروحش
هي: ما بتروحش
إحنا: ما بنروحش
إنتو: ما بتروحوش
همّ: ما بيروحوش

لا + ما + ب + مضارع + ش

٦

النطق

١- لاحظ النبر:

بيشرب	بتلعب	باروح	بتتفرّجي
□■□	□■□	■□	□■□□□
مابيشربش	ما بتلعبش	ما باروحش	ما بتتفرّجيش
■□□	■□□	■□□	■□□□□
بيشربوا	بتروحوا	بنصحى	
□■□□	□■□	□■□	
ما بيشربوش	ما بتروحوش	ما بنصحاش	
□■□□	□■□□	■□□	

٢- **لاحظ** : **باشرب مع أنا = ب**

إنت - إنتي - إنتو - هو - هي - إحنا - همّ (ب)

اسمع المدرّس وحدّد النبر:

بيرقص - بنحضّر - بيقابلوا - بتسمعي
مابيرقصش - مابنحضّرش - مابيقابلوش - مابتسمعيش

التدريبات

تدريب (٤ – ١ – أ (١))

اكتب الفعل صح.

١– مصطفى .... الشّغل السّاعة ٦ الصّبح. (يروح)

٢– إلهام وسميّة .... قهوة في الكافيتريا في الإستراحة. (يشرب)

٣– إحنا .... مزّيكا كلّ إسبوع في الأوبرا. (يسمع)

٤– إنتو .... على الماتش دلوقتي؟ (يتفرّج على)

٥– هي ما .... ش تنس كلّ يوم في الأجازة بس. (يلعب)

٦– همّ .... بدري عشان عندهم شغل بدري. (ينام)

٧– إنت .... المدير في الشّغل كلّ يوم؟ (يقابل)

٨– سميرة ما .... ش عشان مشغولة قوي. (يتغدّى)

٩– همّ ما .... ش السينما يوم الجمعة، همّ .... يوم الحدّ بعد الضّهر. (يروح)

١٠– أنا ما .... ش بالليل خالص. (يتعشّى)

١١– إنتي .... على الكمبيوتر جوابات كتير؟

لا، ما .... ش كتير ماعنديش وقت. (يكتب)

١٢– .... إمتى كلّ يوم يا سهام؟ (يصحى)

تدريب (٤ - ١ - أ (٢))

اعمل أسئلة وأجوبة زي المثال:

في صورة ١ **السؤال:** هي بتشتري دلوقتي الطلبات؟

الجواب: لا، هي ما بتشتريش الطلبات. هي بتنضّف.

(١)

لا

(٢)

لا

(٣)

لا

(٤)

لا

(٥)

لا

(٦)

لا

٧

تدريب (٤ – ١ – ب (١))

كلام

١أ- اسمع وكرّر الحوار مع زميلك.

صورة (١)

عزت: إزيّك يا هاني؟ إنت مشغول؟

هاني: يعني، مش قوي. أنا باتغدّى
دلوقتي باكل سندوتش.

عزت: طيب آسف .. اتكلّم بعدين.

هاني: ماشي ما فيش مشكلة.

١ب- كمّل الحوار مع زميلك زي الحوار
اللي فات. اتكلموا عن صورة (١).

طالب (١) : ألو يا ..... إنت ..... ؟

طالب (٢) : يعني، أنا ..... دلوقتي.

طالب (١) : طيّب، أنا ...... بعدين.

طالب (٢) : ماشي، ما فيش .....

طالب (١) : محمد في المكتب؟

طالب (٢) : ....

طالب (١) : هو بيتكلّم في التليفون؟

طالب (٢) : ....

طالب (١) : هو بيشتغل؟

طالب (٢) : ....

طالب (١) : هو في اجتماع؟

طالب (٢) : ....

صورة (٢)

٢أ– اسمع وكرّر الحوار مع زميلك.

طالبة (١): إزيّك يا نبيلة؟ إنتي مشغولة؟

طالبة (٢): أهلا، إزيّك إنتي؟ لا لا مش مشغولة. ما باشتغلش دلوقتي، أنا باقرا الجورنال. اتفضّلي.

٢ب– كمّل الحوار مع زميلك. اتكلموا عن صورة (٢).

طالبة (١) : إزيّك يا ..... إنتي ..... ؟

طالبة (٢) : أهلا إزيّك ..... لا أنا ..... ؟ أنا ما ..... أنا ب .....اتفضّلي.

طالب (١) : نبيلة فين؟

طالب (٢) : ....

طالب (١) : هي بتشتغل؟

طالب (٢) : ....

طالب (١) : هي بتعمل إيه؟

طالب (٢) : ....

٨

تدريب (٤ – ١ – ب (٢))

دلوقتي اسمع الحوار ده بين عادل وعبير وجاوب الأسئلة عن عادل الكسلان:

١– النّهارده إيه؟

٢– عبير بتاخد أجازة كلّ يوم سبت؟

٣– هو بيصحى بدري يوم السبت؟

نص الاستماع لتدريب (٤ – ١ – ب (٢))

عادل	صباح الخير. إيه ده؟ إنتي بتلبسي؟
عبير	صباح النور. أيوه، بالبس.
عادل	ليه؟ هي السّاعة كام؟ النّهارده إيه؟
عبير	السّاعة ٨ إلا ربع، والنّهارده يوم السبت.
عادل	إيه ده؟ هو الشّغل يوم السبت كمان؟
عبير	أيوه عندي شغل السبت ده. وإنت ما بتصحاش ليه؟
عادل	لا، ياستّي. أنا ما باصحاش بدري في الأجازة، يوم السبت أنا باصحى متأخّر.
عبير	ماشي. أشوفك السّاعة ٤ بعد الشّغل في المطعم؟
عادل	أمّ .. أمّ .. مش متأكّد، أنا باصحى يوم السبت متأخّر حوالي السّاعة ٥ وباقعد في السرير للسّاعة ٦، مش عارف.

تدريب (٤ – ١ – ج (١))

عبير عندها شغل يوم السبت لكن عادل عنده أجازة.

(١) قول جملتين عن كلّ صورة مع زميلك.

(٢) اكتب تحت كلّ صورة جملتين.

تدريب (٤ - ١ - ج (٢))

اتكلّم مع زميلك:

(١) بتعمل إيه كلّ يوم؟

(٢) بتعمل إيه في الأجازة؟

اسأل باقي الزملاء.

تقديم (٤ – ٢)
في الكافيتريا

ادرس الكلمات الموجودة في اللستة:

قائمة أسعار كافيتريا السلام

مشروبات ساخنة

سادة	٢ جنيه
شاي	
بلبن	٢٫٥٠ جنيه
قهوة تركي سادة	
عالريحة	٢ جنيه
سكر زيادة	
مظبوطة	
قهوة فرنساوي	٥ جنيه
نسكافيه	٤ جنيه
كابوتشينو	٧ جنيه
قرفة	
نعناع	٣ جنيه
ينسون – كركديه	

مشروبات مثلجة وعصاير

ميّة معدنية	٢ جنيه
كوكا/بيبسي/سفن أب	٣ جنيه
عصير برتقان/فراولة/جوافة	٥ جنيه
شيشة	٦ جنيه

ألبان

رز بلبن/أم علي/مهلبيّة	٤ جنيه

اسمع وكرّر الحوار: همّ عايزين إيه؟

٩

(١)

زبون	جارسون، لوسمحت.
جارسون	أيوه يا فندم.
زبون	عايز واحد ينسون.
جارسون	واحد ينسون، خدمة تانية؟
زبون	أيوه، ومعاه شيشة تفّاح.
جارسون	واحد ينسون وشيشة تفّاح، حالاً.

١٠

(٢)

زبون (١)	هات لي واحد قهوة عالريحة لوسمحت مش سادة.
جارسون	واحد قهوة عالريحة. حاجة تانية؟
زبون (٢)	وأنا هات لي واحد شاي سادة سكّر خفيف.
جارسون	واحد قهوة عالريحة وواحد شاي سادة سكّر خفيف. حاضر.

١١

(٣)

زبون	جيب لنا ٢ رز بلبن وواحد لمون لوسمحت.
جارسون	ماشي ٢ رز بلبن وواحد لمون. حاجة تانية؟
زبون	آه. واحد عصير فراولة لابني وواحد شاي للمدام.
جارسون	شاي فتلة وللا كشري؟ بلبن وللا سادة؟
زبون	لا، شاي بلبن.
جارسون	٢ رز بلبن – واحد لمون – واحد عصير فراولة – وشاي بلبن حالاً.

لاحظ القواعد:

	الطلب		الضمير	الحاجة
(١)	عايز– عايزة – عايزين	....	....	شاي
		....	....	قهوة
(٢)	هات	ل	ي	
				عصير
(٣)	جيب	ل	نا	

تعبيرات:

شاي سادة = من غير لبن

قهوة سادة = من غير سكّر

سكّر زيادة X مظبوط

شاي سكّر خفيف X شاي سكّر زيادة

سكّر برّه = من غير سكّر

شاي فتلة/شاي كشري

النطق

لاحظ النبر:

قهوة

عالريحة

شاي بلبن

ينسون

قرفة

رز بلبن

عصير فراولة

مهلبيّة

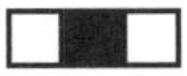

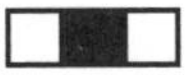

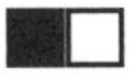

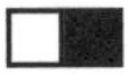

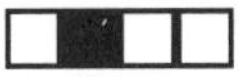

اسمع المدرّس وحدّد النبر:

كركديه قرفة عصير جوافة

التدريبات

تدريب (٤ - ٢ - أ (١))

اعمل لستة من الكلمات اللي تحت:

مشروبات	عصاير ساقعة	ألبان

كركديه

عصير جوافة

قهوة عالريحة

نسكافيه

رز بلبن

كابوتشينو

مهلبية

عصير فراولة

شاي بلبن

مية معدنية

ينسون

قهوة مظبوطة

قرفة

شيشة كانتلوب

أم علي

شاي سادة

نعناع

كوكا

قهوة سكر زيادة

تدريب (٤ – ٢ – أ (٢))

(١) اكتب كلمة مناسبة:

١– .... ٢ عصير جوافة لو سمحت.

٢– .... لنا ٢ شيشة من فضلك.

٣– .... ٥ شاي و٣ حاجة ساقعة.

(٢) رتّب الجملة:

١– هات لنا – لمون – عصير – ٢

٢– جيب لهم – و٣ حاجة ساقعة – ٢ شاي فتلة

٣– شاي سادة – من فضلك – عايزة

٤– عايزين – لو سمحت – شاي كشري

٥– قهوه – لو سمحت – عالريحة – واحد – عايز

٦– كانتلوب – لو سمحت – شيشة – هات لي

تدريب (٤ – ٢ – ب (١))

١٥

كمّل الحوار

(١)

زبون	....
جارسون	حاضر ٢ شاي سادة وواحد بحليب. حاجة تانية؟
زبون	أيوه، ....
جارسون	واحد شيشة وإزازة ميّة. خدمة تانية؟
زبون	لا، ....

(٢)

زبون	....
جارسون	٢ رز بلبن وواحد مهلبيّة. حاجة تانية؟
زبون	....
جارسون	واحدة قهوة مظبوط عالريحة. تمام كده؟

(٣)

زبون	....
جارسون	حاضر واحد ينسون وواحد قرفة. حاجة تانية؟
زبون	....
جارسون	واحد أمّ علي و٣ سفن أب. ماشي؟

اسمع وصحّح الحوار. كرّر الحوار مع زميلك.

تدريب (٤ – ٢ – ج)

طالب (١) جارسون في كافيتريا.
طالب (٢) زبون.
استعمل الكلمات الجديدة في اللستة مع زميلك زي الحوار اللّي فات.

قائمة أسعار كافيتريا السلام

مشروبات ساخنة

شاي سادة	٢ جنيه
شاي بلبن	٢,٥٠ جنيه
قهوة تركي سادة / عالريحة / سكر زيادة / مظبوطة	٢ جنيه
قهوة فرنساوي	٥ جنيه
نسكافيه	٤ جنيه
كابوتشينو	٧ جنيه
قرفة / نعناع / ينسون – كركديه	٣ جنيه

مشروبات مثلجة وعصاير

ميّة معدنية	٢ جنيه
كوكا/بيبسي/سفن أب	٣ جنيه
عصير برتقان/فراولة/جوافة	٥ جنيه

شيشة ٦ جنيه

ألبان

رز بلبن/أم علي/مهلبيّة	٤ جنيه

تقديم (٤ - ٣)

الخضار والفاكهة

ادرس المفردات دي واكتب لستة:

ده خضار		دي فاكهة	
١- ده خيار	١- دي	١- ده	١- دي فراولة
٢-			
٣-			
٤-			
٥-			

١٦

تابع تقديم (٤ - ٣)

اقرا وكرّر الحوار.

(١) عند الخضري

زبون: عندك خيار طازه وللا دبلان؟

بيّاع: طبعا طازه. وب ٢ جنيه بس.

زبون: طيب عايز نص كيلو خيار وكيلو فاصوليا و٢ كيلو بتنجان.

بيّاع	حاضر نص كيلو خيار وكيلو فاصوليا و٢ كيلو بتنجان. حاجة تانية يا باشا؟
زبون	لا شكرا. كام الحساب من فضلك؟
بيّاع	٨ جنيه.
زبون	معاك فكّة ١٠ جنيه؟
بيّاع	أيوه. اتفضّل ٢ جنيه باقي.

(٢) عند الفكهاني ١٧

زبونة	عايزة بطّيخة و٢ كيلو خوخ لو سمحت.
بيّاع	حاضر ٢ كيلو خوخ وبطّيخة. حاجة تاني؟
زبونة	أيوه، هات لي كيلو تين و٢ كيلو عنب.
بيّاع	كيلو تين و٢ كيلو عنب. اتفضّلي.
زبونة	عندك مانجه؟ عايزة ٣ كيلو و٢ كيلو بلح.
بيّاع	اتفضّلي ٣ كيلو مانجه و٢ كيلو بلح.
زبونة	الحساب كام؟
بيّاع	الحساب ٦٥ جنيه و٨٠ قرش.
زبونة	ماشي هات باقي ١٠٠ جنيه.
بيّاع	اتفضّلي الباقي ٣٤ جنيه و٢٠ قرش.

لاحظ القواعد: ١٨

للطلب:

(١) عندك موز؟

(٢) عايز ١/٢ كيلو كوسة.

> عندك + الحاجة؟
>
> عايز + العدد + الحاجة.

خضار		فاكهة	
كوسة	بسلّة	موز	شمّام
بامية	فاصوليا	برتقان	مانجه
بطاطس	بتنجان	بطّيخ	كمّترى
خسّ	بصل	فراولة	خوخ
خيار	توم	عنب	برقوق
فلفل	جزر	تين	تفّاح
طماطم	كرنب	بلح	يوستفندي

١٩

سؤال		جواب
لغة الفلوس:	عندك فكّة؟	أيوه، عندي / لا، ماعنديش.
	الحساب كامّ؟	٤٠ جنيه.
	بكامّ البطاطس؟	ب ٢ جنيه.
	هات باقي ١٠٠ جنيه.	اتفضّلي.

النطق

٢٠

لاحظ النبر:

بتنجان	بطاطس	كوسة	خيار
■□□	□■□	□■	■□

اسمع المدرّس وحدّد النبر:

موز　　فراولة　　بطّيخ　　برتقان

التدريبات

تدريب (٤ – ٣ – أ (١))

اكتب الكلمة تحت الصورة.

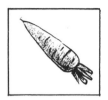 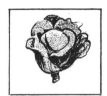 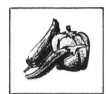

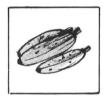 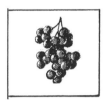 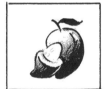

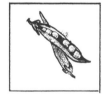 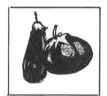 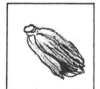 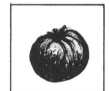

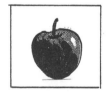 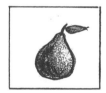 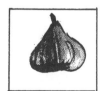 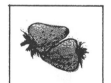

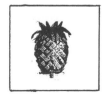 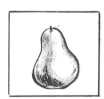 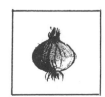 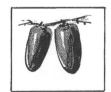

تدريب (٤ – ٣ – أ (٢))

وصّل (أ) مع (ب)

(أ)	(ب)
(١) معاك فكّه؟	٢ كيلو بطاطس وكيلو كوسة، اتفضّلي.
(٢) عايزة ١ كيلو كوسة و٢ كيلو بطاطس.	لا، ما عنديش.
(٣) عندك موز؟	دول خضار.
(٤) بتنجان وبطاطس	أيوه، عندي.
(٥) عندك باقي ٢٠ جنيه؟	دول فاكهة.
(٦) موز وبرتقان وخوخ	أيوه، عندي. اتفضّل ٤ جنيه باقي.

تدريب (٤ – ٣ – ب (١))

٢١

اسمع وجاوب:

(١) الزبون عايز يشتري فاكهة بسّ؟

(٢) الحساب كامّ؟

(٣) البيّاع عنده فكّه؟

(٤) الباقي كامّ؟

صحّح مع زميلك.

تدريب (٤ – ٣ – ب (٢))

اسمع مرّة تانية وحطّ (✓) على الحاجة اللّي عايزها الزبون

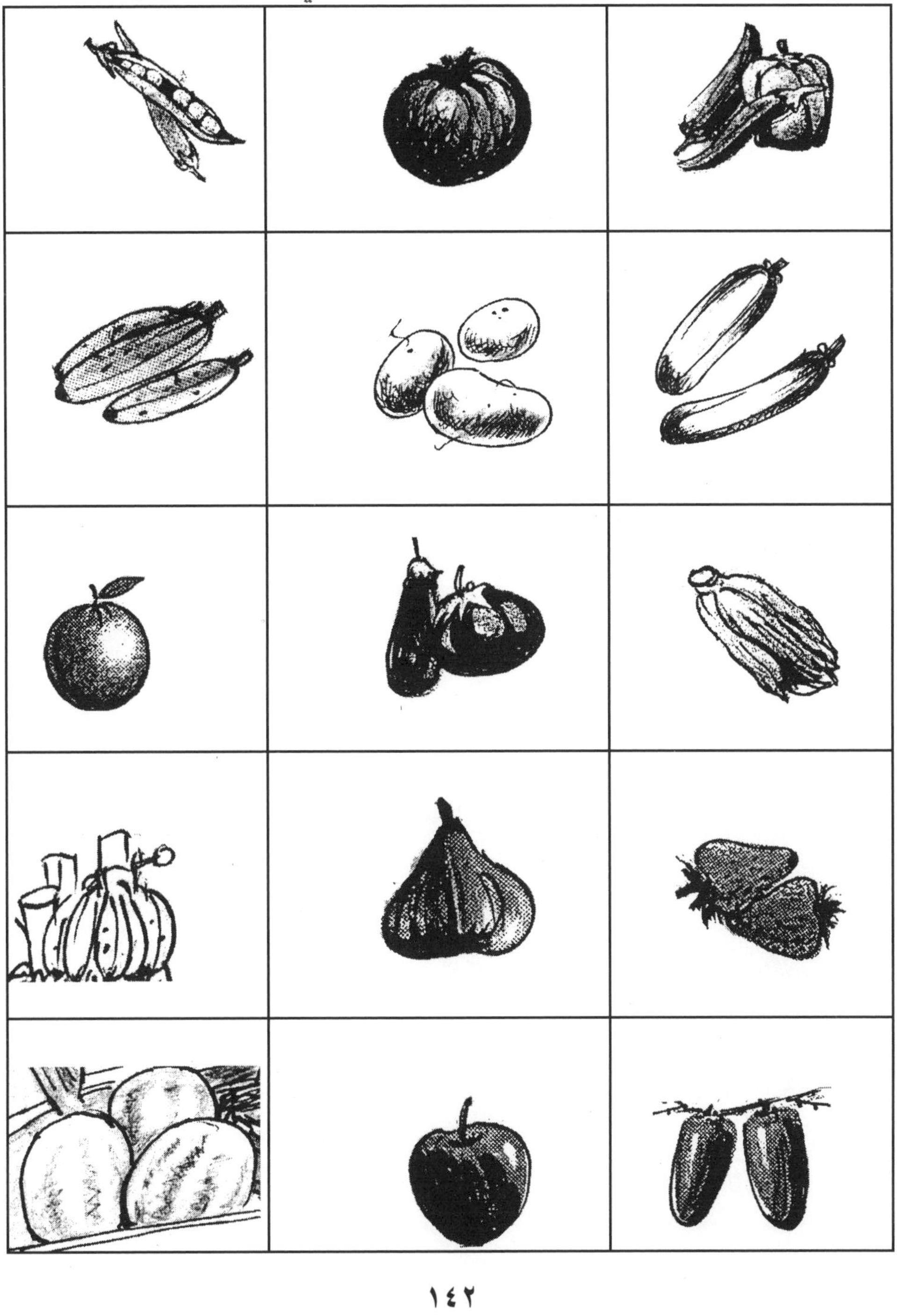

نصّ الاستماع لتدريب (٤ – ٣ – ب (١))

زبون	بكام البطاطس؟
بيّاع	بـ ٢ جنيه.
زبون	لو سمحت عايز ٢ كيلو بطاطس ونص كيلو كوسة.
بيّاع	٢ كيلو بطاطس ونص كوسة. حاجة تانية؟
زبون	أيوه. عندك خسّ وخيار طازة؟ عايز خضار للسلطة.
بيّاع	عندي خضار طازه للسلطة. عايز قد إيه؟
زبون	يعني هات كيلو طماطم ونص خيار وربع فلفل وخسّتين.
بيّاع	كيلو طماطم ونص خيار وربع فلفل وخسّتين. حاجة تانية؟
زبون	آه، عندك فاكهة إيه؟ عايز موز وبرتقان.
بيّاع	عندي موز وبرتقان وفراولة وتفّاح وبطّيخ وكلّ حاجة.
زبون	طيّب، عايز كيلو موز و٢ كيلو برتقان ونص فراولة.
بيّاع	كيلو موز و٢ كيلو برتقان ونص فراولة. حاجة تانية؟
زبون	لا. الحساب كامّ؟
بيّاع	الحساب ٤٠ جنيه.
زبون	اتفضّل وهات باقي ٥٠ جنيه.
بيّاع	اتفضّل الباقي ١٠ جنيه.

تدريب (٤ - ٣ - ج)

كلام

طالب (١) زبون

إنت عايز تشتري طلبات الإسبوع من البيّاع وعايز تشتري خضار عشان عندك في البيت فاكهة.

طالب (٢) بيّاع

إنت ماعندكش خضار طازه لكن عندك فاكهه طازة. إنت عايز تبيع الخضار الدبلان للزبون.

اتكلّموا مع بعض زي الحوار اللّي فات وحاول تبيع الخضار الدبلان للزبون.

تقديم (٤ – ٤)

عايز/عايزة إيه؟

ادرس الأفعال دي:

أفعال مفيدة	ينضّف – يغسل – يقصّ – يشتري – يستقبل – يوصل
كلمات مفيدة	البيت – المواعيد – شعر – هديّة – ابن – القاهرة

اكتب جملة على كلّ فعل:

١–

٢–

٣–

٤–

٥–

٦–

٢٢

تقديم (٤ – ٤)

مدام سناء عايزة إيه؟

دي صورة ابن مدام سناء. الطيّارة بتاعته بتوصل السّاعة ٨ بالليل يوم التلات ٧ مايو، والنّهارده ٥ مايو.

مدام سناء عايزة تعمل إيه في التلات أيّام دول؟

٢٣

كرّرمع المدرّس:

النهارده	هي عايزة تنضّف البيت. هي عايزة تغسل المواعين.
بكره	هي عايزة تطبخ أكلّ عشان ابنها عادل. هي عايزة تروح للكوافير وتعمل شعرها.
بعد بكره	هي عايزة تشتري هديّة لعادل. هي عايزة تستقبل عادل لمّا يوصل المطار.
الأسبوع الجّاي	عادل ومامته عايزين إيه؟ عايزين يقعدوا في البيت؟ لا، همّ مش عايزين يقعدوا في البيت.

همّ
١– عايزين يزوروا عيلتهم.
٢– عايزين يتفرّجوا على الآثار.
٣– عايزين يشتروا هدايا عشان مدير عادل.
٤– عايزين يروحوا السينما.
٥– عايزين يسافروا أسوان.

٢٤

لاحظ القواعد:

إمّتي	في المستقبل		عايز تروح السينما
بعد كده	أنا		
بعد شويّة	إنت } عايز	✓	أيوه، عايز أروح السينما.
بكره	هو		
بعد بكره	أنا		
الإسبوع الجّاي	إنتي } عايزة	X	لا، مش عايز أروح السينما.
السنة الجّاية	هي		
	إحنا		مش + عايز + فعل مضارع
	إنتو } عايزين / عاوزين		من غير ب
	همّ		
	+ فعل مضارع من غير ب		

٢٥

النطق

لاحظ النبر:

عايز

عايزة

عايزين

مش عايز

مش عايزة

مش عايزين

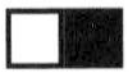

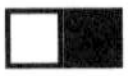

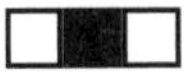

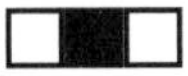

اسمع المدرّس وحدّد النبر:

ساكن واقف كاتب

مش ساكن مش واقف مش كاتب

التدريبات
تدريب (٤ – ٤ – أ)

اكتب الكلمة الصّح:

١- بكره أجازة أنا .... أصحى السّاعة ١١.
(عاوز – عايزة – عايزين)

٢- همّ .... يلعبوا كورة ويروحوا السينما.
(عاوز – عاوزة – عاوزين)

٣- هي .... تقرا كتاب عربي.
(عاوزين – عايزة)

٤- إحنا .... نشرب قهوه بعد الدرس.
(عاوز – عايزين)

٥- إنتو .... تناموا السّاعة ١٢ بالليل؟
(عاوز – عايزين)

٦- .... تشرب كوكا؟
(عاوزين – عايز)

٧- .... تركبوا تاكسي للمطار؟
(عاوزين – عاوز)

٨- أنا مش .... أتغدّى بدري.
(عاوزة – عايزين)

٩- هي مش .... تذاكر العربي خالص.
(عاوزين – عاوزة – عايز)

٢٦

تدريب (٤ - ٤ - ب)

اسمع الجمل دي:

عايز أروح النادي بعد الضّهر - عايزة أشتغل دكتورة لمّا أكبر - بكره عايزة أصلّح العربيّة - يا عمّ محمود، عايزين ٤ كراتين ميّة بعد ساعة من فضلك.

دلوقتي اعمل حوار قصيّر مع زميلك عن الصور دي. كلّ واحد في الصورة عايز إيه؟

(١) بكره عايزين يعملوا إيه؟ هي عايزة إيه بعد شويّة؟ عايز يعمل إيه لمّا يكبر؟

(٢) فيلم رومانسي يوم الجمعة الجاي

أنا عايزة .....

إنت عايز إيه؟

يتفرّج على - يروح البار - يروحوا ديسكو - يشوف السبق

(٣) اكتب جمل عن ماجد. عايز يعمل إيه؟

في الأجازة .....

هو عايز .....

هو مش عايز .....

تدريب (٤ - ٤ - ج)

إنتو عندكم أجازة، فكّروا مع بعض في الفصل: عايزين تعملوا إيه؟

- حفلة؟
- تروحوا رحلة؟
- تكلّموا مين؟
- تشتروا إيه؟
- تسافروا فين؟

عايزين ترتّبوا الأجازة إزّاي؟

٢٧

من واقع الحياة

يوم شغل عند سامي

الاستماع

اسمع وقول:

سامي مبسوط في الشغل ده؟

سامي بيعمل إيه من السّاعة ٦ الصّبح للسّاعة ٧ بالليل؟

بيعمل إيه الساعه ٩ بالليل؟

نص استماع من واقع الحياة

سحر	إيه يا سامي؟ إنت مشغول قوي وللا إيه؟
سامي	أيوه ياسحر. كلّ يوم شغل .. شغل .. باعمل حاجات كتيرة الأجندة بتاعتي مشغولة مش فاضي أبدا.
سحر	ليه؟ بتعمل إيه كلّ يوم؟
سامي	كلّ يوم؟ كلّ يوم باصحى السّاعة ٦ الصّبح وباخد دش وبافطر.
سحر	طيّب برضه إحنا كلّنا بنصحى بدري وبناخد دش وبنفطر.
سامي	وبعدين بالبس بسرعة وباركب تاكسي وباروح الشغل السّاعة ٧ بالظبط.
سحر	ياه بتروح الشغل السّاعة ٧ الصّبح، ده بدري قوي.
سامي	أيوه، وكمان باشتغل كتير. باقابل الموظفين وباكتب جوابات على

	الكمبيوتر وباتكلّم مع المدير. وفي وقت الغدا بننزل نتغدّى في مطعم جنبنا وبنرجع على طول نشتغل لغاية السّاعة ٨.
سحر	بتقابل الموظفين وبتكتب جوابات وبتتكلّم مع المدير وبتتغدّى وبتشتغل تاني للساعة ٨. طيب ما بتاخدش إستراحة؟ مابتشربش شاي وللا قهوة الضّهر؟
سامي	لا، طبعاً ما باخدش استراحة وطبعاً بارجع البيت السّاعة ٩ بالليل باتعشّى وباتفرّج على التليفزيون وباقرا الجورنال شويّة وبعدين بانامّ السّاعة ١٠ عشان الشغل تاني يوم.
سحر	ما بتاخدش استراحة. بترجع البيت متأخّر وبتتعشّى متأخّر. ياه! ده إنت مشغول قوي.

القراءة

أصناف الأكل

اقرا لستة الأكلّ بتاعة مدام سهير. هي عندها حفلة الإسبوع الجّاي وعايزة تشتري طلبات كتير.

السلطات	**الحلو**
سلطة خضرا / سلطة فاصوليا	رز بلبن / مهلبيّة
سلطة باباغنوج / سلطة سيزار	سلطة فواكة / آيس كريم
سلطة بطاطس / سلطة خضار بالمايونيز	**الشرب**
العشا	عصير برتقان / عصير جوافة
مكرونة / كوسة بالبشامل	كركدية / شاي / قهوة / ينسون
فراخ / كفتة	نعناع / كوكا / سفن اب / ميّة
العيش	
عيش بلدي / عيش بالتوم	

الكتابة

(١) اكتب لستة مدام سهير، عايزة تشتري وتطبخ الحاجات من اللستة اللّي فوق.

١- السلطة: عايزة إيه عشان السلطة؟

٢- العشا: عايزه تشتري إيه للعشا؟

٣- الحلو: عايزة إيه للحلو؟

٤- الشرب: عايزة تشتري إيه عشان الشرب؟

(٢) اكتب لستة عشان الحفلة بتاعتك الإسبوع الجّاي.

الكلام

طالب (١) إنت عندك ضيوف الإسبوع الجّاي من برّه وعايزهم يقعدوا عندك.
طالب (٢) الضيوف دول أصحابك إنت كمان وعايز تساعد صاحبك.

اتكلّموا عن خطّة لكلّ الإسبوع في الأجندة.

١– مين عايز يروح المطار؟ إزّاي؟ إمتى؟
٢– عايزين تروحوا أنهي مطعم؟ إزّاي وإمتى؟
٣– عايزين تنضّفوا البيت إمتى؟
٤– عايزين تروحوا فين في القاهرة؟ إمتى؟
٥– عايزين تسافروا فين؟ إمتى؟
٦– عايزين تركبوا إيه؟
٧– عايزين تقعدوا قد إيه في الرحلة؟

الأجندة:

الأيام	الصّبح	بعد الضّهر	بالليل
الحدّ			
الاتنين			
التلات			
الأربع			
الخميس			
الجمعة			
السبت			

افتكر

(١) أفعال روتين كل يوم

أنا	باصحى	ما باصحاش
إنت	بتصحى	ما بتصحاش
إنتي	بتصحي	ما بتصحيش
هو	بيصحى	ما بيصحاش
هي	بتصحى	ما بتصحاش
إحنا	بنصحى	ما بنصحاش
إنتو	بتصحوا	ما بتصحوش
همّ	بيصحوا	ما بيصحوش
	ب + فعل مضارع	ما + ب + فعل مضارع + ش

(٢) لغة الطلب (١)

عايز	×		شاي
هات	ل	ي / ه / ها / نا / هم	قهوة
جيب	ل	ي / ها / نا	عصير

		إيجاب	نفي
(٣) لغة الطلب (٢)	عندك بطاطس؟	أيوه، عندي.	لا، ما عنديش.
(٤) لغة الفلوس	عندك فكّة؟	أيوه، عندي.	لا، ماعنديش.
	فيه فكّة؟	أيوه، فيه.	لا، ما فيش.
	معاك فكّة؟	أيوه، معايا.	لا، ما معاييش.
	بكام البطاطس؟	ب ٢ جنيه.	
	هات باقي ٢٠ جنيه.	اتفضّل.	
	الحساب كامّ؟	٤٠ جنيه.	

(٥) عايز تعمل إيه؟ لغة المستقبل والتخطيط

١- هو عايز يروح إسكندريّة الإسبوع الجّاي.

٢- هو مش عايز يلعب تنس بكره. هو عايز يلعب شطرنج.

٣- هو عايز يشرب شاي بعد شويّة.

عايز + فعل من غير ب

مش عايز + فعل مضارع من غير ب

أنا	عايز	مش عايز
إنت	عايز	مش عايز
إنتي	عايزة	مش عايزة
هو	عايز	مش عايز
هيّ	عايزة	مش عايزة
إحنا	عايزين	مش عايزين
إنتو	عايزين	مش عايزين
همّ	عايزين	مش عايزين

الوحدة الخامسة

١

محتويات الموضوعات في الوحدة الخامسة

- ◆ الشراء بكميّات كبيرة – التمييز العددي – لغة الشراء والبيع في السوبر ماركت
- ◆ الشقّة: مفردات الشقّة – وصف محتويات الشقّة وعدد الأوض
- ◆ الألوان: المذكّر – المؤنّث – الجمع – وصف الألوان عند الشراء
- ◆ الملابس: وصف الملابس واستخدامها في الشراء ووصف الناس

الكلمات الجديدة في وحدة ٥

تقديم (١)

مشروبات – نشويّات – فواكه – زبادي – نبيت – خلّ – بن – إزازة – أزايز –
باكو – بواكي – صندوق – صناديق – كيس – أكياس – برطمان – برطمانات –
كرتونة – كرتونات – كراتين – جيب لي – هات لي – دقيق – مربّى – سمن –
شوربة – سمك – فراخ – جمبري – صلصة – زبدة – بروتين – ألبان – زبادي –
لحمة – بيض – بسكوت – زيت – عيش – جبنة – سكّر

تقديم (٢)

أسانسير – سلّم – بلكونة – أوضة سفرة – أوضة نوم – أوضة معيشة – مطبخ –
حمّام – أوضة صالون – سرير – كمودينو – تسريحة – شوفونيرة – أباجورة –
دولاب – ترابيزة السفرة – كراسي السفرة – سجّادة – نجفة – ستارة – بوفيه –
دفّاية – كنبة – فوتيه – دولاب المطبخ – حوض – حنفيّة – غسّالة – سخّان –
تواليت – بانيو – تكييف – دُش – بيقصّ – يصلّح – ينشّف – فيه – فيها – ما
فيهوش – ما فيهاش

تقديم (٣)

لونه – لونها – أحمر – أخضر – أبيض – إسود – أصفر – أزرق – تركواز – بيج –
فوشيا – لموني – زتوني – بني – بمبي – برتقاني – كحلي – فستقي – نبيتي –
بتنجاني – مشمشي – رمادي – بنفسجي – لبني – غامق – فاتح – بطّيخي –
مش معقول – شوف

تقديم (٤)

لابس - لابسة - لابسين - فستان - جاكتّة - بنطلون - بدلة - بلوزة - قميص - شراب - حزام - جزمة - شورت - كوفيّة - تايير - بالطو - جلابيّة - روب - مقلّم - منقّط - منقوش - سادة - كاروه - مشجّر

من واقع الحياة

مطلوب - غالي - رخيص - فاخرة

تقديم (٥ – ١)

في السوبر ماركت

(١) اكتب لستة بالكلمات دي وكرّر مع المدرّس.

(٢) أنهي بالكيلو / بالكيس / صندوق / باكو / إزازة / برطمان؟

مشروبات	فواكه	خضراوات	نشويّات	ألبان	بروتين

اكتب الصّنف في الجدول.

جبنة – بطاطس
طماطم – زيت
مكرونة – مربّى
ميّة – بيرة
بيض – نبيت
سكر – خل
زبدة – ملح
برتقان – مايونيز

كيلو	كيس	برطمان	إزازة	باكو	صندوق	كرتونة

٢

اسمع الحوار ده بين البيّاع والزبونة:

هي عايزه إيه؟

بيّاع	أيوه يافندم، سوبر ماركت السعادة. أي خدمة؟
زبونة	عايزة ٤ تكياس سكّر و٥ أزايز زيت وعلبتين سمنة و٣ برطمانات صلصة.
بيّاع	٤ تكياس سكّر – ٥ أزايز زيت – علبتين سمنة – ٣ برطمانات صلصة – حاجة تانية؟
زبونة	أيوه، عندك لحمة طازة؟

بيّاع	طبعاً، عندي لحمة وسمك طازة. عايزة قد إيه؟ ٥ كيلو؟
زبونة	بكام الكيلو؟
بيّاع	ب ٣٥ جنيه بس.
زبونة	ياه! دي غالية قوي. لا، هات لي ٣ كيلو بس وادّيني ٢ كيلو سمك وفرختين.
بيّاع	حاضر، ٣ كيلو لحمة و٢ كيلو سمك وفرختين. حاجة تانية؟
زبونة	آه، جيب لي ٣ صناديق كوكا وكرتونتين ميّة و٤ بواكي شوربة.
بيّاع	حاضر ٣ صناديق كوكا وكرتونتين ميّة و٤ بواكي شوربة. أي خدمة تانية؟
زبونة	لا، الحساب كام؟
بيّاع	الحساب ٤٦٠ جنيه.
زبونة	طيب، عندك فكّة؟ عشان ماعنديش فكّة خالص في البيت. عايزة فكّة وباقي ٥٠٠ جنيه.
بيّاع	حاضر يا فندم. طبعاً فيه فكّة إن شاء الله.

لاحظ القواعد: ٣

(١)

الصنف	١	٢	٣ – ١٠	١١ – ١٠٠
باكو	باكو	باكوين	بواكي	باكو
إزازة	إزازة	إزازتين	أزايز	إزازة
علبة	علبة	علبتين	علب	علبة
كيس	كيس	كيسين	تكياس	كيس
صندوق	صندوق	صندوقين	صناديق	صندوق
برطمان	برطمان	برطمانين	برطمانات	برطمان
كرتونة	كرتونة	كرتونتين	كراتين/كرتونات	كرتونة

٤

(٢) لغة الشرا والبيع

زبونة	بيّاع
١– فيه لحمة طازة؟	أيوه، فيه.
٢– بكام السمك؟	السمك ب ٣٠ جنيه الكيلو.
٣– ادّيني ٣ كيلو سمك لو سمحت.	حاضر، اتفضّلي.
٤– عندك فراخ؟	أيوه، عايزة كام فرخة؟
٥– الحساب كام؟	الحساب .....
٦– جيب لي صندوقين كوكا.	حاضر، أي خدمة.
٧– هات لي ٤ علب سجاير.	ماشي، حاجة تاني؟
٨– معاك فكّة؟	أيوه، معايا / لا، ما معاييش.
٩– عايزة باقي ٥٠ جنيه.	اتفضّلي.

٥

بيّاع	زبونة
١– عايزة (كام) كرتونة ميّة؟	عايزة ٣ كراتين / كرتونات.
٢– عايزة قدّ إيه رز؟	عايزة ٥ تكياس رز.

٦

(٣) (كام) + اسم؟ = عشان العدد

ب + (كام) ال رز = عشان الفلوس

(٤) فيه	في
فيه بيرة؟ = عندك بيرة؟	المدرّس في الفصل؟ = المدرّس جوّه الفصل؟
لا، ما فيش بيرة.	لا، المدرّس مش في الفصل.

(٥) قدّ إيه؟

الوزن	٣ كيلوجرام
العدد	٥ تكياس
الوقت	٣ ساعات / ٣ سنين
المسافة	٣ كيلومتر
الفلوس	٥ جنيه

٧

النطق

لاحظ النبر:

أكياس	كرتونات	علب	أزايز
■□	■□□	□■	□■□
تلات تكياس	تلات كرتونات	تلات علب	تلات أزايز
■□□□	■□□□■	□□■□■	□■□□■
أربع تكياس	أربع كرتونات	أربع علب	أربع أزايز
■□□□	■□□□■	□□■□■	■□□■
اتناشر كيس	اتناشر كرتونة	اتناشر علبة	اتناشر إزازة
□□■□	□■□□■□	□■□■□	□■□□■□

القاعدة في النطق

من ٣ – ١٠ + الجمع = كلمة واحدة

٣ تيام أو ٣ تكياس النبر في المقطع الأول

جمع مع كلمة أولها أ

تظهر الـ ت في الجمع مع كلمة أولها أ + كْ أو + يّ

٣ + أ + كْ = ٣ أكياس تلات أكياس = تلات تكياس / تقلام

٣ + أ + يّ = ٣ أيام تلات أيام = تلات تيام

لكن مع جمع من غير أ

٣ كتب = تلاتة كتب = تلات كتب

اسمع المدرّس وحدّد النبر:

خمس تكياس	تمن كرتونات	أربع علب	ست أزايز
أربعتاشر كيس	اتناشر كرتونة	خمستاشر علبة	حداشر إزازة

التدريبات

تدريب (٥ – ١ – أ (١))

وصّل:

١– معاكي فكّة ٥٠ جنيه يا مدام؟	أ– لا، آسف ما فيش فراولة. فيه موز.
٢– عندَك لحمة طازة؟	ب– ٣ كراتين من فضلك.
٣– عايز كام كرتونة ميّة؟	ج– آسف، ما عنديش نبيت دلوقتي.
٤– ممكن تجيب لي إزازتين نبيت؟	د– أيوه، عندي لحمة وفراخ وسمك كلّه طازة.
٥– الحساب كام يا ريّس؟	ه– ٥٣ جنيه بس.
٦– أيوه يا فندم، أي خدمة؟	و– لا، ما معاييش.
٧– بكام صندوق البيرة؟	ز– حاضر اتفضّل.
٨– لو سمحت عايز باقي ١٠٠ جنيه.	ح– هات لي ٤ علب كوكا لو سمحت.
٩– فيه زبادي فراولة؟	ط– بـ ٤٠ جنيه. كويس؟
١٠– ادّيني كرتونتين بيض لو سمحت.	ي– آسف، ما فيش بيض دلوقتي.

تدريب (٥ – ١ – أ (٢))

اختار الإجابة الصحيحة وقول الجملة:

١– عايز ٣ (علبة – علب – علبتين) سجاير مارلبورو لو سمحت.
٢– هات لي ٥ (كيس – تكياس – كيسين) سكّر من فضلك.
٣– جيب لي ١١ (إزازتين – إزازة – أزايز) ميّه لو سمحت.
٤–- ادّيني ٣ (باكوين – بواكي – باكو) شاي.
٥– فيه مربّى؟ عايز ٤ (برطمان – برطمانات – برطمانين).

٨

تدريب (٥ – ١ – ب (١))

كمّل الحوار:

زبونة: يا محمود ...... لي ٤ و ....

محمود: حاضر، ٤ ...... و ...... حاجة تانية؟

زبونة: و و

محمود: حاضر، ٣ ...... و٣ ...... و .... تانية؟

زبونة: أه، ٤ و٣

محمود	ماشي ٤ ..... و٣ ..... و٢ ..... حاجة تانية؟
زبونة	لا، ..... كام؟
محمود	الحساب ١٥٠ جنيه.
زبونة	..... فكّة؟
محمود	أيوه، ..... اتفضّلي.

اسمع وصحّح الحوار.

نص الاستماع لتدريب (٥ – ١ – ب (١))

زبونة	يا محمود، هات لي ٤ بواكي زبدة وعلبتين سجاير ميريت لو سمحت.
محمود	حاضر، ٤ بواكي زبدة وعلبتين سجاير. حاجة تانية؟
زبونة	أيوه، ٣ أزايز ميّة و٣ علب كورن فليكس وبرطمانين نسكافيه.
محمود	حاضر، ٣ أزايز ميّة و٣ علب كورن فليكس وبرطمانين نسكافيه. حاجة تانية؟
زبونة	آه، ٤ صناديق بيرة و٣ كرتونات بيض و٢ كيلو جبنة.
محمود	حاضر، ٤ صناديق بيرة و٣ كرتونات بيض و٢ كيلو جبنة. حاجة تانية؟
زبونة	لا، الحساب كام؟
محمود	الحساب ٢٥٠ جنيه.
زبونة	عندك فكّة؟
محمود	أيوه عندي، اتفضّلي.

تدريب (٥ – ١ – ب (٢))

كلام

دي لستة أسعار عمّ محمود. إنت عندك حاجات وزميلك عايزها. إنت مرّة البقال ومرّة الزبون. إعمل حوار زي اللّي فات.

٢,٥ ج

٢ ج

١,٦٠ ج

٢ ج

٣,٥ ج

٤ ج

١٢ ج

١٥ج

٢,٥٠ ج

٢,١٥ ج

٣,٣٠ ج

١,٣٠ ج

٦ ج

١,٥ ج

,٣٥ ج

,٥٠ ج

٢,٥ ج

تدريب (٥ – ١ – ج)

كلام

إنتو عايزين تعملوا حفلة في آخر الإسبوع. اعمل لستة مع زميلك:

١– فيه إيه عندكو في التلاّجة؟

٢– ما فيش إيه؟

٣– عايزين تشتروا إيه عشان الحفلة من السوبر ماركت؟

كلمات مفيدة

عندنا – فيه – ما فيش – عايزين

٩

تقديم (٥ – ٢)

شقّتي الجديدة

كرّر مع المدرّس الكلمات الجديدة:

أسانسير
سلم

تاني دور
أول دور
عمارة

بصّ للصورة وكرّر مع المدرّس:

شقّة

الشقّة فيها إيه؟

الشقّة فيها بلكونة.

دي أوضة السفرة.

ده مطبخ.

ده حمّام.

دي أوضة نوم.

دي أوضة معيشة.

١٠

اسمع

١- الشقة فيها بلكونة.

٢- الشقّة فيها أوضة نوم.

٣- الشقّة فيها مطبخ.

٤- الشقّة فيها أوضة سفرة.

٥- الشقّة فيها أوضة معيشة.

٦- الشقّة فيها حمّام.

بصّ للصورة. اسمع وكرّر مع المدرّس. كمّل الجدول:

	مذكّر	مؤنّث
١- أوضة النوم فيها إيه؟	سرير كمودينو دولاب	تسريحة أباجورة شوفونيرة
٢- المطبخ فيه إيه؟	دولاب المطبخ	....
٣- أوضة السفرة فيها إيه؟	بوفيه	....

٤- أوضة المعيشة فيها إيه؟	تكييف	كنبة ستارة ....
٥- الحمّام فيه إيه؟	بانيو	....

١١

	سؤال	جواب
مؤنّث	الشقة فيها كام أوضة؟	الشقة فيها ٥ أوض.
	العمارة فيها كام شقّة؟	العمارة فيها ١٠ شقق.
	أوضة النوم فيها إيه؟	أوضة النوم فيها سرير.
	أوضة النوم فيها بلكونة؟	لا، ما فيهاش بلكونة.
مذكّر	الحمّام فيه إيه؟	الحمّام فيه دُش.
	الحمّام فيه بانيو؟	لا، ما فيهوش بانيو.
	المطبخ فيه إيه؟	المطبخ فيه دولاب.
	المطبخ فيه تكييف؟	لا، ما فيهوش تكييف.

١٢

لاحظ القواعد:

(١) مذكّر	مؤنّث
المطبخ فيه حوض.	أوضة النوم فيها سرير.

النفي

المطبخ ما فيهوش سرير.	أوضة الصالون ما فيهاش تواليت.
أيوه : فيه	فيها
لا : ما فيهوش	ما فيهاش

(٢)

نكرة	معرفة
أوضة سفرة	أوضة السفرة
عندي أوضة سفرة.	أوضة السفرة فيها ......

(٣) إيه الفرق؟

فيه	فيه
(مذكّر) المطبخ فيه دولاب	فيه إيه في التليفزيون؟
	فيه أجازة النهارده.
الحمام فيه توليت	فيه برد النهارده.
	(فيه) في أول الجملة دايماً مذكّر ما بتتغيرش
(فيه) في + ضمير الكلمة اللّي قبلها	النفي: ما فيش
النفي: ما فيهوش	

١٣

النطق

لاحظ النبر:

أوضة نوم ■□□
أوضة سفرة □■□□
أوضة معيشة □■□□□

حمّام ■□
مطبخ □■
أوضة صالون ■□□□

أوضة النوم ■□□
أوضة السفرة □■□□
أوضة الصالون ■□□□

اسمع المدرّس وحدّد النبر:

أوضة نوم – أوضة سفرة – أوضة معيشة – صالون
أوضة النوم – ترابيزة السفرة – أوضة المعيشة – أوضة الصالون

التدريبات

تدريب (٥ – ٢ – أ (١))

قول الشّنطة فيها إيه؟

(مؤنّث)

الشّنطة فيها كتاب؟
لا، الشّنطة ما فيهاش كتاب.

الشّنطة فيها إيه؟
الشّنطة فيها كتب.

(مذكّر) الفصل فيه إيه؟

الفصل فيه طالب.

الفصل فيه طلبة؟

لا، الفصل ما فيهوش طلبة.

ودلوقتي اكتب التدريب زيّ المثال وحطّ (فيه / فيها / مافيهوش / مافيهاش) :

١– المطبخ مافيهوش تلاّجة.

٢– أوضة المعيشة ...... بوتاجاز.

٣– الحمّام ...... مكتب.

٤– أوضة النوم ...... دولاب.

٥– أوضة الصالون .... سخّان.

٦– أوضة النوم ...... نجفة وكمودينو.

٧– الصالة .... كنبة.

٨– العمارة .... أسانسير.

٩– السلّم .... حوض.

١٠– أوضة السفرة .... كراسي.

تدريب (٥ – ٢ – أ (٢))

نادية بتتكلّم في التليفون وبتسأل عن الناس اللّي في الصور:
اسمع واكتب: كلّ واحد اسمه إيه؟ وبيعمل إيه؟ فين؟

١– سامية بتتغدّى في أوضة السفرة.

٢–

٣–

٤–

٥–

٦–

٧–

نص الاستماع لتدريب (٥ – ٢ – أ (٢))

(١)

– آلو، ماما إزيّك؟

– الحمد لله.

– سامية بتعمل إيه دلوقتي؟

– سامية بتتغدى في أوضة السفرة.

(٢)

– بابا، أخبارك إيه؟

– كلّه تمام الحمد لله.

– فين ناجي؟ بيعمل إيه دلوقتي؟

– ناجي بيقصّ الشجر في الجنينة.

(٣)

– ألو، خليل، صباح الخير. بتعمل إيه يا خليل؟ مشغول؟

– أيوه، خمس دقايق بس، بأحلق في الحمّام.

(٤)

– محمد، عامل إيه؟

– مش بطّال.

– وليد فين؟ موجود؟

– وليد بيقرا كتاب في أوضة المعيشة.

(٥)

– ألو، زكيّة، إنتي فين؟ بتلبسي؟

– لا، أنا في المطبخ باغسل المواعين.

(٦)

– إيه يا بسيوني؟ فينك؟

– أنا باصلّح العربية في الجراج.

(٧)

– لولو، إنتي متأخّرة ليه؟ إنتي فين؟

– أنا بأنشّف شعري في أوضة النوم.

تدريب (٥ – ٢ – ب)

اسأل زميلك:

شقّتك فيها إيه؟ فين؟

تدريب (٥ – ٢– ج)

الملكة اليزابيث	توم هانكس	جوليا روبرتس	مايكل جاكسون

اختار بيت واحد من الناس دول وقول لزميلك بيته فيه كام أوضة؟ / عنده جراج؟ الأرض فيها إيه؟ جنينة / حمّام سباحة .... إلخ؟

تقديم (٥ – ٣)

ده لونه إيه؟

(١) راجع: إيه اللون ده؟ ده لون: ------

أحمر	أخضر	أبيض	إسود	أصفر	أزرق		
نبيتي	بتنجاني	مشمشي	بنفسجي	لبني	وردي	كحلي	فستقي
لموني	زتوني	بني	رمادي	بمبي	برتقاني	تركواز	بيج

(٢) ادرس

ده لون أحمر إيه؟

ده لون أحمر | غامق x فاتح

١٥

(٣) الكرسي ده لونه إيه؟

الكرسي ده لونه إسود.

الكرسي ده لونه أخضر؟

لا، الكرسي ده لونه مش أخضر. ده لونه إسود.

العربيّة دي لونها إيه؟

العربية دي لونها إسود.

العربية دي لونها أخضر؟

لا، العربية دي لونها مش أخضر. دي لونها إسود.

١٦

(٤) بصّ للصورة تاني

إيه ده؟	إيه دي؟
ده كرسي إسود.	دي عربيّة سودا.
ده كرسي أخضر؟	دي عربيّة خضرا؟
لا، ده مش أخضر. ده إسود.	لا، دي مش خضرا. دي سودا.

١٧

(٥) إيه دول؟

دول كراسي سُود.	دول عربيّات سُود.
دول كراسي خُضر؟	دول عربيّات خُضر؟
لا، دول مش كراسي خُضر. دول سُود.	لا، دول مش عربيّات خُضر. دول سُود.

١٨

لاحظ القواعد:

	مفرد مذكّر	جمع
	ده لون	دي / دول ألوان

(١) لون (ه - ها - هم)

(٢) ألوان أخرها (ي)

من الأكلّ	بن - برتقان - نبيت - لمون - فستق - مشمش - زتون - بتنجان - بطّيخ - رماد - ورد - بنفسج - سما - كحل - دهب

من حاجات تاني	بنّي - برتقاني - نبيتي - لموني - فستقي - مشمشي - زتوني - بتنجاني - بطّيخي - رمادي - وردي - بنفسجي - سماوي - كحلي - دهبي

الألوان اللّي أخرها (ي) ماعندهاش جمع

(٣) ألوان من لغات تانية	بيج - فوشيا - تركواز

١٩

(٣) ألوان تبتدي ب (أ)

مذكّر		مؤنّث		دول	
ده قلم	أحمر	دي شنطة	حمرا	أقلام / شنط	حمر
	أخضر		خضرا		خضر
	إسود		سودا		سود
	أصفر		صفرا		صفر
	أزرق		زرقا		زرق
	أبيض		بيضا		بيض

لاحظ: بيتغير اللون المذّكر لموِّنث مع الألوان اللّي تبتدي ب (أ) بس مع الحاجات المؤنّثة

أحمر ← حمرا

(٤) **المذّكر**	**المؤنّث**	**الجمع مذكّر أو مؤنّث**
(١) الكرسي لونه إيه؟	العربية دي لونها إيه؟	الأقلام / الترابيزات دول لونهم إيه؟
إيه ده؟ (٢) ده كرسي أخضر.	**إيه دي؟** دي ترابيزة خضرا.	**إيه دول؟** دول أقلام خُضر. دول ترابيزات خُضر.

(٥) النفي

٢٠

ده كرسي لونه أحمر؟ — لا، ده كرسي لونه مش أحمر. ده لونه بني.

دي عربيّة لونها أحمر؟ — لا، دي عربيّة لونها مش أحمر. دي لونها بني.

ده كرسي أحمر؟ — لا، ده مش أحمر. ده بني.

النطق

لاحظ النبر:

لموني	برتقاني	رمادي	أخضر	أبيض
◻◼	◻◻◼	◻◼◼	◻◼	◻◼

خضر	بيض
◻	◻

اسمع المدرّس وحدّد النبر:

أزرق – كحلي – زتوني	إسود – أحمر – أصفر
سماوي – لبني – مشمشي	سُود – حُمر – صُفر

التدريبات
تدريب (٥ – ٣ – أ (١))

اختار كلمة مناسبة:

١– عربيّتي الجديدة (أحمر – حمرا – لونه أحمر).

٢– أوضة النوم بتاعتي (لونها بني غامق – لونه بنّي – إسود).

٣– الكتب دول لونهم (أخضر – خضر – خضرا).

٤– عايز الأرض لونها (زرقا – أزرق – زرق)؟

٥– مطبخك (لونها بنفسجي – لونه بنفسجي – بنفسج). مش معقول!

تدريب (٥ – ٣ – أ (٢))

وصّل أ مع ب وصحّح الجملة مع زميلك.

ب	أ
لونهم بني غامق شوية.	١– عايز شبّاك الأوضة لونه أبيض وللا أخضر؟
لا، مش سودا. دي خضرا.	٢– الكنبة لونها برتقاني؟
لا، افتكر لونه إسود مش رمادي.	٣– أوضة السفرة بتاعتك لونها إيه؟
عايز لونه أبيض.	٤– عربيتّك سودا؟
لا، لونها مش برتقاني. دي لونها نبيتي.	٥– الكرسي بتاعه رمادي؟
لا، مش أصفر. ده لونه بتنجاني.	٦– محفظتك لونها إيه؟
لونها أزرق.	٧– شعرها لونه أصفر؟
لونها بيج فاتح.	٨– الكراسي دول لونهم إيه؟

تدريب (٥ – ٣ – ب)

اسمع:

١ – الزبون عايز ..... لونها ......

٢ – لكن المحل عنده ...... الزبون مش ممكن ...... جاكتّة .....

٣ – الزبون اشترى الجاكتّة؟

نص الاستماع لتدريب (٥ – ٣ – ب)

زبون	لو سمحت عايز جاكتّة سبور شوية. عندك حاجة كويّسة؟
بيّاع	جاكتّة سبور.. آه طبعا يا بيه كلّ حاجة عندي. شوف الجاكتّة السودا دي. حلوة؟
زبون	لا .. لا، دي غامقة قوي، مش حلوة. عايز جاكتّة لونها فاتح شويّة.
بيّاع	جاكتّة لونها فاتح شويّة. ماشي، شوف ألوان الجاكتّات دول؟
زبون	لا .. لا، دول خُضر وصُفر، لا .. لا، أنا عايز جاكتّة لونها بيج .. رمادي .. لون فاتح كويّس.
بيّاع	لون بيج أو رمادي. طيب شوف الجاكتّة البنّي. إيه رأيك؟ كويّسة؟ لونها بنّي فاتح قوي ورخيصة مش غالية بـ ٢٠٠ جنيه بس.
زبون	لا .. لا، برضه لا. عايز لون بيج أو رمادي.
بيّاع	طيّب شوف الجاكتّة الحمرا دي.
زبون	حمرا؟ مش معقول. ألبس جاكتّة حمرا! ما فيش أي لون تاني؟
بيّاع	لا والله يا فندم ما فيش لون بيج أو رمادي، لكن عندي جاكتّة لبني فاتح بـ ٥٠٠ جنيه، اتفضّل.
زبون	أيوه كده .. دي كويّسة. لا .. لا .. بس دي غالية قوي. عندك حاجة تانية؟
بيّاع	الإسبوع الجّاي إن شاء الله، مع السّلامة.

تدريب (٥ – ٣ – ج (١))

تمثيل

طالب (أ) إنت زبون في محل هدوم وعايز تشتري هدوم، ولكن المحل ما عندوش الحاجة اللّي إنت عايزها.

طالب (٢) بيّاع ما عندكش اللون ولا المقاس بتاع الزبون.

تدريب (٥ – ٣ – ج (٢))

اسأل أصحابك في الفصل عن ألوان الحاجات بتاعتهم في الفصل / في الشّنطة ... إلخ.

تقديم (٥ – ٤)

لابس إيه؟

ادرس المفردات دي:

إيه دي؟ دي هدوم.

اكتب الاسم تحت الصورة: ده فستان / دي بدلة.

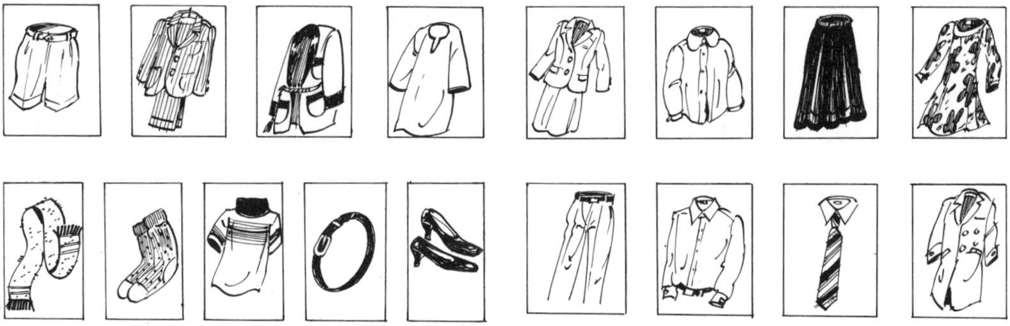

(ده)

١– بنطلون
٢– حزام
٣– شراب
٤– شورت
٥– روب
٦– فستان
٧– بالطو
٨– تايير
٩– قميص

(دي)

١– جزمة
٢– تي شرت
٣– كوفيّة
٤– كرافتّة
٥– بلوزة
٦– بدلة
٧– جاكتّة
٨– جلابّية
٩– جيبة

تقديم (٥ – ٤)

١– ادرس الكلمات دي:

إيه ده؟ ده فستان.

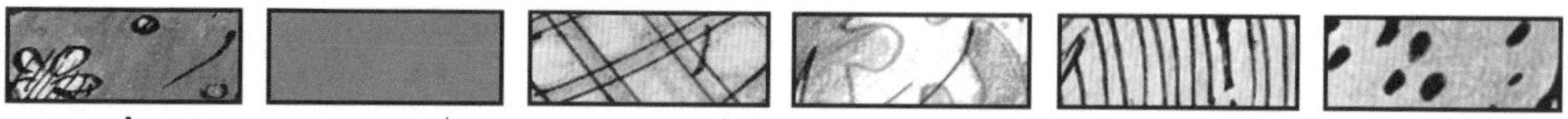

منقط/ منقّطة	مقلم/ مقلّمة	منقوش/ منقوشة	كاروه	سادة	مشجر/ مشجّرة

٢– بصّ للصورة. ماجد ورشا فين؟

٢٣

اسمع وكرّر الحوار مع المدرّس

ماجد	حلوة قوي الحفلة دي يا رشا، فيها ناس كتير بس مش عارف ولا واحد. بصّي هناك واحدة لابسة جيبة وبلوزة واقفة جنب الشبّاك، مين دي؟
رشا	دي سهير صاحبتي.
ماجد	طيّب جنبها واحد لابس بنطلون سادة فاتح وتي شرت كاروه، مين ده؟
رشا	ده ناجي زميلها في الجامعة.
ماجد	وهناك بنت تانية واقفة جنبهم برضه ولابسة بلوفر مقلّم وبنطلون جينز أزرق ساده، مين هي؟

رشا	دي صاحبتهم من الجامعة، اسمها نادين.
ماجد	آه صاحبتهم. وبرضه في الرُكن أولاد لابسين قمصان مشجّرة ومعاهم جيتار وبياكلّوا كتير قوي، برضه أصحابهم في الجامعة؟
رشا	بالظبط كده.

٢٤

لاحظ القواعد

(١) (دي) الهدوم

دي مؤنّث	دي / دول جمع	ده مذكّر	دي / دول جمع
١- دي ـــــ جاكتّة	جاكتّات	ده ـــــ قميص	قمصان
٢- دي ـــــ كرافتّة	كرافتّات	ده ـــــ شراب	شرابات
٣- دي ـــــ جزمة	جزم	ده ـــــ حزام	حزمة
٤- دي ـــــ بلوزة	بلوزات	ده ـــــ بنطلون	بنطلونات
٥- دي ـــــ جيبة	جيبات	ده ـــــ شورت	شورتات
٦- دي ـــــ بدلة	بدل	ده ـــــ فستان	فساتين
٧- دي ـــــ فانلّة	فانلّات	ده ـــــ بلوفر	بلوفرات
٨- دي ـــــ جلابيّة	جلاليب	ده ـــــ بالطو	بلاطي
٩- دي ـــــ تي شيرت	تي شيرتات	ده ـــــ روب	أرواب

(٢) سؤال: لابس إيه؟ جواب: أنا لابس بدلة.

٢٥

مفرد مذكّر أنا / إنت / هو	لابس	مش	لابس
مفرد مؤنّث أنا / إنتي / هي	لابسة	مش	لابسة
جمع إحنا / إنتو / همّ	لابسين	مش	لابسين

٢٦

(٣) صفات للهدوم

مذكّر	مؤنّث	جمع
منقّط	منقّطة	منقّطين
منقوش	منقوشة	منقوشين
مقلّم	مقلّمة	مقلّمين
مشجّر	مشجّرة	مشجّرين
كاروه	كاروه	كاروه
ساده	ساده	ساده

٢٧

النطق

لاحظ النبر:

جاكتّة — جزمة — بلوزة — جيبة — بدلة

قميص — شراب — بنطلون — حزام — فستان

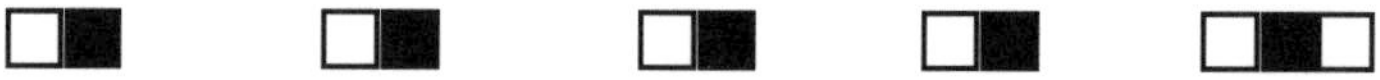

التدريبات

تدريب (٥ – ٤ – أ (١))

دي فترينة محل.

كلّ طالب يسأل زميله ويكتب على الصورة:

صورة (...) لابس إيه؟ صورة (...) لابسة إيه؟

صورة (١)   صورة (٢)   صورة (٣)   صورة (٤)

ده / دي	جمع	ده / دي	جمع	ده / دي	جمع	ده / دي	جمع

تدريب (٥ – ٤ – أ (٢))

طالب (١) اسأل زميلك عن صورة (٢) الأسئلة دي:

(أ) ليلى فين؟

(ب) بتعمل – بيعمل إيه؟

بيشرب / بيتكلّم/

بيضحك / بيقرا

(ج) لابسة إيه؟

طالب (٢) اسأل زميلك نفس الأسئلة عن الشخصيّة في صورة (١)

صورة (٢)

تدريب (٥ – ٤ – ب)

٢٨

في المحل

اسمع الحوار بين البيّاعة والزبون ده وكمّل الحوار زي المثال.

إنت مرّة الزبون وزميلك البيّاع / ومرّة زميلك الزبون وإنت البيّاع.

زبون	بكام الكرافتّة المقلّمة دي؟
بيّاع	بـ ٣١٠ جنيه بس يافندم.
زبون	ياه! دي غالية قوي. والحزام ده بكام؟
بيّاع	بـ ٥٠ جنيه و٧٥ قرش.

زبون	بكام ....؟
بيّاع	بـ ....
زبون	آه دي كويّسة وبـ .... الـ .... ؟
بيّاع	بـ ....
زبون	طيّب عايز الـ .... والـ ....

زبون	الـ .... بكام؟
بيّاع	الـ .... بـ ....
زبون	ويكام الـ .... المشجّرة دي؟
بيّاع	بـ ....

زبون	....
بيّاع	....
زبون	....
بيّاع	....

تدريب (٥ – ٤ – ج (١))

(١) سعاد عايزة تسافر دهب، هتاخد هدوم إيه في الشنطة؟

١ –
٢ –
٣ –
٤ –

(٢) اتكلّم مع زميلك: بتلبس إيه لمّا تروح البحر/ النادي / حفلة؟
في الرحلة بتاخد هدوم إيه معاك في الشنطة؟

تدريب (٥ – ٤ – ج (٢))

كلام

اقعد وضهرك لزميلك. حاول تفتكر زميلك لابس إية.

طالب (٢)	طالب (١
أيوه، صحّ.	إنتي لابسة ...... ؟
لا، غلط. أنا مش لابس	إنت لابس ...... ؟

إنتي
لابسة بلوزة صفرا ولا
لابسة بنطلون جينز صحّ ؟ طيب
لابسة جاكتة حمرا ؟
غلط،
أنا مش لابسة .....

من واقع الحياة

٢٩

استماع

كلمات مفيدة:

رخيص X غالي   مفروش X إيجار

اسمع وقول:

(١) الشقّة غالية؟

اسمع مرّة تانية وقول:

(٢) الشقّة الكبيرة فيها إيه؟

(٣) الشقّة الصغيّرة فيها إيه؟

نص استماع من واقع الحياة:

جميلة	ياعمّ محمود، عندك شقق كويّسة؟
محمود	أيوه يامدام، عندي شقق كويّسة. إيجار وللا مفروش؟
جميلة	لا، مش إيجار. عندك شقق مفروشة؟
محمود	أيوه، عندي شقق مفروشة. عندي شقّة كبيرة وشقّة صغيّرة.
جميلة	طيّب الشقّة الكبيرة فيها إيه؟
محمود	الشقّة الكبيرة فيها ٥ أوض وصالة وحمّامين، بس جوّه مش على الشارع.
جميلة	٥ أوض وصالة وحمّامين مش على الشارع. طيّب فيها بلكونة؟
محمود	لا، مافيهاش بالكونة بس فيها تكييف وتليفون وغسّالة جديدة.
جميلة	ما فيهاش بالكونة؟ طيّب عندك شقّة تانية؟
محمود	أيوه، عندي شقّة تانية فيها ٣ أوض وصالة وبتبصّ على الشارع وفيها بالكونة.
جميلة	آه، كويّس. فيها بالكونة على الشارع وفيها ٣ أوض وصالة حلو قوي، والإيجاركام؟
محمود	الإيجار ١٥٠٠ جنيه في الشهر، بس مافيهاش تكييف.
جميلة	ياه! ما فيهاش تكييف وبـ ١٥٠٠ جنيه في الشهر. لا، دي غالية قوي.
محمود	لا، مش غالية، وهو ده الموجود. مع السلامة، يا ساتر.

قراءة

اقرا الإعلانات دي (١) سمسار عنده شقق مفروشة (١) (٢) (٣) (٤)

(٢) زبون عايز شقّة (أ / ب / ج / د)

أنهي شقّة لأنهي زبون؟

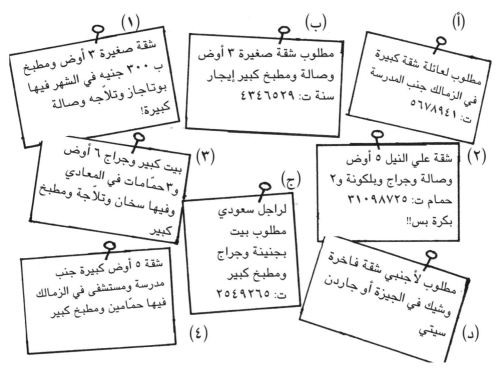

(أ)
مطلوب لعائلة شقة كبيرة في الزمالك جنب المدرسة ت: ٥٦٧٨٩٤١

(ب)
مطلوب شقة صغيرة ٣ أوض وصالة ومطبخ كبير إيجار سنة ت: ٤٣٤٦٥٢٩

(١)
شقة صغيرة ٣ أوض ومطبخ ب ٣٠٠ جنيه في الشهر فيها بوتاجاز وتلاّجه وصالة كبيرة!

(٢)
شقة علي النيل ٥ أوض وصالة وجراج وبلكونة و٢ حمام ت: ٣١٠٩٨٧٢٥ بكرة بس!!

(ج)
لراجل سعودي مطلوب بيت بجنينة وجراج ومطبخ كبير ت: ٢٥٤٩٢٦٥

(٣)
بيت كبير وجراج ٦ أوض و٣ حمّامات في المعادي وفيها سخان وتلاّجة ومطبخ كبير

(د)
مطلوب لأجنبي شقة فاخرة وشيك في الجيزة أو جاردن سيتي

(٤)
شقة ٥ أوض كبيرة جنب مدرسة ومستشفى في الزمالك فيها حمّامين ومطبخ كبير

كتابة

طالب (أ) إنت سمسار.

طالب (ب) إنت زبون.

اكتب إعلان: عندك / عايز شقّة فيها إيه؟

كلام

(١)

طالب (٢)	طالب (١)
عنده شقّة جديدة	عنده بيت جديد

اتكلّموا مع بعض عن:

(١) كام أوضة / بلكونة / تراس / حمّام؟

(٢) الحمام فيه إيه؟ فين؟ جنب أوضة إيه؟

(٣) المطبخ فيه إيه؟

(٤) الإيجار كام؟

(٥) فيه تليفون / تكييف / جراج؟

(٦) العنوان / على الشارع / لجوّه؟

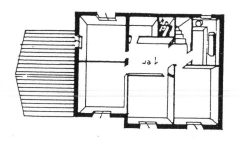 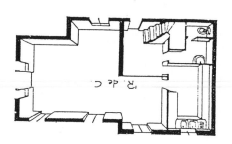

(٢) كلّ واحد يرسم خريطة لشقّته ويتكلّم مع زميله عن الشقّة بتاعته.

افتكر

(١) في السوبر ماركت

مفرد	مثنى	كلمة جمع	أكتر من ١٠ = كلمة مفرد
١ = باكو	٢ = باكوين	٣ – ١٠ بواكي كراتين / علب صناديق / أكياس أزايز / برطمانات	١١ – للآخر..... باكو

(٢) لغة الشرا والبيع

الطلب / زبون	الجواب / بيّاع
١– عندك بيض؟	أيوه، عندي / لا، ما عنديش.
٢– فيه بيض؟	أيوه، فيه / لا، ما فيش.
٣– معاك فكّة ٥٠ جنيه؟	معايا / لا، ما معاييش.
٤– بكام الـ .... ؟	بـ .... جنيه.
٥– الحساب كام؟	الحساب ...... جنيه.
٦– هات لي ٥ صناديق كوكا.	حاضر، حاجة تاني؟
٧– جيب لي ٣ كراتين ميّه.	اتفضّل.
٨– ادّيني ٣ كيلو جبنه.	حاضر، أيّ خدمة.
٩– عايز ٤ برطمانات صلصة.	ماشي.

السؤال / بيّاع	الجواب / زبون
١– عايز كام علبة؟	عايز ٥ علب.
٢– قدّ إيه ...... ؟	٣ كيلو.

(٣) كام؟ = العدد — بكام؟ = السعر

كام + اسم؟ — بكام الـ ...... ؟ ...... جنيه

١٩٨

(٤) **شقتي فيها إيه؟**   **شقتي فيها ......**

مذكّر	مؤنّث
الحمّام فيه بانيو. فيه ما فيهوش	الأوضة فيها تكييف. فيها ما فيهاش

فيه	فيه	في
المطبخ فيه بوتاجاز.	فيه كراسي كتير هنا.	القلم في الشّنطة.
	فيه فكّة؟	الصورة في الكتاب.
	فيه كتاب على الترابيزة.	البرطمانات في الدولاب.
المطبخ ما فيهوش---	ما فيش ---	القلم مش في الشّنطة.

الألوان:

(٥) ألوان (مع أ)

(أ) مذكّر	مؤنّث	جمع
ده لونه إيه؟	دي لونها إيه؟	
ده لونه أحمر	دي لونها أحمر	

(ب) أو	أحمر	حمر/ خضر / صفر
دي عربية لونها	حمرا / صفرا /	بيض / زرق / سود
دي عربية لونها	خضرا	
	بيضا / سودا / زرقا	

النفي: مش + اللون (حمرا)

(٦) ألوان آخرها (ي)

برتقاني / لموني / نبيتي ما عندهاش: مذكّر / مؤنّث / جمع

كتاب برتقاني

شنطة برتقاني

كراسي برتقاني

(٧) لابس إيه؟ **لابس ....**

أنا إنت هو	لابس	أنا إنتي هي	لابسة	إحنا إنتو همّ	لابسين

مش + لابس

(٨) صفات:

مذكّر	مؤنّث	جمع
مشجّر	مشجّرة	مشجّرين
منقّط	منقّطة	منقّطين
مقلّم	مقلّمة	مقلّمين
منقوش	منقوشة	منقوشين
كاروه	كاروه	كاروه
ساده	ساده	ساده

مش + الصفة

راجع معانا
(الوحدة ١ – ٥)

التدريب الأول:

كمّل الحوار بالجملة المناسبة:

(١) ألو، هنا بيتزا كينج عنوان حضرتك ونمرة التليفون كام لو سمحت؟

(٢) باباك شغله كويس يا محسن؟ دخله كويس؟

(٣) الكتب دول بتوعك يا هاني؟

(٤) لو سمحت أنا دلوقتي في رمسيس فين المتحف المصري؟

(٥) عايز واحد يانسون و٤ سحلب لو سمحت.

(٦) عايز تسافر بكره؟

(٧) عايزة ٥ كيلو بصل و٢ كيلو فراولة وكيلو بتنجان.

(٨) عندك فكّة؟

– أه، بيشتغل محامي كبير في شبرا، دخله أكتر من ٢٠٠ ألف.

– لا، مش عايز أسافر بكره. عايز أسافر الإسبوع الجاي.

– لا، مش بتوعي. دول بتوع شاهين.

– أنا ساكن في شارع شهاب عمارة ١٢٥ الدور السابع شقة ٣٨ ونمرة تليفوني ٨٣٤٦٧٠١.

– امشي في الشارع ده على طول، آخر الشارع لفّ ميدان عبد المنعم رياض قدّامك ميدان التحرير وعلى يمينك المتحف.

– حاضر يا فندم. وعايز شيشة كمان؟

– لا، آسف ما عنديش.

– حاضر بس ما عنديش بتنجان. اتفضّلي طلبك الحساب ١٥ جنيه.

التدريب التاني:

كمّل الكلمات دي

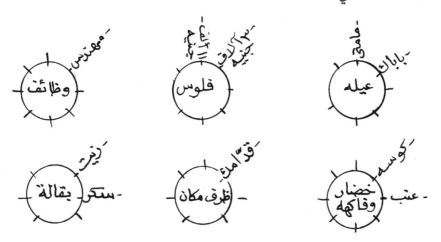

التدريب التالت:

فاتن بتشتغل ممرّضة في مستشفى.
هي دلوقتي بتكتب جواب لمامتها.

(١) اقرا الجواب ده وجاوب:

١- فين فاتن دلوقتي؟

٢- هي بتشتغل في القاهرة؟ فين؟

٣- هي متدّايقة في الشغل ده؟

٤- هي بتعمل إيه كلّ يوم؟

٥- عنوانها إيه؟

٦- نمرة تليفونها كام؟

عزيزتي ماما

إزيّكم؟ عاملين إيه؟ أنا باكتب لكم من أسوان. أسوان حلوة قوي. أنا باروح المستشفى كلّ يوم الساعة ٦ الصّبح وباركب الأتوبيس من قدّام البيت. وبانزل جنب المستشفى. كلّ الناس بتنام الصّبح في الأتوبيس، لكن أنا باقرا كتاب أو جورنال. بافطر في الشغل وباتغدّى الضّهر مع أصحابي في الكافتيريا، لكن باتعشّى في البيت وبارجع حوالي السّاعة ٦.

أنا مبسوطه قوي هنا يا ماما وعندي أصحاب وجيران كويّسين. نمرة تليفوني ٢٥٧٨٦١٤ وكود أسوان ٠٩٧.

عنواني الجديد ٣٥ ش كليوباترا، الدور الخامس، شقّة ٥٢. العمارة على ناصية محطّة القطر. ماما، عايزة منكم جواب وتليفون بسرعة.

بنتك

فاتن

(٢) اقرا الجواب مرّة تانية مع زميلك.

(٣) اتكلّم مع زميلك عن حياتك كلّ يوم في مصر. بتعمل إيه؟

(٤) اكتب جواب لعيلتك وقول لهم بتعمل إيه كلّ يوم.

الوحدة السادسة

محتويات الموضوعات في الوحدة السادسة

◆ السؤال عن الجوّ ودرجات الحرارة – فصول السنة

◆ لغة الاقتراح (تيجي – ياللا – تعالى مع الفعل المضارع)

◆ التعبير عن ما يحبّ وما لا يحبّ – الهوايات والرياضات المختلفة

◆ لغة الطلب: ممكن مع الفعل المضارع – أسماء الأطعمة المختلفة في المطعم

الكلمات الجديدة في وحدة ٦

تقديم (١)

فصل – فصول – الشتا – الربيع – الصيف – الخريف – درجة الحرارة – مئويّة – حرّ – شبّورة – رطوبة – ريح – غيم – شمس – تلج – مطرة – الجوّ برد قوي – الجوّ دافي – الجّو فيه إيه؟ – الجوّ عامل إيه؟ – بردان – حرّان – تحت الصفر – تراب – شهور السنة – يناير – فبراير – مارس – أبريل – مايو – يونيو – يوليو – أغسطس – سبتمبر – أكتوبر – نوفمبر – ديسمبر

تقديم (٢)

تيجي – ياللا – تعالى – أكلة – يستريّح – يطلب – يسأل – اقتراح – أمر – يصلّح – يخرج

تقديم (٣)

شطرنج – كوتشينة – الرياضة – تذكرة – مزّيكا شرقي – أفلام رومانسيّة

تقديم (٤)

بيكاتا بالمشروم – استيك بوافر – إسكالوب بانية – بطاطس محمّرة – رز بالكاري – شوربة خضار – شيش طاووق – طعميّة – كشري – فول – شاورمة لحمة – سمك بانية – فراخ مشويّة – كفتة مشويّة – فراخ فاهيتا – مسقّعة باللحمة – كوسة بالبشامل – فطيرة تفّاح – كيكة شوكولاتة – كريم كراميل – بيض أومليت

من واقع الحياة

إشتري لي – منيو – إدفع الحساب – أيّ خدمة – إجمالي

تقديم (٦ – ١)

الجوّ عامل إيه؟

(١) ادرس الكلمات دي: شهر – شهور السنة – فصل – فصول السنة

شهور السنة

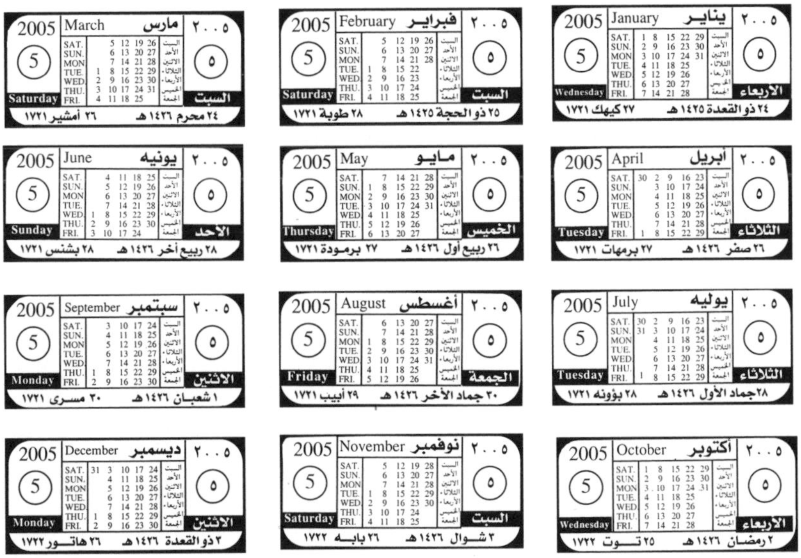

2005 January يناير ٢٠٠٥
Wednesday الأربعاء
٢٤ ذو القعدة ١٤٢٥ هـ ٢٧ كيهك ١٧٢١
2005 February فبراير ٢٠٠٥
Saturday السبت
٢٥ ذو الحجة ١٤٢٥ هـ ٢٨ طوبة ١٧٢١
2005 March مارس ٢٠٠٥
Saturday السبت
٢٤ محرم ١٤٢٦ هـ ٢٦ أمشير ١٧٢١
2005 April أبريل ٢٠٠٥
Tuesday الثلاثاء
٢٦ صفر ١٤٢٦ هـ ٢٧ برمهات ١٧٢١
2005 May مايو ٢٠٠٥
Thursday الخميس
٢٦ ربيع أول ١٤٢٦ هـ ٢٧ برمودة ١٧٢١
2005 June يونيه ٢٠٠٥
Sunday الأحد
٢٨ ربيع أخر ١٤٢٦ هـ ٢٨ بشنس ١٧٢١
2005 July يوليه ٢٠٠٥
Tuesday الثلاثاء
٢٨ جماد الأول ١٤٢٦ هـ ٢٨ بؤونه ١٧٢١
2005 August أغسطس ٢٠٠٥
Friday الجمعة
٣٠ جماد الأخر ١٤٢٦ هـ ٢٩ أبيب ١٧٢١
2005 September سبتمبر ٢٠٠٥
Monday الاثنين
١ شعبان ١٤٢٦ هـ ٣٠ مسرى ١٧٢١
2005 October أكتوبر ٢٠٠٥
Wednesday الأربعاء
٢ رمضان ١٤٢٦ هـ ٢٥ توت ١٧٢٢
2005 November نوفمبر ٢٠٠٥
Saturday السبت
٣ شوال ١٤٢٦ هـ ٢٦ بابه ١٧٢٢
2005 December ديسمبر ٢٠٠٥
Monday الاثنين
٣ ذو القعدة ١٤٢٦ هـ ٢٦ هاتور ١٧٢٢

فصل الشّتا: يناير / ...... / ......

فصل الربيع: ...... / ...... / ......

فصل الصيف: ...... / ...... / ......

فصل الخريف: ...... / ....../ ......

(٢) ادرس الكلمات:

درجة الحرارة

درجة الحرارة كام؟

١- درجة الحرارة ٤٠ مئويّة = ١٠٠ فهرنهيت

الجوّ حرّ - دلوقتي صيف

٢- درجة الحرارة ٢٠ مئويّة

الجوّ دافي - دلوقتي ربيع

٣- درجة الحرارة ١٥ مئويّة

دلوقتي خريف

٤- درجة الحرارة ٥ مئويّة

الجوّ برد - دلوقتي شتا

٥- درجة الحرارة -٢٠ مئويّة

الجّو برد قوي

فهرنهيت
مئوية
١١٠ ٤٥ ١- الجوّ حرّ
١٠٠ ٤٠
٩٠ ٣٥
٨٠ ٣٠ ٢- الجوّ دافي
٧٠ ٢٥
٦٠ ٢٠
١٥
٥٠ ١٠ ٣- الجوّ برد
٤٠ ٥
٣٠ صفر
٢٠ -٥ ٤- الجوّ برد قوي
١٠ -١٠
صفر -١٥
-١٠

٢

الجوّ عامل إيه؟

(٣) الجوّ فيه:

حرّ شبّورة ورطوبة ريح غيم شمس

تلج مطرة الجوّ برد قوي الجوّ برد الجوّ دافي

صفات: حرّ	هو حرّان	هي حرّانة
برد	هو بردان	هي بردانة

تابع تقديم (٦ – ١)

٣

اسمع وكرّر مع المدرّس.

نبيلة	آه، تك .. تك (صوت بردانة)
جاك	إيه يا نبيلة، فيه إيه؟ إنتي بردانة؟
نبيلة	أيوه، أنا بردانة قوي. درجة الحرارة ٣ تحت الصفر، الجوّ فيه مطرة وفيه تلج.
جاك	آه، الجوّ فيه تلج ومطرة. ليه؟ الجوّ في مصر دافي؟
نبيلة	آه، طبعا الجوّ في بلدنا دافي، ما فيهوش تلج في الشتا ودرجة الحرارة ١٠ – ٥١ مئويّة وفيه شمس على طول.
جاك	طيّب ، إنتي لابسة بالطو. بردانة ليه؟
نبيلة	بس مش لابسة شراب وما معايش شمسيّة.
جاك	عايزة تاكسي؟
نبيلة	أيوه، لو سمحت عايزة تاكسي.
جاك	تاكسي .. تاكسي.

لاحظ القواعد:

الكلمات الجديدة:

(١) **شهور السنة:** ينـاير – فبراير– مـارس – أبريل – مـايو – يونيو – يوليو أغسطس – سبتمبر – أكتوبر – نوفمبر – ديسمبر

(٢) **فصول السنة:** الشتا – الربيع – الصيف – الخريف

(٣)	سؤال	جواب
أ	درجة الحرارة كام؟	درجة الحرارة ٣٠ مئويّة / ٨٠ فهرنهيت / ٤ تحت الصفر.
ب	الجوّ عامل إيه؟	الجوّ: برد / برد قوي / حرّ / دافي.
ج	الجوّ فيه إيه؟	الجوّ فيه : مطرة / ريح / شبّورة / تلج / غيم / شمس/ رطوبة.
د	الجوّ فيه مطرة؟	لا، الجوّ ما فيهوش مطرة. الجوّ كويّس.

(٤) **صفات:**

أنا		أنا		إحنا	
إنت	بردان	إنتي	بردانة	إنتو	بردانين
هو	حرّان	هي	حرّانه	همّ	حرّانين

مش بردان / مش حرّان

(٥) **لاحظ:**

مذكر	بـارد = ساقـع – الجوّ بـارد – الشاي بـارد	برد – الجوّ برد – الدنيا برد – عنده برد	بـارد × سخن – الجوّ سخن – الشاي سخن – هو سخن
مؤنّث	الشوربة بـاردة = ساقعة عـايز حـاجة ساقعة	X X	الكوكا سخنة عـايز حـاجة سخنة

الجوّ عـامل إيه؟ الجوّ (بـارد – ساقـع – سخن – برد)

٧

النطق

لاحظ النبر:

بارد   سخن   شبورة   تلج

ساقع   حر   مطرة   برد

فين ال ☼ وفين ال ☾ ؟

شتا   صيف   ربيع   خريف

الشتا   الصيف   الربيع   الخريف

اسمع المدرّس وحطّ النبر:

الجوّ: برد   رطوبة   صيف   حرّ   دافي   ربيع

التدريبات

تدريب (٦ – ١ – أ)

(١) بصّ للصورة. اسأل زميلك: الجوّ عامل إيه في كلّ صورة؟

(٢) اسمع وصحّح واكتب النمرة تحت الصورة المناسبة ٨

نص الاستماع لتدريب (٦ – ١ – أ)

(١) دلوقتي ربيع – الجو فيه مطرة – درجة الحرارة ٢٠ مئويّة – الجوّ دافي

(٢) دلوقتي صيف – الجوّ حرّ قوي – الجوّ فيه رطوبة – درجة الحرارة ٣٥ مئويّة

(٣) دلوقتي خريف – الجوّ فيه ريح – درجة الحرارة ١٨ درجة مئويّة

(٤) دلوقتي شتا – الجوّ فيه تلج – الجوّ برد ومطرة – درجة الحرارة ٣ تحت الصفر

تدريب (٦ – ١ – ب (١))

(أ) بصّ للصُوَر واتكلّم مع زميلك عن الأسئلة دي:

(١) دلوقتي إيه؟ (٢) الجوّ فيه إيه؟ (٣) الناس دول لابسين إيه في الشّتا / في الصيف؟

اتكلّم زي كده:

الجوّ دلوقتي في صورة (١) شتا / الجوّ فيه تلج وبرد. هي لابسة بنطلون جينز وبالطو وبرنيطة وبوت.

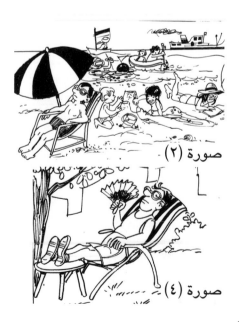

صورة (١)

صورة (٢)

صورة (٣)

صورة (٤)

تدريب (٦ – ١ – ب (٢))

اقرا الجدول، اسأل عن الحرارة: الجوّ عامل إيه / الجوّ فيه إيه؟

درجات الحرارة في شهر فبراير في بلاد العالم

البلد	C	F	الجوّ عامل إيه؟ فيه إيه؟	البلد	C	F	الجوّ عامل إيه؟ فيه إيه؟
ساو باولو	٣٢	٩٠		بيونس أيرس	٢٨	٨٢	
سيدني	٢٩	٨٥		موسكو	-١١	١٢	
مانلا	١٨	٦٤		باريس	٨	٤٦	
طوكيو	٦	٤٣		كويبك	-١٦	٣	
فانكوفر	٥	٤١		سان فرانسيسكو	١٥	٦٠	
بغداد	١٥	٥٥		القاهرة	١١	٥٢	

تدريب (٦ – ١ – ج)

اسأل زميلك عن الجوّ في بلده، واملا الجدول:

اسم البلد	الجوّ عامل إيه دلوقتي في بلده	الجوّ في بلده فيه إيه في الشتا	الصيف	الربيع
١-				
٢-				
٣-				

٩

تقديم (٦ – ٢)

الناس بتعمل إيه في أجازة آخر الإسبوع؟

١– بيسافر ٢– بيلعب تنس ٣– بيمشي ٥ كم ٤– بيصلّح في البيت ٥– بيتفرّج على التلفزيون ٦– بيسأل عن العيلة ٧– بيقرا كتاب ٨– بيشتري طلبات البيت

اكتب حاجات تانية:

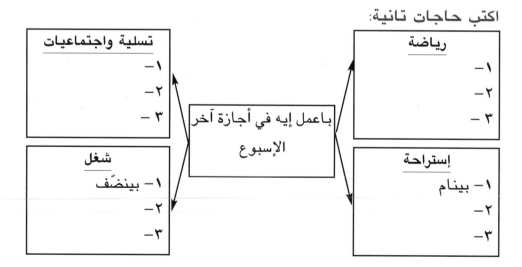

باعمل إيه في أجازة آخر الإسبوع

رياضة

١–

٢–

٣ –

إستراحة

١– بينام

٢–

٣–

تسلية واجتماعيات

١–

٢–

٣ –

شغل

١– بينضّف

٢–

٣–

١٠

تابع تقديم (٦ – ٢)

تيجي نسافر؟

(تيجي – ياللا – تعالى)

نهلة وسلمى أصحاب بيتكلّموا عن الأجازة بتاعتهم.

اقرا الحوار وكرّر مع المدرّس:

نهلة: سلمى، يوم الحدّ والاتنين عندنا أجازة، يعني الإسبوع الجّاي فيه أجازة طويلة.

سلمى: آه، صحيح. ياللا نسافر مع سمير والأولاد شرم الشيخ.

نهلة: فكرة كويّسة. وتيجي نزور سانت كاترين كمان؟

سلمى: ماشي، وهناك تعالي ناكل أكلة سمك كويّسة ونلعب رياضة ونستحمّى في البحر ونستريّح شويّة.

نهلة: هايل، تعالي نسأل شركة السياحة بكام الرحلة.

سلمى: ماشي، ياللا نطلب النمرة.

سلمى بتقول إيه؟	نهلة بتقول إيه؟
١– ياللا نسافر شرم الشيخ. ٢– تعالي ناكل أكلة سمك. ٣– ياللا نطلب النمرة.	١– تيجي نزور سانت كاترين؟ ٢– تعالي نسأل الشركة بكام الرحلة.

١١

لاحظ القواعد:

(١)

إنت	إنتي	إنتو
تعالى	تعالي	تعالوا
تيجي	تيجي	تيجوا

بنقول:

يالّلا نسافر مع بعض.
تعالوا نسافر مع بعض.
تيجي نسافر مع بعض.

المعنى: إيه رأيكم نسافر مع بعض؟

يالّلا - تيجي - تعالى = للاقتراح

يالّلا (إحنا)
تيجي + ن + فعل مضارع
تعالى

(٢) إيه الفرق في المعنى؟

تعالى	تعالى
تعالى نسافر	تعالى بسرعة
(إيه رأيك نسافر مع بعض؟)	(لازم ترجع بسرعة)
	أمر
تيجي نروح السينما؟ إيه رأيك نروح السينما؟	ييجي X يروح
اقتراح	فعل

النطق

لاحظ النبر:

| تيجي نسافر | تعالى نسافر | ياللا نسافر |
| تيجي نروح | تعالي نروح | ياللا نروح |

التدريبات
تدريب (٦ – ٢ – أ (١))

حطّ خط تحت الإجابة الصحّ:

١- ياللا (تروح – نروح – أروح) السينما.

٢- تيجي (ياكل – ناكل – تاكل) سمك النّهارده؟

٣- الجوّ بكره كويّس مافيهوش ريح ولا برد ياللا (نسافر – سافروا – أسافر) سانت كاترين.

٤- تعالوا (تلعبي – نلعب – تلعبوا) تنس بعد الضّهر.

٥- تيجي (تزوروا – نزور – يزور) بابا النّهارده؟

٦- الجوّ فيه مطرة وغيم، تيجي (نقعد – يقعدوا – بتقعد) في البيت النّهارده ونسافر بكره؟

٧- في الصيف الجوّ فيه حرّ ورطوبة، ياللا (نسافر – تسافر – بيسافر) إسكندريّة في يوليه.

٨- تعالى (اطلب – نطلب – يطلبوا) نمرة الشركة.

١٣

تدريب (٦ - ٢ - أ (٢))

اسمع واكتب (✓) على الحل.

١- أحمد بييجي الشغل كلّ يوم الساعة ٩ الصبح. (اقتراح - عادة)

٢- زينب، تيجي ننزل البلد بعد الضّهر؟ (اقتراح - أمر)

٣- تعالى بسرعة يا سامي، المدير هنا. (اقتراح - أمر)

٤- ياللا نزور أولادنا بكره يا مجدي. (اقتراح - عادة)

٥- تعالى ناكل في مطعم صيني النهارده؟ (اقتراح - عادة)

تدريب (٦ - ٢ - ب)

(١) قول اقتراح للأجازة زي كدة مع زميلك.

(٢) اكتب الحوار تحت كلّ صورة.

تدريب (٦ – ٢ – ج)

دي صور للجوّ في بلادكم دلوقتي، اختار صورة.

اعمل اقتراح لزميلك تروحوا فين في آخر الإسبوع في الجوّ ده.

دلوقتي الجوّ فيه: .... ياللا .... تيجي .... تعال ....

بكره آخر الإسبوع وفيه أجازة.

طالب (١) عنده اقتراح للأجازة.

طالب (٢) مش عايز يعمل كده وعنده اقتراحات تانية:

يقعد في البيت – ينضّف – يتفرّج على فيلم فيديو – يعمل حفلة – يصلّح التلاجة.

قول اقتراحك لزميلك.

١٤

تقديم (٦ – ٣)

هوايتك إيه؟

(١) اسمع وحطّ النمرة تحت الهواية:

الفعل:

١– يرقص

٢– يلعب تنس

٣– يطبخ

٤– يغني

٥– يقرا كتاب

٦– يعوم

٧– يرسم

٨– يلعب بيانو

٩– يلعب كورة

١٠– يسمع مزيّكا

١٥

(٢) اقرا وكرّر مع المدرّس:

أشرف	بكره أجازة الحمد لله مافيش مدرسة. عايز أروح النادي شوّية.
نهال	ليه؟ إنت بتحبّ تروح النادي يوم الأجازة؟
أشرف	آه، أنا باحبّ الرياضة، باحبّ ألعب رياضة في الأجازة.
نهال	بتحبّ تلعب إيه؟
أشرف	باحبّ ألعب تنس، وباحبّ أعوم في حمّام السباحة. وإنتي بتحبّي تعملي إيه يوم الجمعة؟
نهال	أنا يوم الجمعة باحبّ أقعد في البيت. باحبّ أسمع مزيكا، باحبّ أطبخ، باحبّ ألعب بيانو.
أشرف	ما بتحبّيش تلعبي رياضة؟
نهال	لا، ما باحبّش ألعب رياضة، لكن باحبّ الشطرنج قوي، باحبّ ألعب شطرنج.

لاحظ القواعد:

١٦

(١)	أيوه	لا
أنا	باحبّ ألعب رياضة	ما باحبّش ألعب رياضة
إنت	بتحبّ تلعب رياضة	ما بتحبّش تلعب رياضة
إنتي	بتحبّي تلعبي رياضة	ما بتحبّيش تلعبي رياضة
هو	بيحبّ يلعب رياضة	ما بيحبّش يلعب رياضة
هي	بتحبّ تلعب رياضة	ما بتحبّش تلعب رياضة
إحنا	بنحبّ نلعب رياضة	ما بنحبّش نلعب رياضة
إنتو	بتحبّوا تلعبوا رياضة	ما بتحبّوش تلعبوا رياضة
همّ	بيحبّوا يلعبوا رياضة	ما بيحبّوش يلعبوا رياضة

ب + يحبّ + فعل مضارع
من غير ب

ما + ب + يحبّ + ش + فعل مضارع
من غير ب

(٣)

بتحبّ الشطرنج؟ / القهوة؟
أيوه باحبّ الـ........

بتحبّ الرياضة؟
لا، ما باحبّش الرياضة.

باحبّ + الاسم

ما باحبّش + الاسم

النطق

١٧

لاحظ النبر:

باحبّ   بتحبّ   بتحّبوا

ما باحبّش   ما بتحبّش   ما بتحبّوش

اسمع وحدد النبر:

بتحبّي   بنحبّ   بيحبّوا

ما بتحبّيش   ما بنحبّش   ما بيحبّوش

التدريبات

تدريب (٦ – ٣ – أ (١))

وصّل (أ) مع (ب):

(أ)	(ب)
١– أنا	بتحبّ تطبخ كلّ يوم خميس بعد الشغل.
٢– هي	بتحبّ الشطرنج؟
٣– إحنا	بيحبّوا يلعبوا فولي كلّ يوم جمعة.
٤– هم	ما بتحبّيش تتفرّجي على أفلام رومانسيّة؟
٥– إنت	ما بيحبّش يلعب فولي، لكن بيحبّ يلعب كاراتيه.
٦– إنتي	بنحبّ نشرب شيشة تفّاح مع أصحابنا يوم الجمعة.
٧– هو	باحبّ ألعب بيانو كلّ يوم سبت.

تدريب (٦ – ٣ – أ (٢))

وصّل السؤال والجواب:

١– بتحبّ الرياضة؟	(أ) لا، ما بنحبّش المزّيكا الكلاسيك، لكن بنحبّ نسمع مزّيكا شرقي.
٢ – بتحبّوا تسمعوا مزّيكا كلاسيك؟	(ب) آه، باحبّ ألعب كلّ يوم جمعة.
٣– بتحبّ القهوة ساده وللا مظبوطة؟	(ج) لا، ما باحبّش الرياضة، لكن باحبّ أقرا كتير.
٤– بتحبّي تلعبي تنس؟	(د) باحبّ القهوة مظبوطة، ماباحبّهاش ساده.

١٨

تدريب (٦ - ٣ - ب)

سعاد ونبيل متجوّزين.

(١) اسمع وقول:

سعاد بتحبّ تخرج في الأجازة؟

(٢) اسمع مرّة تانية وقول:

١- سعاد بتحبّ تعمل إيه يوم الجمعة؟

٢- نبيل ما بيحبّش إيه؟

٣- نبيل عايز يخرج؟

(٣) اقرا وكرّر الحوار مرّة تانية مع زميلك أو زميلتك.

نص الاستماع لتدريب (٦ – ٣ – ب)

سعاد	تيجي نزور العيلة يا نبيل؟ بكره السبت وعندهم أجازة.
نبيل	لا، ما باحبّش أزور العيلة.
سعاد	طيّب تعالى نروح النادي، ونلعب تنس مع بعض. أنا باحبّ ألعب تنس قوي.
نبيل	لا .. لا .. أنا ما باحبّش النادي وما باحبّش الرياضة.
سعاد	طيّب، تحبّ تعمل إيه في الأجازة؟
نبيل	أحبّ أسمع مزّيكا.
سعاد	طيّب، أنا عندي تذكرتين للأوبرا. ياللا نروح الأوبرا.
نبيل	لا، ما باحبّش المزّيكا الكلاسيك. أنا باحبّ المزّيكا الشرقي.
سعاد	يوه، خلاص .. خلاص .. مش عايزة أخرج.

تدريب (٦ – ٣ – ج)

اقرا أسماء الألعاب دي واسأل زميلك في الفصل:

بيحبّ يلعب إيه؟ / يعمل إيه في الأجازة؟

املا الجدول.

الاسم	شطرنج	كوتشينة	سكرابل	تنس	فولي	كرة	قدم	جولف	بيز بول
١– جون									

تقديم (٦ – ٤)

في المطعم ممكن نطلب إيه؟

ادرس الكلمات دي:

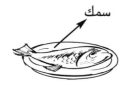

مطعم فلافيلو

سندوتشات	أطباق رئيسية
كفتة مشويّة	بيكاتا بالمكرونة
فراخ فاهيتا	رز كاري
سمك بانيه	إسكالوب بانيه
شاورمة لحمة	استيك بوافر
هوت دوج	شيش طاووق
همبرجر بالجبنة	
أطباق إضافية	**الحلو**
سلطة خضرا	كريم كراميل
شوربة خضار	
بطاطس محمرة	

١٩

تابع تقديم (٦ – ٤)

في المطعم

دي عيلة محمود. همّ فين؟

(١) اسمع وقول الحاجات اللّي اختاروها. بيطلبوا إيه؟ إزّاي؟

(٢)

محمود	لو سمحتي ممكن نطلب الغدا؟
الجارسونة	أيوه، اتفضّل.
محمود	ممكن واحد شيش طاووق مع خضار سوتيه وواحد رز بالكاري.
الجارسونة	واحد شيش وخضار سوتيه وواحد رز بالكاري. والمدام؟
المدام	ممكن تجيبي لي واحد إسكالوب بانيه وواحد شوربة خضار لو سمحتي؟
الجارسونة	ماشي، واحد إسكالوب بانيه وواحد شوربة خضار. والأولاد عايزين حاجة؟
محمود	أيوه، ممكن تعملوا سندوتشات هنا، مش كده؟
الجارسونة	أيوه يا فندم، ممكن نعمل أي حاجه موجودة في اللستة.
محمود	طيّب، ممكن سندوتش همبرجر بالجبنة وواحد فراخ فاهيتا و٢ كفته مشويّة.
الجارسونة	حاضر. ١ همبرجر بالجبنة وواحد فراخ فاهيتا و٢ كفتة مشويّة.

الجارسونة	عايزين تشربوا حاجة؟
محمود	أيوه، عايزين إزازة ميّة و٤ كوكا. ممكن تجيبي الميّة والكوكا بسرعة؟
الجارسونة	ماشي، واحد ميّة و٤ كوكا حالا.

لاحظ القواعد:

هما بيقولوا إيه؟

(١) ممكن واحد شيش طاووق؟

ممكن + الاسم؟

لاحظ مع الأكل دايماً الرقم في الأول

١ شيش طاووق

٢ كوكا

٣ إسكالوب بانيه

(٢) للطلب ٢٠

ممكن أشرب حاجة ساقعة؟ ممكن تجيب لي حاجة ساقعة؟

ممكن نشرب حاجة ساقعة؟ ممكن تجيب لنا حاجة ساقعة؟

(٣) للاستئذان

ممكن أروح السينما؟ لا، مش ممكن.

أنا	ممكن	أشرب	ممكن :	أنا	ممكن أروح السينما
إنت	ممكن	تشرب	– (إنت) تجيب + ل + الضمير	إنت	ممكن تروح
إنتي	ممكن	تشربي	– (إنتي) تجيبي + ل + الضمير	إنتي	ممكن تروحي
هو	ممكن	يشرب		هو	ممكن يروح
هي	ممكن	تشرب		هي	ممكن تروح
إحنا	ممكن	نشرب		إحنا	ممكن نروح
إنتو	ممكن	تشربوا	– (إنتوا) تجيبوا + ل + الضمير	إنتو	ممكن تروحوا
همّ	ممكن	يشربوا		همّ	ممكن يروحوا

+ تجيب ي

ممكن + الفعل المضارع من غير ب ـــــ ممكن + تجيبي + ل + نا

+ تجيبوا

النفي: ماما، ممكن أروح السينما النهارده؟

لا، مش ممكن تروحي النهارده.

مش ممكن + الفعل المضارع من غير ب

(٤) رز بالكاري = الرز مطبوخ بالكاري، زي مكرونة بالصلصة

إسكالوب مع بطاطس = إسكالوب معاه بطاطس محمرة.

النطق

٢١

رز بالكاري	مكرونة بالصلصة	همبرجر بالمستردة
خضار بالمايونيز	كفتة بالرز	كوسة بالبشامل

اسمع وقول فين ال ☼ وفين ال ☾

فول بالزيت	كشري بالدقّة	طعميّة بالبيض
ملوخيّة بالأرانب	رز بالخلطة	مسقّعة باللحمة
كفتة بالصلصة	جبنة بالطماطم	بطاطس بالفراخ

٢٢

التدريبات

تدريب (٦ - ٤ - أ (١))

اسمع واكتب (✓) على الطلب اللّي تسمعه:

طعميّة (   )   فول بالزيت والبيض (   )   شيش طاووق (   )
سلطة خضرا (   )   كفتة مشويّة (   )   فاهيتا فراخ (   )
كوكا (   ) همبرجر بالجبنة (   ) جبنة بالخسّ (   ) كيكة شوكولاتة (   )
تونة وبطاطس محمّرة (   )   فراخ بالجبنة (   )   فطيرة تفّاح (   )
همبرجر ساده (   )   بيض أومليت (   )

نص الاستماع لتدريب (٦ - ٤ - أ (١))

(١)	ممكن تجيب لي ساندويتش فاهيتا فراخ لو سمحت؟
(٢)	ممكن حاجة ساقعة؟ عايز ١ كوكا.
(٣)	ممكن ٢ فول بالزيت والبيض؟
(٤)	عايز شيش طاووق. ممكن تعمل لي شيش طاووق بالطحينة؟
(٥)	ممكن تجيب لي ٣ كفتة مشويّة لوسمحت؟
(٦)	فيه همبرجر؟ ممكن تعمل لي ٢ همبرجر بالجبنة؟
(٧)	هات لي ٣ كفتة مشويّة لو سمحت.

تدريب (٦ – ٤ – أ (٢))

وصّل (أ) مع (ب):

(أ)	(ب)
١– ممكن أفتح الشباك؟	(أ) طبعا مش ممكن من غير أ – ب.
٢– ممكن تكتب لي الجواب ده بسرعة؟	(ب) لا، آسف الدنيا برد قوي.
٣ –ممكن تجيب لي إزازة ميّة؟	(ج) حاضر يافندم حالا.
٤– مش ممكن تشرب شيشة جوّه السينما؟	(د) أيوه، عشان عندنا دروس كتير.
٥– مش ممكن نتفرج على الفيلم دلوقتي.	(ه) طبعا مش ممكن تشرب، ولا سجاير كمان.
٦– ممكن تقرا عربي وإنت ما تعرفش أ – ب؟	(و) ماشي، وعايزة حاجة ساقعة؟

تدريب (٦ – ٤ – ب (١))

استعمل أسماء الأكل في تدريب (٦ – ٤ – أ (١))
وكمّل الحوار مع زميلك زي المثال.
مرّه إنت زبون وزميلك جارسون، ومرّه زميلك زبون وإنت جارسون.

(١) زبون	لو سمحت ممكن تجيب لي ١ تورتة شوكولاتة؟
جارسون	واحد، حاجة تانية؟
زبون	أيوه، وعايز ١ كوكا.
جارسون	حاضر، أي خدمة.

(٢) زبون: لو سمحت .... و ....

جارسون: حاضر، ١ سلطة خضرا و ...... بالجبنة. حاجة تانية؟

زبون: أيوه، ....

جارسون: ....

(٣) زبون: ممكن ...... بيض أومليت؟

جارسون: .... حاجة تانية؟

زبون: أيوه، ....

جارسون: ....

تدريب (٦ - ٤ - ب (٢))

(١) اعمل جمل زي المثال مع زميلك:

ممكن تلمع الشباك؟

(٢) اعمل حوار لكلّ صورة. اختار جملة للجارسونة وجملة للزبون.

جارسونة	زبون
– يعني حضرتك عايز واحد بيكاتا وواحد رز بالكاري وواحد لمون سكّر زيادة.	– شكراً.
– واتفضل اللمون بتاعك. أيّ خدمة تانية؟	– لا، تمام كده.
– حضرتك عايز تطلب إيه؟	– ممكن واحد بيكاتا بالمشروم ورز بالكاري. وممكن تعملي لي واحد لمون سكّر زيادة؟
– اتفضل الأكل بتاع حضرتك.	– أيوه، مظبوط.

(٣) اعمل حوار:

طالب (١) إنت جارسون بتتكلم مع زبون صعب.

طالب (٢) إنت زبون عندك طلبات كتير.

اعمل حوار زي اللّي فات.

من واقع الحياة

الاستماع

بصّ للصورة. دي ناهد مراة صبري.

اسمع وقول: همّ بيتكلّموا عن إيه؟

اسمع مرّة تاني وجاوب

(١) الجوّ كويس؟ الحرارة كام؟

(٢) صبري بيحبّ السمك؟

(٣) مين بيقول الكلام ده؟

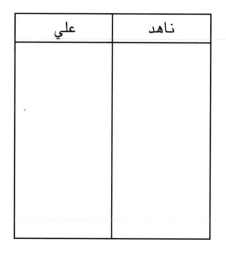

علي	ناهد

١- ياللا نسافر أسوان.

٢- عايزة نعمل إيه هناك.

٣- تعالى ناكل سمك؟

٤- ممكن تشتري لي شنطة؟

٥- ممكن نروح السينما؟

٦- ممكن نزور ماما؟

٧- تيجي نسمع مزيكا كلاسيك؟

٨- أنا ما باحبّش أسافر أسوان في الحرّ.

نص استماع من واقع الحياة

ناهد	ألو يا صبري، تيجي نسافر الإسبوع ده؟ بيقولوا الجوّ كويّس قوي في آخر الإسبوع ما فيهوش تراب ولا ريح ولا مطرة.
صبري	ما فيهوش تراب إزّاي؟ ده إحنا في الربيع. بيقولوا الحرارة في آخر الإسبوع كام؟
ناهد	بيقولوا ٢٥، يعني الجوّ كويس.
صبري	طيّب ماشي، ياللا نسافر أسوان.
ناهد	لا .. لا .. أسوان إيه؟ دلوقتي حرّ في أسوان. أنا ما باحبّش أسافر أسوان في الحرّ. تعالى نسافر إسكندريّة.
صبري	آه، ممكن نروح إسكندريّة. طيب عايزة نعمل إيه هناك؟
ناهد	أنا باحبّ آكل سمك. تعالى ناكل سمك يوم الجمعة.
صبري	آه، أنا ما باحبّش السمك، لكن ماشي ناكل سمك. وتيجي نسمع موسيقى كلاسيك يوم السبت؟
ناهد	لا، أنا ما باحبّش الموسيقى الكلاسيك. تعالى نروح السينما.
صبري	طيّب ماشي ممكن نروح السينما يوم السبت.
ناهد	وممكن تشتري لي شنطة من وسط البلد؟
صبري	حاضر يا ستي، ممكن نشتري شنطة يوم الحدّ.
ناهد	وتيجي يوم الإتنين نروح نزور ماما في الشاطبي؟
صبري	إيه؟ ماما؟ لا، أنا ما باحبّش أزور العيلة في الأجازة.
ناهد	لا، معلش. ممكن تزور ماما؟
صبري	لا، مش ممكن. ومش عايز أسافر في الأجازة كمان.

القراءة

اقرا اللستة واختار الغدا بتاعك.

La Casa Restaurant		**مطعم لاكازا**
Cold Appetizers		**مقبلات باردة**
Green Salad	١,٥٠	سلطة خضراء
Fattoush / Tabbula	٣,٠٠	فتوش / تبّولة
Mitabbil / Hommus / Yoghurt	٢,٥٠	متبّل / حمص / زبادي
Potatoes / Thumia / Tahini	٢,٥٠	بطاطس مايونيز / تومية / طحينة
Assorted Pickles	٢,٠٠	مخللات متنوعة
Soups		**الشوربة**
Cream of Chicken	٥,٠٠	فراخ بالكريمة
Onion / Tomato / Lentil / Orzo	٢,٥٠	بصل / طماطم / عدس / لسان عصفور
Carrot	٢,٠٠	جزر
Served with toast		يقدم مع الشوربة توست محمص
Chef's Specials		**أطباق الشيف الخاصة**
Pepper Steak	٢٥,٠٠	استيك بوافر
Veal Escalope	٢٢,٠٠	إسكالوب بانيه

Mushroom Piccata	٢٦,٠٠	بيكاتا بالمشروم
Beef Shawerma	١٨,٠٠	شاورمة لحمة
Stuffed Pigeon (2 Pieces)	٢٨,٠٠	حمام محشي (عدد ٢)
Kufta Khishkhash	١٨,٠٠	كفتة خشخاش
Kufta Pané with Egg	١٠,٠٠	كفتة بانيه بالبيض
Chickpea Kufta and Sauce	٢٠,٠٠	كفتة حمص بصوص الطماطم
Kufta with Rice and Sauce	١٥,٠٠	كفتة بالأرز بصوص الطماطم
Smoked Kufta	١٨,٠٠	كفتة مبخرة
Kufta Dawud / Kabab Halla	١٨,٠٠	كفتة داود باشا / كباب حلة
Chicken Shawerma / Pané	١٦,٠٠	شاورمة فراخ / بانيه
Shish Tawouk	١٥,٠٠	شيش طاووك
Fried Chicken	١٦,٠٠	فراخ محمرة (ست البيت)
Grilled Chicken	١٧,٠٠	فراخ مشوية جريل
Chicken Curry	١٥,٠٠	فراخ بالكاري

All dishes are served with rice and french fries or sautéed vegetables and bread

الأطباق تقدم مع الأرز والبوم فريت أو الخضار السوتية والخبز

Desserts

الحلويات

Créme Caramel	٤,٠٠	كريم كراميل
Umm 'Ali	٦,٠٠	طاجن أم علي بالمكسرات
Rice Pudding	٥,٠٠	أرز باللبن بالمكسرات
Custard	٣,٥٠	كاستر باللبن

الكتابة

إنت جارسون.

(١) اكتب فاتورة للطلب بتاع زبون من اللستة.

الصنف	السعر
١-	....
٢-	....
٣-	....
٤-	....
	+ خدمة ١٠ ٪
	إجمالي
	شكراً

إنت زبون.

(٢) دلوقتي ادفع الحساب للمطعم واملا الشيك ده:

بنك مي دلتا

Cheque No.1235879

Issued at :------------------ مكان إصدار الشيك

Pay To / Order ------------------ ادفعوا لأمر

The sum only ---------------- مبلغ وقدره فقط

Signature --------- التوقيع

Amount ------------------------ المبلغ بالأرقام

الكلام

(١) اختار بلد عشان تسافر في الأجازة مع زميلك.

(٢) اتكلّم مع زميلك عن البلد دي.

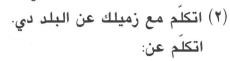

اتكلّم عن:

١- الجوّ في البلد دي

٢- اقتراحك عن أماكن الزيارة

٣- المطعم (صيني – هندي – ياباني – مصري)

٤- نوع الأكل (بتحبّ تاكل إيه)؟

٥- كل واحد يطلب من زميله يعمل إيه قبل السفر

(ممكن تنضّف / ممكن تشتري لي التذكرة – ترتّب / تاخد /... إلخ)

افتكر

(١) الجوّ عامل إيه؟

الجو فيه إيه؟ الجو فيه مطرة.	الجو فيه شبورة. الجو ما فيهوش شبورة.	الجو برد. الجو مش برد.

كلمات جديدة: رطوبة – مطرة – غيم – شمس – حر – برد – تلج – شبورة – درجة الحرارة – مئوية – دافي – تراب – برد قوي – سخن

(٢) لغة الاقتراح

	(١)	(٢)	(احنا)
إنت	تيجي	تعالى	نسافر
إنتي	تيجي	تعالي	+ نسافر
إنتو	تيجوا	تعالوا	نسافر

(٣) ياللا + ن + فعل مضارع

(٤) أنا باحب ألعب كورة

أنا	باحبّ	ما باحبّش
إنت	بتحبّ	ما بتحبّش
إنتي	بتحبّي	ما بتحبّيش
هو	بيحبّ	ما بيحبّش
هي	بتحبّ	ما بتحبّش
إحنا	بنحبّ	ما بنحبّش
إنتو	بتحبّوا	ما بتحبّوش
همّ	بيحبّوا	ما بيحبّوش

أنا باحبّ الكباب

↓

باحبّ + الاسم

ب + يحبّ + فعل مضارع من غير ب

ممكن + فعل مضارع من غير ب		
أنا	ممكن	أسافر
إنت	+	تسافر
إنتي	مش	تسافري
هو	ممكن	يسافر
هي		تسافر
إحنا		نسافر
إنتو		تسافروا
همّ		يسافروا

(٥) لغة الطلب (١)

(أ) ممكن تفتح التكييف؟

(ب) ممكن تفتح الباب؟

ممكن + فعل مضارع + ل + ضمير

(ج) ممكن قهوة عالريحة من فضلك

ممكن + اسم

(٦) لغة طلب (٢)

أ- هات لي واحد شيشة.

ب- جيب لي علبة لبن معاك.

ج- ادّيني ٣ كيلو رز.

د- عايز ٢ كشري لو سمحت.

١

الوحدة السابعة

محتويات الموضوعات في الوحدة السابعة

- الوصف وتدريس بعض الصفات
- تدريس لغة تكرار الفعل (كل قد إيه؟ - دايما/ أحياناً / غالبا .... إلخ)
- لغة العزومة والاقتراح (تحبّ؟ / ما تحبّش؟)
- لغة الاضّطرار والشروط (لازم - المفروض)

الكلمات الجديدة في وحدة ٧

تقديم (١)

طويل – قصيّر – تخين – رفيّع – مليان – عجوز – شاب – فقير – غني – وحش –

حلو – شعر – أشقر – مموّج – ناعم – بشنب – بدقن – أصلع – خشن – ناعم –

في العشرينات – شكل – يخرج – نشيط – كسلان

تقديم (٢)

تحبّ – يوصل – يعزم – عزومة – اقتراح – آسف – أحسن – حوالي – تقريبا –

عشان – معلش – مشكلة – واقف – قاعد – بعيد قدّ إيه؟ – يركب – مواقف –

حلول

تقديم (٣)

كلّ قدّ إيه؟ – دايماً – على طول – معظم – غالباً – أحياناً – نادراً – ساعات –

خالص – أبداً – عادةً – شخصيّة – قصص – بيمشي – بيقعد – كورة قدم –

بيتزحلق على التلج – بيركب عجل

تقديم (٤)

لازم – المفروض – لغات – عيّانين – دوا – حاضر – صوت واطي – صوت عالي –

يدفع – الكهربا – شرط – شروط – مشرف – لوحدي – كلاب – قطط – شغّالة –

زبالة – ما تزعليش – تِعبان – حفلة عيد ميلاد – العسكري – الجيش – يتمرّن –

عادات – موقف – جاهز

من واقع الحياة

عشانك – الفرد – المواصلات – المعاد – يحجز – مكيّف – هديّة – رحلة نيليّة – حفلة عشا

تقديم (١ – ٧)
شكله إيه؟

ادرس المفردات دي. شكله إيه؟ شكلها إيه؟   شكله ....

شابّ	عجوز	قصيّر	طويل	تخين	مليان	رفيّع
شابّة	عجوزة	قصيّرة	طويلة	تخينة	مليانة	رفيّعة

غني	فقير	كبير	صغيّر	وحش	حلو
غنيّة	فقيرة	كبيرة	صغيّرة	وحشة	حلوة

شعرها إيه؟

شعرها قصيّر وأشقر	شعرها طويل ومموّج	شعرها قصير وناعم

شكله إيه؟

أصلع ← بنضّارة

بشنب ← بدقن

بنقول: في الخمسينات (من ٥٠ لـ ٥٩ سنة).

٣

لاحظ القواعد:

(١)

هو شكله إيه؟	هي شكلها إيه؟
هو: طويل X قصيّر	هي: طويلة X قصيّرة
حلو X وحش	حلوة X وحشة
كبير X صغيّر	كبيرة X صغيّرة
غني X فقير	غنيّة X فقيرة
عجوز X شاب	عجوزة X شابّة
تخين / مليان X رفيّع	تخينة / مليانة X رفيعّة

٤

(٢) شعره: طويل X قصيّر

شعرها: ناعم X خشن

مموّج

أشقر

(٣) هو: بدقن X من غير دقن

بشنب X من غير شنب

بنضّارة X من غير نضّارة

ب + اسم = عنده شنب / نضّارة / دقن

(٤) هي طويلة؟

لا، هي مش طويلة. هي قصيّرة.

النفي:

مش + الصفة

(٥) لاحظ الفرق في المعنى:

راجل كبير في السن = راجل عجوز

كتاب كبير

شنطة كبيرة

(٦)

أنا	شكلي
إنت	شكلَك
إنتي	شكلِك
هو	شكلُه
هي	شكلَها
إحنا	شكلِنا
إنتو	شكلُكو
همّ	شكلُهم

(٧) عنده كام سنة؟

عنده من	٢٠	لـ	٢٩ سنة	في العشرينات
	٣٠	لـ	٣٩ سنة	في التلاتينات
	٤٠	لـ	٤٩ سنة	في الأربعينات
	٥٠	لـ	٥٩ سنة	في الخمسينات
	٦٠	لـ	٦٩ سنة	في الستينات
	٧٠	لـ	٧٩ سنة	في السبعينات
	٨٠	لـ	٨٩ سنة	في التمنينات
	٩٠	لـ	٩٩ سنة	في التسعينات
عنده	١٠٠ سنة			

٨

النطق

لاحظ النبر:

غني   فقير   بشنب   طويل

غنيّة   فقيرة   ناعم   طويلة

اسمع المدرّس وحدّد النبر:

قصيّر   كبير   حلو   وحش   بدقن

قصيّرة   كبيرة   حلوة   وحشة   مموّج

التدريبات

٩

تدريب (٧ – ١ – أ (١))

١   ٢   ٣   ٤   ٥   ٦   ٧   ٨

اسمع واكتب نمرة كام الوصف ده؟

تدريب (٧ – ١ – أ (٢))

طالب (١) يسأل زميله عن الناس في صورة (ب).

طالب (٢) يسأل عن الناس في صورة (أ).

صورة (أ)

١- أحمد شكله إيه؟

٢- سلوى ......

٣- أمين ......

١- نادية شكلها إيه؟

٢- ميكي ......

٣- هدى ......

٤- نبيل ......

صورة (ب)

١٠

تدريب (٧ - ١ - ب)

فين جوزي؟

اسمع وقول:

١- جوزها لابس ....

٢- عنده .... سنة.

٣- شكله .... وب ....

٤- بيعمل إيه كلّ يوم؟

٥- أنهي صورة جوزها؟

نص الإستماع لتدريب (٧ - ١ - ب)

كريمة	ألو .. لو سمحت جوزي متأخّر قوي ومش عارفة فينه.
الظابط	اسم حضرتِك إيه؟ وهو اسمه إيه؟
كريمة	كريمة محمد. وهو اسمه سالم مختار.
الظابط	شكله إيه جوزك يا مدام؟ عنده كام سنة؟ بيشتغل إيه؟ وفين؟
كريمة	هو مش عجوز ولاشابّ يعني في الخمسينات وبيشتغل محامي في وسط البلد.
الظابط	في الخمسينات. وإيه تاني؟ شعره أبيض؟ لابس نضّارة؟
كريمة	لا، شعره مش أبيض. هو أصلع ولابس نضّارة.
الظابط	أصلع ولابس نضّارة. بشنب؟
كريمة	أيوه بشنب.
الظابط	بدقن وللا من غير دقن؟
كريمة	بدقن.
الظابط	لابس إيه؟
كريمة	لابس قميص مقلّم وبنطلون إسود.
الظابط	هو بيروح المكتب كلّ يوم؟
كريمة	أيوه يا فندم، بيخرج الساعة ٩ الصبّح بيروح المحكمة وبعدين بيرجع يتغدّى وينام شويّة، وبعدين بيروح المكتب بعد الضّهر.

تدريب (٧ - ١ - ج)

مين هو / هي؟

طالب (١) اختار طالب في الفصل ورد على أسئلة طالب (٢).

طالب (٢) اسأل عن الطالب اللّي اختاره طالب (١).

اسأله عن: السن؟ ستّ ولا راجل؟ الشكل؟ اللبس؟ مكانه في الفصل؟ الشغل؟ البلد؟

هو اسمه ....

١١

تقديم (٧ – ٢)

تحبّ ... ؟ تحبّي ... ؟

الناس بتعزم إزّاي؟ كرّر مع المدرّس.

صورة (١)

صورة (٢)

نادر: تحبّي تاخدي شويّة سلطة يا مديحة؟

مديحة: آه، أحبّ أخد شويّة، شكراً.

نادر: تحبّي تشربي كوكا وللا سفن أب؟

مديحة: لا، شكراً يا نادر. أنا ما باحبّش الصودا. أنا باشرب عصير برتقان بس.

ابن: ماما، تحبّي أجيب لك حاجة من السوبر ماركت؟

ماما: لا، يابني. شكراً.

ابن: طيّب، تحبّي أوصّلك النادي؟

ماما: لا، شكراً. ما باحبّش أروح النادي بدري كده. اتفضّل إنت مع السلامة.

همّ بيعزموا إزّاي؟

في صورة (١)

عزومة	جواب
١– تحبّي تاخدي سلطة؟	أيوه، أحب آخد .
٢– تحبّي تشربي صودا؟	لا، ما باحبّش الصودا.

صورة (٢)

عزومة	جواب
١– تحبّي أجيب لك حاجة؟	لا، شكراً.
٢– تحبّي أوصّلك النادي؟	لا، ما حبّش.

١٢

لاحظ القواعد:

(١) تحبّ (إنت) + تشرب

تحبّي (إنتي) + تشربي حاجة؟

تحبّوا (إنتو) + تشربوا

تحبّ + فعل مضارع من غير ب

طريقة تانية:

(٢) (إنت) تحبّ + أجيب لَك

(إنتي) تحبّي + أجيب لِك حاجة؟

(إنتو) تحبّوا + أجيب لكو

ك

تحبّ + أجيب + ل + ك

كو

فعل مضارع من غير ب + فعل مضارع + ل + ك / ك / كو

١٣

(٣) النفي

سؤال	النفي
إنت تحبّ تشرب صودا؟	لا، ما حبّش أشرب صودا.
إنتي تحبّي تيجي معايا؟	لا، ما حبّش أجي معاكي.
إنتو تحبّوا نروح السينما؟	لا، ما نحبّش نروح السينما.

(٤) **بتحبّ + الاسم؟** **+ فعل؟**	**تحبّ + فعل؟**
للسؤال عن العادة والهواية: بتحب الصودا؟ (دايماً) بتحب تلعب رياضة؟ (دايماً) آه، باحب الصودا. (دايماً) لا، ما باحبش ألعب رياضة. (دايماً)	للعزومة والاقتراح والرأيّ: تحب تشرب صودا؟ (دلوقتي) لا، ماحبش أشرب صودا. (دلوقتي)

١٤

النطق

لاحظ النبر:

تحبّ	تحبّي	تحبّوا
ما تحبّش	ما تحبّيش	ما تحبّوش

التدريبات:

تدريب (٧ - ٢ - أ (١))

وصّل السؤال مع الإجابة الصحيحة:

١- تحبّ نروح السينما بكره؟	أ- لا، أحبّ أشرب حاجة ساقعة.
٢- تحبّوا نلعب كورة بعد المدرسة؟	ب- ماشي، بس أحبّ أروح فيلم كويّس.
٣- تحبّي تشربي شاي وللا قهوة؟	ج- طيّب. ماشي، أحسن من المترو.
٤- تحبّي أوصلك الشغل الصبح؟	د- لا، أحبّ نشتري بنطلون أحسن.
٥- تحبّي أجيب لك واحد لمون؟	ه- كلّه كويّس. الاتنين كويّسين.
٦- إيه رأيك؟ تحبّي تشتري البلوزه الخضرا دي؟	و- لا، آسفين. بكره عندنا امتحان.
٧- تحبّي نروح مطعم ياباني وللا مصري؟	ز- آه، أحبّ قوي أسافر معاكم.
٨- تحبّي تيجي معانا إسكندريّة؟	ح - لا، ما نحبّش.
٩- تحبّوا تيجوا معانا إسكندريّة؟	ط- أحبّ قهوة على الريحة لو سمحت.

تدريب (٧ – ٢ – أ (٢))

بصّ للصور دي.

١– اتكلّم مع زميلك عن كلّ صورة: فيها إيه؟ بيعملوا إيه؟

٢– اقرا الجمل. أنهي جملة مناسبة مع كلّ صورة زي المثال؟

٣– صحّح مع زميلك.

( )   ( )   ( )

( )   ( )   ( )

الجمل:

١– أهلا وسهلاً، اتفضّلوا.

٢– تحبّوا تقعدوا جنب الشباك؟

٣– تحبّوا تاكلوا إيه؟ تحبّوا تشربوا حاجة مع الأكل؟

٤– أنا أحبّ أخد شيش طاووق. – وأنا أحبّ أكل سمك فيليه.

٥– جارسون، ممكن واحد قهوة مظبوط لو سمحت؟

٦– مع السلامة، نحبّ نشوفكم تاني.

تدريب (٧ – ٢ – ب (١))

كلّ طالب يسأل زميله الأسئلة دي:

طالب (٢)	طالب (١)
٢– تحبّ ترقص الإسبوع الجاي؟	١– تحبّ تروح الديسكو النهارده؟
٤– تحبّ تسافر في الأجازة؟	٣– تحبّ تشرب قهوة وللا شاي؟
٦– تحبّ تاكل أكل مصري؟	٥– تحبّ تعمل إيه في الأجازة؟
٨– تحبّ أساعدك في شغل البيت؟	٧– تحبّ تسمع موسيقى شرقي ولاغربي؟
١٠– تحبّ ناكل برّه النهارده؟	٩– تحبّ تروح السينما معايا؟

تدريب (٧ – ٢ – ب (٢))

كلمات مفيدة:

عطلان / عطلانة – حوالي – تقريباً – عشان – معلش – مشكلة – أحسن

واقف X قاعد X ماشي.

ناجي عنده مشكلة. إيه هي؟

اسمع وكمل:

١– ناجي عايز .... وعايز.........

٢– محطّة البنزين بعيدة حوالي......... كم.

٣– الميكانيكي بعيد تقريباً......... كم.

٤– دينا قالت : تحبّ......... ميّة و .... ؟

٥– العربية عطلانة عشان

١–

٢–

٣–

نص الاستماع لتدريب (٧ - ٢ - ب (٢))

دينا	فيه إيه يا ناجي؟ واقف هنا ليه؟ عندك مشكلة؟
ناجي	واقف هنا، عشان العربيّة عطلانة.
دينا	عطلانة. ليه؟
ناجي	مش عارف. يمكن عايزة ميّة وكمان ما عنديش بنزين.
دينا	ميّة؟ وماعندكش بنزين؟ طيّب فيه محطة بنزين قريبة من هنا؟
ناجي	لا، المحطة بعيدة عن هنا شوية، بعيدة حوالي ٥ كم.
دينا	معلش، تحبّ أشتري لك ميّة وأجيب لك بنزين؟
ناجي	آه، لو سمحتي، بس المشكلة مش ميّة وبنزين بس.
دينا	إيه؟ المشكلة إيه تاني؟
ناجي	أنا عايز ميكانيكي كمان. ممكن تجيبي لي ميكانيكي؟
دينا	وفين الميكانيكي ده؟ بعيد؟
ناجي	يعني بعيد عن هنا حوالي ٢٠ كم.
دينا	إيه؟ ٢٠ كم؟ طيّب تحبّ تركب معايا ونروح الشغل مع بعض؟
ناجي	ماشي، يمكن كده أحسن.

تدريب (٧ - ٢ - ج (١))

مواقف وحلول

طالب (أ) اختار موقف.

طالب (ب) اختار موقف مختلف.

كلّ طالب يحاول يقترح إزّاي يساعد صاحبه في الموقف ده.

استعمل لغة الاقتراح والطلب والعزومة:

تحبّ - تيجي - ياللا - ممكن - عايز

المواقف:

(١) طالب متأخّر

(٢) طالب تلاّجته عطلانة

(٣) طالب عنده ضيوف كتير

(٤) طالب عايز يشتري هدوم

(٥) طالب عايز يروح رحلة

(٦) طالب عربيّته عطلانة

(٧) طالب بيته مش نضيف والعيلة هتزوره

(٨) طلبة عايزين ياكلوا في مطعم

تدريب (٧ - ٢ - ج (٢))

تحبّ تعمل إيه آخر الإسبوع؟

اسأل أصحابك في الفصل السؤال ده عن الحاجات دي:

الاسم	السينما	التليفزيون	المتحف	المطعم	السفر	الرياضة	الأكل
١-							
٢-							
٣-							
٤-							
٥-							
٦-							
٧-							

١٦

تقديم (٧ – ٣)

كلّ قدّ إيه؟

صفوت راجل نشيط، لكن ماري ست كسلانة.

اسمع وكرّر مع المدرّس.

ماري	صفوت
– بتلعب رياضة قدّ إيه يا صفوت؟	– دايماً بالعب رياضة كلّ يوم بالعب رياضة.
– وبتلعب حاجة تانية؟	– آه، عادةً بالعب تنس بعد الرياضة حوالي ٥ مرّات في الإسبوع.
– وبتلعب كاراتيه؟	– يعني، أحياناً مرّة أو مرّتين في الإسبوع.
– بتروح القهوة؟	– لا، نادراً ما باروح القهوة، مرّة أو مرّتين في الشهر بس.
– أمّ، بتشرب شيشة هناك؟	– لا، ما باشربش شيشة خالص. وإنتي بتعملي إيه في الأجازة؟
– أنا؟ أنا دايماً باتفرّج على التليفزيون، وأحياناً بازور أصحابي. وطبعاً نادراً ما بالعب رياضة.	
– ها .. ها.	– ها .. ها.

١٧

لاحظ القواعد:

كلّ قدّ إيه بتلعب رياضة؟

(١) صفوت بيقول

١– بالعب رياضة كلّ يوم = كلّ مرة   ١٠٠ ٪ = دايماً بالعب رياضة

٢– عادةً بالعب تنس ٥ مرّات في الإسبوع   ٩٠ ٪ = عادةً = غالباً بالعب تنس

٣– أحياناً باصحى متأخّر مرّتين في الإسبوع   ٤٠ ٪ = أحياناً = ساعات باصحى متأخّر

٤– نادراً ما باروح القهوة مرّة في الشهر   ٥ ٪ = نادراً ما = ما باروحش القهوة كتير

٥– ما باشربش شيشة أبداً ولا مرّة   ٠ ٪ = أبداً = ما باشربش شيشة خالص

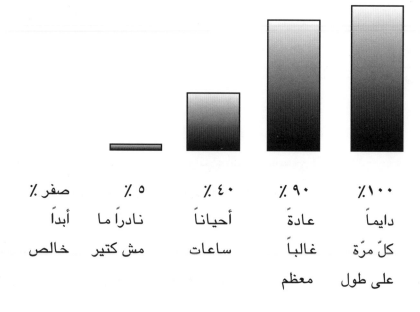

١٠٠٪	٩٠ ٪	٤٠ ٪	٥ ٪	صفر ٪
دايماً	عادةً	أحياناً	نادراً ما	أبداً
كلّ مرّة	غالباً	ساعات	مش كتير	خالص
على طول	معظم			

(٢)

١- دايماً
٢- غالباً - عادةً
٣- أحياناً
٤- نادراً ما

} + ب = فعل مضارع

٥- ما بالعبش أبداً / خالص

١٨

النطق

لاحظ النبر:

أحياناً	دايماً	غالباً	عادةً	نادراً	أبداً
□■□	□■	□■□	□■□	□■□	□□■

ساعات	على طول	كتير	مش كتير	خالص
■□	■□□	■□	■□□	□■

التدريبات

تدريب (٧ - ٣ - أ)

١٩

الاستماع

اسمع واختار كلمة من دول قدّام الجملة المناسبة:

نادراً ما - دايماً - عادةً - أحياناً - ساعات - غالباً - على طول - خالص

١- ما باروحش القهوة كتير، يمكن مرّتين في الإسبوع. (   )

٢- أنا بالعب تنس كلّ يوم الصّبح. (   )

٣- ما باكلش كشري أبداً. (   )

٤- بازور عيلتي في الصعيد (الجنوب) مرّة في السّنة. (   )

٥ – بتاكلّ في مطعم ياباني تقريبا ٣ مرّات في الشهر. (   )

٦ – باسافر برّه كلّ ٣ سنين. (   )

٧ – باروح السينما مرّة في الإسبوع. (   )

٨ – بيقابلوا أصحابهم ٦ مرّات في الإسبوع. (   )

٩ – بيشرب شيشة كلّ يوم. (   )

١٠ – باشرب قهوة كلّ يوم الصّبح. (   )

١١ – يمكن باشرب شاي مرّتين أو تلاتة في الإسبوع. (   )

تدريب (٧ – ٣ – ب (١))

كلام

(نادراً – دايماً – غالباً – ساعات – أحياناً – على طول – كتير – مش كتير)

طالب (١) اعمل سؤال على كلّ جملة في التدريب (٧ – ٣ – أ)

طالب (٢) جاوب واستعمل الكلمات (دايماً – غالباً – ساعات) في الإجابة زي المثال:

سؤال: بتروح القهوة كلّ قدّ إيه؟

إجابة: أحياناً باروح القهوة يمكن مرّتين في الإسبوع.

٢٠

تدريب (٧ - ٣ - ب (٢))

كلمات مفيدة: شخصيّة - قصص

(١) اسمع وقول:

أستاذ مفيد بيشتغل إيه؟

(٢) اسمع مرّة تانية وجاوب:

أ- هو .... بيكتب قصص.

ب- هو .... بيقعد على القهوة.

ج- هو .... بيشرب قهوة ....

د- .... بيشرب شاي.

ه- هو .... بيشرب ينسون.

و- هو .... بيلعب رياضة.

ز- هو .... بيمشي ساعة كلّ..........

(٣) هو بيحبّ يقعد على القهوة ليه؟

نص الاستماع لتدريب (٧ – ٣ – ب (٢))

مذيعة	مساء الخير يا أستاذ مفيد ممكن أتكلّم معاك شوية؟
مفيد	مساء النور. آه، طبعا .. اتفضّلي تحت أمرك.
مذيعة	حضرتك بتكتب قصص كتير. بتكتب كلّ قدّ إيه؟
مفيد	أنا باكتب كلّ يوم .. باكتب على طول .. كلّ يوم لازم أكتب.
مذيعة	طيّب. حضرتك بتعمل إيه تاني في الوقت بتاعك؟
مفيد	باحبّ اقعد على القهوة.
مذيعة	بتقعد على القهوة كلّ قدّ إيه؟
مفيد	باروح القهوة يمكن ٣ أو ٤ مرّات في الإسبوع.
مذيعة	ليه؟ إنت بتحبّ تشرب قهوة؟
مفيد	لا، أنا ما باشربش قهوة خالص، ولكن عشان أتفرّج على شخصيات الناس وأكتب.
مذيعة	آه، وبتحبّ تشرب شاي؟
مفيد	يعني .. مرّتين في الإسبوع، لكن باشرب ينسون على طول.
مذيعة	وبتحبّ تلعب رياضة؟ إسكواش .. تنس .. مشي؟
مفيد	بالعب رياضة يمكن مرّة كلّ ٦ شهور لكن باحبّ أمشي .. يعني بامشي كلّ يوم ساعة.

تدريب (٧ – ٣ – ج (١))

(١) اكتب نمرة كلّ رياضة قدّام اسمها:

(١)

(٢)

(٣)

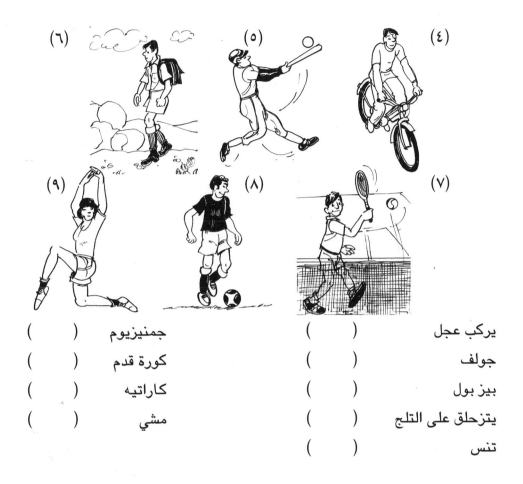

(٤)

(٥)

(٦)

(٧)

(٨)

(٩)

يركب عجل (   )

جولف (   )

بيز بول (   )

يتزحلق على التلج (   )

تنس (   )

جمنيزيوم (   )

كورة قدم (   )

كاراتيه (   )

مشي (   )

(٢) اسأل زميلك بيلعب الرياضة دي كلّ قدّ إيه؟

مثال: بتلعب كاراتيه كلّ قدّ إيه؟

تدريب (٧ – ٣ – ج (٢))

اسأل زميلك في الفصل كلّ قدّ إيه بيعمل الحاجات دي :

التلفزيون – الأكل برّه البيت – الكلام في التليفون – السينما – الأوبرا – رحلات

٢١

تقديم (٧ – ٤)

لازم – المفروض

لازم يعمل إيه الدكتور؟

المفروض يعمل إيه الدكتور؟

كرّر مع المدرس:

دكتور تامر بيشتغل في مستشفى الهرم.

هو ....

لازم = ١٠٠ ٪	المفروض = ٥٠ ٪
١– يصحى بدري كلّ يوم.	١– يصحى متأخّر يوم الأجازة.
٢– يقابل الممرّضة كلّ يوم.	٢– يفطر مع أولاده يوم الأجازة.
٣– يشوف العيّانين كلّ يوم.	٣– يخرج مع مراته يوم الأجازة.
٤– يكتب دوا للعيّان.	٤– يزور عيلته يوم الأجازة.
٥– يقرا كتب كتير.	٥– ما يروحش المستشفى يوم الأجازة.
٦– مش لازم يعرف يتكلّم كلّ اللغات.	٦– مش المفروض يقابل عيانين يوم الأجازة.

٢٢

لاحظ القواعد:

	لازم / مش لازم		المفروض / مش المفروض	
أنا	لازم / مش لازم	أروح البنك	المفروض	ألعب رياضة
إنت	لازم / مش لازم	تروح البنك	المفروض	تلعب رياضة
إنتي	لازم / مش لازم	تروحي البنك	المفروض	تلعبي رياضة
هو	لازم / مش لازم	يروح البنك	المفروض	يلعب رياضة
هيّ	لازم / مش لازم	تروح البنك	المفروض	تلعب رياضة
إحنا	لازم / مش لازم	نروح البنك	المفروض	نلعب رياضة
إنتو	لازم / مش لازم	تروحوا البنك	المفروض	تلعبوا رياضة
همّ	لازم / مش لازم	يروحوا البنك	المفروض	يلعبوا رياضة

النفي

إنت مش المفروض تاكل كتير.

٢٣

النطق

لاحظ النبر:

لازم نلعب

لازم تصحي

المفروض تنام

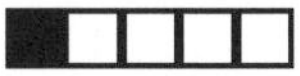

مش لازم تلعب

مش لازم تصحى

مش المفروض تنام

التدريبات

تدريب (٧ – ٤ – أ ((١))

العيلة في مصر

(١) وصّل (أ) مع (ب):

	(أ)	(ب)
الراجل	لازم	١– تتكلّم بصوت واطي
		٢– يشربوا لبن كتير
	مش لازم	٣– يروحوا المدرسة
ماما		٤– تطبخ الأكل
	المفروض	٥– تتأخّر بالليل
		٦– تنضّف البيت
	مش مفروض	٧– يذاكروا كتير
البنت		٨– ترجع البيت
		٩– يشرب شيشة قدام الأولاد
		١٠– يلبس بدلة في الأوبرا
الأولاد		١١– يساعد مراته في البيت
		١٢– يقعد عل القهوة كتير

(٢) صحّح مع زميلك.

٢٤

تدريب (٧ – ٤ – أ (٢))

طلبات وشروط

منال عايزة تسكن في الجامعة، في بيت الطالبات.

هي عايزة تسكن لوحدها.

هي بتتكلّم مع مشرف البيت.

اسمع:

١– منال المفروض تعمل إيه؟

٢– منال لازم تعمل إيه؟

(١) اقرا الحوار وكرّره مع زميلك.

(منال)	(مشرف)
– أنا عايزة أسكن لوحدي. ليه لازم أسكن مع حدّ تاني؟	– لازم تسكني مع طالبات تانين عشان ما عنديش أماكن كفاية والأوضة غالية.
– والأوضة دي فيها إيه؟	– المفروض الأوضة فيها سريرين وتليفزيون وتليفون وترابيزة.
– ما فيهاش حمّام؟	– لا، المفروض تستعملي الحمّام مع الأوضة اللّي جنبك.
– لازم ناكل في المطعم الكبير؟	– مش لازم، لكن المفروض تقابلي أصحابك وتاكلي معاهم.
– وفيه شروط تاني؟	– أيوه، لازم تدفعي الكهربا والتليفون كلّ أول شهر. ولازم ترجعي بدري .. مش لازم تتأخّري بعد السّاعة ١٠ بالليل.

(٢) كمّل واكتب الحوار الناقص:

(منال)	(المشرف)
– لازم .... مع حدّ تاني؟	– أيوه، لازم .... مع طالبات تانين.
– الأوضة فيها إيه؟	– .... الأوضة فيها سريرين وتليفون و .... و ....
– ما فيهاش.......... ؟	– لا، المفروض.......... الحمّام مع الأوضة اللي جنبك.
– لازم .... في المطعم الكبير؟	– ....، لكن المفروض .... أصحابك.
– فيه شروط تاني؟	– أيوه، لازم .... التليفون و .... أول الشهر. ولازم .... بدري، مش لازم.......... بالليل.

تدريب (٧ – ٤ – ب)

٢٥

كلمات مفيدة: كلاب – قطط – جاهزة – زبالة – صوت عالي – تعبان – ما تزعليش

جلال عايز يأجّر من مدام سميحة شقّة مفروشة في الدور اللّي فوق.

اسمع وجاوب:

(١) جلال المفروض:
١– ....
٢– ....
٣– ....

جلال لازم:
١– ....
٢– ....
٣– ....

(٢) إيه رأيك: جلال زبون كويّس؟

(٣) جلال ساكن في الشقّة دلوقتي؟ ليه؟

نص الاستماع لتدريب (٧ – ٤ – ب)

جلال	يا مدام سميحة، الشقة اللّي في الدور التاني جاهزة؟ فيه أي حاجة لازم أعملها؟
سميحة	طبعا فيه. شوف يا سيدي، لازم تدفع الكهرباء، والميّة عليك كلّ شهر.
جلال	ماشي، لازم أدفع الكهرباء والميّة. حاجة تاني؟
سميحة	أيوه، المفروض الشغّالة تنضّف البيت وإنت لازم تدفع لها.
جلال	المفروض الشغّالة تنضّف وأنا أدفع، ماشي. طيّب ولازم أطبخ الأكل بتاعي ولِلا ممكن تطبخ لي الأكل؟
سميحة	إيه؟ طبعا لا. إنت اللّي لازم تطبخ الأكل. المفروض إيجار الشقّة من غير أكل.
جلال	ماشي .. ماشي، ما تزعليش. إيه تاني؟
سميحة	المفروض مافيش صوت عالي ومش لازم يزورك ناس كتير ولازم تدفع فلوس الزبالة.
جلال	حاضر .. حاضر .. ما فيش صوت عالي ومش لازم ضيوف كتير ولازم أدفع فلوس الزبالة. أفّ... إيه تاني؟
سميحة	المفروض مافيش كلاب ولا قطط في الشقّة خالص.
جلال	ماشي، الحمد لله. ما عنديش كلاب ولا قطط. لكن عندي تِعبان صغير. ماشي؟
سميحة	إيه؟ تِعبان؟ برّه .. برّه.

تدريب (٧ – ٤ – ج)

دي مواقف مختلفة.

اختار موقف واتكلّم مع صاحبك: العادات في بلده إيه؟

في كلّ موقف لازم / المفروض يعمل إيه؟

في الجواز

العريس لازم يشتري إيه؟

العروسة المفروض تعمل إيه؟

المدير والسكرتيرة

هو لازم ..... / مش لازم .....

هي لازم ..... / المفروض .....

حفلات عيد الميلاد في بلدكم

لازم تعملوا إيه؟ / المفروض تعملوا إيه؟

٢٦

من واقع الحياة

دي حفلة

الاستماع

الضيف ده (١) عايز مين؟

(٢) شكله إيه؟

(٣) ولابس إيه؟

دلوقتي اتكلّم مع زميلك واسأله:

أحسن صاحب عندك شكله إيه؟

مامتك شكلها إيه؟

أخوك شكله إيه؟

باباك شكله إيه؟ بيحبّ يلبس إيه؟

نص استماع من واقع الحياة

متكلّم	لو سمحتي عادل موجود؟
ضيفة	عادل؟ عادل مين؟ أنا مش عارفة مين عادل ده؟ شكله إيه؟ لابس إيه؟
متكلّم	هو طويل وشعره ناعم.
ضيفة	طويل وشعره ناعم. طيّب عنده كام سنة؟
متكلّم	يعني، تقريبا في التلاتينات.

ضيفة	فيه ناس كتير في التلاتينات هنا وشعرهم ناعم. طيّب هو لابس إيه؟
متكلّم	هو لابس جاكتّة فاتحة وبنطلون وقميص أبيض وكرافتّة منقّطة.
ضيفة	فيه ٣ لابسين جاكتّات فاتحة. طيّب هو بدقن؟
متكلّم	لا، من غير دقن، لكن بشنب.
ضيفة	بشنب .. أمّ .. عندي هنا واحد بشنب لكن شعره طويل.
متكلّم	لا .. لا .. شعره مش طويل. هو شعره قصيّر ولابس نضّارة.
ضيفة	آه .. لابس نضّارة وشعره قصيّر وبشنب. أهه .. هناك.
	أستاذ عادل .. أستاذ عادل .. فيه ضيف عشانك.

القراءة

(١) إقرا الإعلانات دي:

(أ) رحلة لأسوان

المعاد: ١٥/٧ – ٢٠/٧

المواصلات: بقطر النوم

السعر: ٦٠٠ جنية بالقطار

لازم: ١– تجيب الباسبور

٢– تحجز قبل آخر الشهر

٣– تقابل السكرتيرة

(ب) رحلة نيلية، فلوكة في النيل

المعاد: الساعة ٦ بعد الضّهر يوم الجمعة

المكان: قدّام هيلتون رمسيس

لازم: تتقابل مع المشرف السّاعة ٥ قدّام كورنيش النيل/ماسبيرو

(ج) حفلة عشاء

المعاد: يوم الخميس ١/٧ الساعة ٩ بالليل

السعر: ٧٠ جنية للفرد بالأكل

المكان: ٢٥ شارع الثورة (المهندسين)

لازم: ١– تجيب معاك هدية

٢– تشتري حاجة ساقعة

(د) نادي الليدو للرقص، حفلة

المعاد: يوم الإثنين ٤/٧ من ١٠ بالليل–٣ صباحا

السعر: ٥٠ جنية من غير أكل

٨٠ جنية بالأكل

لازم: ١– تلبس بدلة

٢– تجيب زميلة معاك

(٥) ماتش كورة

المعاد: يوم الجمعة الساعة ٤ الضّهر

المكان: قدّام هيلتون رمسيس

السعر: ٢٥ جنية التذكرة

المواصلات: بالأتوبيس المكيف

لازم: تحجز قبل يوم الخميس

(٢) اختار أنهي صورة مناسبة لكل إعلان:

الكتابة

(١) اختار إعلان من الإعلانات اللّي فاتت.

اكتب اسمك، إنت عايز تعمل إيه؟ وتدفع إزّاي؟

	الاسم	اسم الإعلان	طريقة الدفع كاش	بكارت فيزا
١–	جون هارلو	رحلة نيليّة	X	كارت ماستر
٢–				
٣–				
٤–				
٥–				

الكلام

(١) اتكلّم مع زميلك عايزين تعملوا إيه في آخر الإسبوع.

تحبّ؟ / تيجي؟ / لازم / ياللا ...

(٢) لازم تعملوا إيه؟

المفروض تشتروا إيه؟

(٣) اسأل أصحابك كلّ قدّ إيه بيروحوا الأماكن اللي في الصورة؟

افتكر

بنسأل عن وصف الناس بالسؤال:

(١) شكله إيه؟ — شكلها إيه؟

هو طويل. — هي طويلة.

هو مش طويل. — هي مش طويلة.

الصفات:

طويل – قصيّر – كبير – صغيّر – شاب – عجوز – نشيط – كسلان

حلوّ – وحش – فقير – غني – تخين – رفيّع

(٢) **لغة العزومة والاقتراح** — **النفي**

إنت تحبّ

إنتي تحبّي + فعل مضارع — لا، ما حبّش

إنتو تحبّوا من غير ب

(٣) **بنسأل عن تكرار الفعل بالسؤال:**

١- كلّ قدّ إيه بتلعب رياضة؟

٢- كام مرّة بتلعب رياضة؟

كلمات تكرار الفعل

دايماً — غالباً — أحياناً — نادراً — أبداً

على طول — ساعات

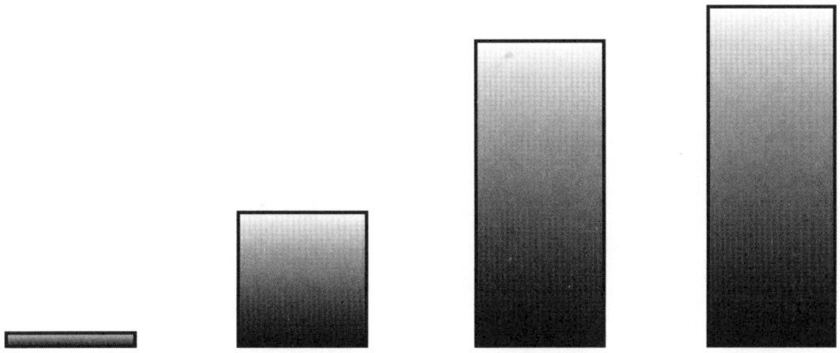

(٤) لغة الاضّطرار

(ا)   لازم + فعل مضارع من غير ب

النفي: مش لازم

(ب)   المفروض + فعل مضارع من غير ب

النفي: مش المفروض

الوحدة الثامنة

١

محتويات الموضوعات في الوحدة الثامنة

- فعل الأمر والطلب
- الضمير المتّصل بفعل الأمر
- النهي والتحذير (إوعى)
- النهي والتذكير (خلليك فاكر - ماتنساش)

الكلمات الجديدة في وحدة ٨

تقديم (١)

هات - جيب - أمر - أوامر - خد - حطّ - يسكت - بشويش - ملفّات - يا جماعة - القطر - قوام - اتّصل ب - شغل - كسلان - فريق - تذكرة - تعالى - كلّ - طلبات

تقديم (٢)

يدّي - يزور - يوصل - ييجي - يحجز - يشيل - يحضّر - يعدل - يلمّ - يرتّب - يلخبط

تقديم (٣)

يعدّي - يعرف - يمشي - يكسر - العجلة - إيد - يسيب - يتكلّم - يذاكر - ينسى - يدفع - الاجتماع - كهربا - البحر - فاكره - مش معقول - يخاف - نظام - المرور - يركن - يمُرّ - يسوق - ممنوع - يقف - نهي - تحذير

تقديم (٤)

تذكير - صوت عالي - خللي بالك - لوحده - مسافر - خلليك فاكر - ماتنساش - الكلب - يسلّم على - يقابل - معاد - آسف - مشروبات - دوا

من واقع الحياة

يرمي - يساعد - لِعَب - خفيفة - قوام - على طول - يبعت - فِرقة

تقديم (١ – ٨)
أوامر وطلبات أستاذ مراد

بصّ للصورة:

١- أستاذ مراد بيشتغل إيه؟

٢- إيه هي أوامر وطلبات الأستاذ مراد للموظفين؟

اقرا الجمل وكرّر مع المدرّس أوامر وطلبات الأستاذ مراد.

– يا حامد إنت متأخّر، الساعة ١٠. اصحى بدري شويّة.

– فين الجوابات يا صابر؟ اكتب الجوابات بسرعة.

– فين الشيك يا مجدي؟ روح البنك وهات الشيك بسرعة.

– عايز قهوة. فين القهوة بتاعتي؟ قولوا لعاطف يعمل قهوة.

– ما تروحش البوسطة دلوقتي يا حسن.

– ما تتكلّمش كتير في التليفون يا سعيد.

– افتحي التكييف يا ليلى واقفلي الشباك.

– خد الفاكس ده يا أحمد لأستاذ حسين.

– اخرجوا برّه دلوقتي، ما تدخلوش تاني.

٣

لاحظ القواعد:

(١) بنصيغ فعل الأمر من الفعل المضارع المتصرّف مع إنت / إنتي / إنتو.

لاحظ الجدول: فين السكون؟

	مضارع			أمر			
	إنت	إنتي	إنتو	إنت	إنتي	إنتو	
(١)	تكْتب	تكْتبي	تكْتبوا	اكْتب	اكْتبي	اكْتبوا	فيه
فيه سكون	تصْحى	تصْحي	تصْحوا	اصْحى	اصْحي	اصْحوا	(ا)
على الحرف	تقْرا	تقْري	تقْروا	اقْرا	اقْري	اقْروا	في أول
التاني في	تتْكلّم	تتْكلّمي	تتْكلّموا	اتْكلّم	اتْكلّمي	اتْكلّموا	فعل
الفعل	تتْفرّج	تتْفرّجي	تتْفرّجوا	اتْفرّج	اتْفرّجي	اتْفرّجوا	الأمر
	تتْغدّى	تتْغدّي	تتْغدّوا	اتْغدّى	اتْغدّي	اتْغدّوا	
	تسْتعمل	تسْتعملي	تسْتعملوا	اسْتعمل	اسْتعملي	اسْتعملوا	
	تتْقابل	تتْقابلي	تتْقابلوا	اتْقابل	اتْقابلي	اتْقابلوا	
(٢)							٤
ما فيش	تنَام	تنَامي	تنَاموا	نَام	نامي	ناموا	
سكون على	تشِيل	تشِيلي	تشِيلوا	شِيل	شيلي	شيلوا	
الحرف	ترُوح	ترُوحي	ترُوحوا	رُوح	روحي	روحوا	مافيش
التاني	تسَافر	تسَافري	تسَافروا	سَافر	سافري	سافروا	(ا)
في الفعل	تنَضّف	تنَضّفي	تنَضّفوا	نَضّف	نضّفي	نضّفوا	في
المضارع	تحُطّ	تحُطّي	تحُطّوا	حُطّ	حُطّي	حُطّوا	فعل
	تاكُل	تاكْلي	تاكْلوا	كُل	كُلي	كُلوا	الأمر
	تاخد	تاخدي	تاخدوا	خُد	خُدي	خُدوا	
أفعال شاذّة	تجيب	تجيبي	تجيبوا	هات	هاتي	هاتوا	
	تيجي	تيجي	تيجوا	تعالى	تعالي	تعالوا	

(أ) **فيه سكون مع الحرف التاني في الفعل المضارع = ا مع فعل الأمر**

(ب) **ما فيش سكون مع الحرف التاني في الفعل المضارع = ما فيش ا مع فعل الأمر**

٥

(٢) النفي

إنت	إنتي	إنتو
ما تِكتبش	ما تِكتبيش	ما تِكتبوش
ما تِتكلمش	ما تِتكلّميش	ما تِتكلّموش
ما تِصحاش	ما تِصحيش	ما تِصحوش
ما تِقراش	ما تِقريش	ما تِقروش
ما تِتفرجش	ما تِتفرجيش	ما تِتفرجوش
ما تِستعملش	ما تِستعمليش	ما تِستعملوش
ما تنامش	ما تناميش	ما تناموش
ما تروحش	ما تروحيش	ما تروحوش
ما تشيلش	ما تشيليش	ما تشيلوش
ما تسافرش	ما تسافريش	ما تسافروش
ما تحطّش	ما تحطيش	ما تحطوش
ما تاكلش	ما تاكليش	ما تاكلوش

ما + ت + الفعل + ش

٦

النطق

لاحظ النبر:

ارجع	نضّف	كلْ	هات	اشتغل
□■	□■	□	□	□■□
ما ترجعش	ما تنضّفش	ما تاكلش	ما تجيبش	ما تشتغلش
■□□	■□□	■□□	■□	■□□□
ما ترجعيش	ما تنضّفيش	ما تاكليش	ما تجيبيش	ما تشتغليش
■□□□	■□□□	■□□	■□□	■□□□□
ما ترجعوش	ما تنضّفوش	ما تاكلوش	ما تجيبوش	ما تشتغلوش
■□□□	■□□□	■□□	■□□	■□□□□

التدريبات

تدريب (٨ - ١ - أ (١))

وصّل (أ) مع (ب)

(أ)	(ب)
(اسكتوا)	١- الواجب يا أحمد.
(نامي)	٢- السوبر ماركت و(هات) حاجة ساقعة يا نادية.
(روحي)	٣- بدري يا هناء.
(شغّلوا)	٤- البيت كلّه يا سعدية.
(نضّفي)	٥- التكييف قبل ما تقعدوا.
(اتعشّي)	٦ - يا ولاد الأكل كلّه وبعدين (يشرب) الكوكا.
(كلوا)	٧- بسرعة عشان عندنا مذاكرة كتير.
(حطّي)	٨ - بسرعة عشان أنا متأخّر على القطر.
(امشي)	٩- بشويش يا أستاذة.
(اتكلّمي)	١٠- يا عواطف الأكل كلّه في التلاّجة.
(اكتب)	١١- يا جماعة شويّه عايزين نسمع الأخبار.

تدريب (٨ – ١ – أ (٢))

رتّب الكلمات واعمل جملة:

١- الملفّات – حطّي – فوق الدولاب – هناك

٢- امتحان – عشان – نام – بكره – بدري – عندك

٣- جيب لنا – فاكهة – ما عندناش – عشان – مشمش وخوخ

٤- المجمّع – الفيزا – روح – بكره – وهات

٥- الجواب – ده – اكتب – بسرعة

٦- الباب – اقفل – وراك

٧- على التليفزيون – العشا – بعد – اتفرّجي

تدريب (٨ – ١ – ب (١))

كلّ طالب يقول جملة عن كلّ صورة لزميله في صورة أمر.
اكتب الجمل وصحّح مع زميلك.

تدريب (٨ – ١ – ب (٢)) ٧

(١) اسمع أستاذ مصطفى بيقول إيه وحسن الموظّف بيقول إيه.

جاوب:

١– أستاذ مصطفى مدير كويّس؟

٢– حسن مبسوط في الشغل؟

(٢) اعمل أوامر لزميلك زي الحوار اللّي فات.

(طالب) المدير	طالب (موظّف)
١- .... الملفّات.	.... حالا
٢- .... البنك .... الشيك.	.... حاضر
٣- .... القهوة.	.... بسرعة
٤- ....جواب......... أستاذ مجدي.	.... قوام
٥- .... التكييف......... المرّوحة.	.... حاضر
٦- .... تذكرة الطيّارة.	.... على طول
٧- روح............... ارجع.	.... إزّاي؟

نص الاستماع لتدريب (٨ - ١ - ب)

المدير	حسن
١- فين الملفّات يا حسن؟ هات الملفّات بسرعة.	أجيب الملفّات؟ حاضر يا فندم.
٢- روح البنك وهات الشيك بسرعة وتعالى.	أروح البنك وأجيب الشيك؟ حاضر.
٣- عايز قهوة. اعمل قهوة قوام.	أعمل قهوة؟ حاضر.
٤- ما تكتبش الجواب ده دلوقتي. اتّصل بأستاذ مجدي في الأول.	أتّصل بأستاذ مجدي وما أكتبش الجواب دلوقتي؟ حاضر.
٥- ما تفتحش التكييف عشان بردان. شغّل المروحة بس.	ما أفتحش التكييف؟ أشغّل المرّوحة؟ حالا.
٦- احجز تذكرة الطيّارة عشان مسافر بكره.	أحجز التذكرة؟ حاضر حالا.
٧- إنت واقف ليه؟ روح وارجع في ٥ دقايق.	كلّ ده في ٥ دقايق؟ إزّاي يا فندم؟

<u>تدريب (٨ – ١ – ج)</u>

تمثيل

موقف (١)

طالب (١) فوزيّة الشغّالة

طالب (٢) صاحب البيت

فوزيّة شغّالة كسلانة.

اتكلّم مع زميلك واستعمل لغة الطلبات

والأوامر عشان تقول طلبات البيت.

موقف (٢)

طالب (١) بيحبّ يلعب رياضة.

طالب (٢) ما بيحبّش يلعب رياضة ودايماً عيّان.

قول لزميلك يعمل إيه عشان يلعب رياضة كويّس.

مثال: اصحى بدري

نام كويّس

ما تشربش سجاير ... إلخ

موقف (٣)

فريق (أ) يقول أوامر

فريق (ب) يعمل الأوامر

يعكس الفريقين

مين أكتر فريق عمل أوامر صحّ؟

٨

تقديم (٨ - ٢)

طلبات ... طلبات

مدام ناهد عيّانة النهارده. هي عندها ضيوف. مامتها وباباها عايزين يزوروها. هي بتطلب من الشغّالة طلبات كتير.

اسمع هي بتطلب إيه:

مدام ناهد	جمالات
- يا جمالات، نضّفي لي الأوضة.	نعم يا فندم، حاضر.
- واطبخي لي الأكل.	حاضر.
- هاتي لي أسبرين.	أجيب لك أسبرين. حاضر.
- اعملي لي كوبايّة لمون.	أعمل لك لمون؟ حاضر.
- اشتري لنا الخضار بسرعة.	أشتري لكو الخضار بسرعة؟ ماشي.
- أحمد عايز قميص. اغسلي له قميص.	أغسل له قميص؟ ماشي.
- ليلى بتحبّ المكرونة. اعملي لها مكرونة.	أعمل لها مكرونة؟ حاضر.
- بابا وماما عايزين يزوروني. اعملي لهم كيكة.	أعمل لهم كيكة كمان؟
- عايزة تقولي حاجة يا جمالات؟ يااللا بسرعة.	لا يا فندم. ولا حاجة، بس ادّيني حسابي. عايزة أمشي. مش عايزة أشتغل.

٩

لاحظ القواعد:

فعل الأمر	ل +	الضمير
		(أنا) ي
اعمل +	ل +	(هو) ه
نضّف +	ل +	(هي) ها
هات +	ل +	(همّ) هم
		(إحنا) نا

١٠

النفي:

ما تعمل (إنت)	ل	يش (أنا)
ما تعملي (إنتي)	ل	وش (هو)
ما تعملو (إنتو)	ل	هاش (هي)
		همش (همّ)
		ناش (إحنا)

١١

النطق

لاحظ النبر:

اعمل لي □■□ — اعملي لي □■□□ — اعملو لي □■□□ — اعمل لنا □■□□

ما تعمليش ■□□□ — ماتعمليليش ■□□□□ — ما تعملوليش ■□□□□ — ما تعملولناش ■□□□□

اسمع المدرّس وحدّد النبر:

اعملي له - اعمل لهم - جيبولنا - جيبولهم - هاتولي

نضّفي لنا - اطبخ لنا - اشترولي - هاتولنا

التدريبات

تدريب (٨ – ٢ – أ)

اكتب الفعل الصحيح زي المثال:

١– يا أحمد (اشتريلنا) فاكهة من السوق اللّي جنبك.
(يشتري – إحنا)

٢– بابا، (.........) معاك شوكولاتة.
(هات – أنا)

٣– يا ولاد، (.........) التكييف عشان حرّانة.
(يشغل – أنا)

٤– نادية، (.........) مكرونة وفراخ النّهارده.
(يطبخ – إحنا)

٥– لو سمحت (.........) بنزين في العربية و (.........) الزيت.
(يحطّ – أنا) (يغيّر – أنا)

٦– يا أسطى، (.........) المدرسة و (.........) بسرعة.
(يوصّل – همّ) (بيجي – أنا)

٧– يا مديحة، (.........) الجواب ده بسرعة.
(يكتب – أنا)

٨– سهام، (.........) السُفرة بسرعة الضيوف برّه.
(يحضّر – إحنا)

٩– ماما، (.........) سندوتش عشان عايز أكل.
(يعمل – أنا)

١٠– يا عم محمود، (.........) الشنطة بتاعته، ده ولد صغيّر.
(يشيل – هو)

١١– يا سامي، (.........) تذكرتين للأوبرا من فضلك.
(يحجز – إحنا)

١٢

تدريب (٨ - ٢ - ب (١))

مدام نهاد عايزة تحطّ العفش في البيت الجديد.

اسمع حوار مدام نهاد وعمّ سيّد البوّاب وكمّل الناقص:

(أ) مدام نهاد بتقول:

١- .... الكنبة و .... في أوضة الصالون.

٢- .... السرير والدولاب و .... في أوضة النوم.

٣- .... الفازات دول و .... جوّه الدولاب.

٤- دواليب المطبخ .... في المطبخ.

٥- .... الصور و .... الحمّامات و .... غدا.

(ب) عمّ سيّد مبسوط من مدام نهاد؟

(ج) عمّ سيّد عايز يشتغل تاني؟ ليه؟

نص الاستماع لتدريب (٨ – ٢ – ب (١))

مدام نهاد	عم سيّد البواب
– ياللا ياعم سيّد، شيل لي الكنبة دي وحطّها لي في أوضة الصالون.	حاضر يا فندم. أحطّ الكنبة في أوضة الصالون. وإيه تاني؟
– طلّع لي السرير والدولاب. وحطّهم لي في أوضة النوم.	ماشي، أطلّعهم في أوضة النوم. حاجة تاني؟
– أيوه، هاتلي الفازات دول وحطّهم لي جوّه في الدولاب دلوقتي.	أحطّ الفازات جوّه الدولاب، خلاص.
– لا، دواليب المطبخ دخّلهم في المطبخ.	حاضر، دواليب المطبخ أدخّلهم في المطبخ. إيه تاني؟ كفاية كده النهارده.
– إيه؟ طبعاً لا. علّق لي الصور دي، ونضّف لي الحمّامات وإشتري لي غدا و...	بس.. بس.. أنا تَعْبان يا مدام. دلوقتي أنا ماشي وأشوفك بكره إن شاء الله، مع السّلامة.
– ياعم سيّد.. ياعم سيّد، تعالى مش كده.	

تدريب (٨ – ٢ – ب (٢))

اعمل جمل لطلبات الأستاذ كريم المدير من السكرتير بتاعه.

١– جوابات – يكتب ⟵ اكتب لي الجوابات دي بسرعة.

٢– يتّصل ب – شركة السياحة

٣– تذكرة – يحجز

٤– ورد – يبعت

٥– الملفات – يشيل

٦– البوسطة – يشوف

٧– الضيوف – يقابل

تدريب (٨ – ٢ – ج)

مواقف وطلبات

موقف (١)

الأولاد دايماً بيلخبطوا الفصل بتاعهم.

المدرّس بيقول إيه للأولاد؟

طالب (أ) مدرّس: اعدلولي الكراسي.

طالب (ب) الأولاد: حاضر.

كلمات مفيدة: يعدل – يلمّ – يرتّب – يشيل – يحط – ينضّف

فكّر في أفعال تانية.

موقف (٢)

طالب (أ) مدير يطلب من الموظف طلبات كتير عشان هو مدير صعب.

طالب (ب) موظّف مش عايز يعمل كلّ الطلبات.

مثال:

مدير: اكتب لي الجواب ده دلوقتي.

موظف: حاضر يافندم.

ممكن بعد شويّه، أنا مشغول دلوقتي.

تقديم (٨ – ٣)

إوعى

(طلبات وتحذيرات (١))

الأولاد عايزين يزوروا أصحابهم.

ماما بتقول لأولادها إيه؟

اسمع وكرّر:

يا حسام، إوعى:

يا حسام، إوعى تعدّي الشارع والنور أحمر.

يا نبيل، إوعى تمشي في نصّ الشارع.

يا ولاد، إوعوا تشتروا أكل مش نضيف من الشارع.

يا نبيلة، إوعي تتكلّمي مع ناس ما تعرفيهاش.

يا ولاد، إوعوا تلعبوا كورة في الشارع.

يا نبيل، إوعى تكسر العجلة بتاعتك.

يا ولاد، إوعوا تتأخّروا برّه.

إوعى يا ماجد تسيب إيد أختك.

يا ولاد، إوعوا تاكلوا حاجة من الشارع. وما تشربوش حاجة من الشارع.

إوعوا تشربوا حاجة، وإوعوا ما ترجعوش بدري.

١٤

لاحظ القواعد:

(١) إوعى + فعل مضارع من غير ب

الضمير	لا	لا	أيوه
إنت	إوعى تشرب	ما تشربش	اشرب
إنتي	إوعي تشربي	ما تشربيش	اشربي
إنتو	إوعوا تشربوا	ما تشربوش	اشربوا

(٢) إوعى ما تذاكرش ← يعني ← ذاكر

إوعوا ما ترجعوش ← يعني ← ارجعوا بدري

النطق

١٥

لاحظ النبر:

إوعى تاخد	إوعي تاخدي	إوعوا تاخدوا
□■□□	□■□□	□■□□
إوعى ما تاخدش	إوعي ما تاخديش	إوعوا ما تاخدوش
■□□□□	■□□□□	■□□□□

انطق التحذيرات دي:

إوعى تكتب   إوعي تنامي   إوعوا تشربوا

ما تكتبش   ما تناميش   ما تشربوش

التدريبات
تدريب (٨ – ٣ – أ)

١– يا نادية، .... كوكا قبل الأكل.

(إوعى – يشرب)

٢– يامحمد، .... تتّصل بالشركة.

(إوعى – ينسى)

٣– يا ولاد، .... الباب وأنا مش موجودة.

(إوعى – يفتح)

٤– يا ناهد يا سمير، .... بكرة عشان الرحلة.

(إوعى – يتأخر)

٥– ماجدة، .... التكييف عشان أنا بردان.

(إوعى – يشغّل)

٦– يا رنا، .... الجواب بتاع الشركة.

(إوعى – ما يكتبش)

٧– يا جماعة، .... بدري عشان الاجتماع.

(إوعى – ما يرجعش)

٨– يا مها، .... فلوس الكهربا.

(إوعى – ما يدفعش)

٩– يا ناجي، .... بابا في المستشفى.

(إوعى – ما يزورش)

١٦

تدريب (٨ - ٣ - ب)

دي صورة ريهام بتتكلّم مع باباها. اسمع:

١- ريهام عايزة تروح فين؟

٢- أبو ريهام راجل صعب؟

٣- ريهام هتروح الرحلة؟

اسمع مرّه تانية:

أبوها بيقول:

١- إوعي .... الكاسيت بتاعك.

٢- إوعي .... البحر.

٣- إوعي .... بالليل.

٤- إوعي .... ديسكو.

٥- إوعي .... في التليفون.

نص الإستماع لتدريب (٨ – ٣ – ب)

ريهام	بابا
أيوه يا بابا، إن شاء الله.	– إنتي مسافرة بكره شرم الشيخ. مش كده؟
لا يا بابا، ما تخافش.	– إوعي تصحي متأخّر.
أيوه يا بابا، فاكرة.	– إوعي تنسي الكاسيت بتاعك والكتب.
ليه يا بابا؟ أنا باحبّ البحر قوي.	– وإوعي تنزلي البحر.
يوه .. يوه .. يوه.	– كده. ما عنديش بنات تنزل البحر.
حاضر يا بابا.	– وإوعي تتأخّري بالليل أو تكلّمي رجّالة.
مش معقول يا بابا. إزّاي؟	– كمان إوعي تخرجي من الفندق. وإوعي تروحي ديسكو مع أصحابك.
خلاص.. خلاص، مش عايزة أروح رحلات.	– وإوعي تنسي تكلّميني في التليفون كل يوم.

تدريب (٨ - ٣ - ج (١))

شكري بيسوق عربيّة من شهر واحد بس، وما بيعرفش نظام المرور كويّس في القاهرة.

فادي صاحب شكري بيسوق كويّس وعارف النظام.

اعمل حوار زي كده:

طالب (١) فادي	طالب (٢) شكري
- إوعى تسوق بسرعة في الشارع ده. - عشان فيه مدرسة وممنوع تسوق بسرعة.	ليه؟

كلمات مفيدة:

سوق - يخشّ يمين - ممنوع - يقف - يلفّ شمال - يركن - يركب عجل - نور أحمر - يدخل - بسرعة - يصلّح الشارع - يمرّ

تدريب (٨ - ٣ - ج (٢))

طالب (١)

إنت مدير. من الصور دي قول للسكرتيرة طلبات.

طالب (٢)

السكرتيرة بتفكّر المدير بحاجات تاني.

١٧

تقديم (٨ – ٤)

خللي بالك / خلليك فاكر

(تحذيرات وطلبات (٢))

عمر أخو حسام مسافر.
حسام موجود في الشقّة لوحده.
اسمع عمر بيطلب من حسام إيه
وكرّر مع المدرّس.

عمر:

- يا حسام، أنا مسافر بكره. خللي بالك من الشقّة.
- ما تنساش تنضّف البيت يوم الجمعة.
- خلليك فاكر تأكّل الكلب كلّ يوم.
- ما تنساش تروح حفلة عيد ميلاد مديحة السبت الجّاي.
- إوعى تسمع الراديو بصوت عالي عشان الجيران.
- ما تنساش تتّصل ببابا وماما كلّ يوم في التليفون.
- خللي بالك السجاير.. سجاير لا في الشقّة.

لاحظ القواعد:

(١)

إنتو	إنتي	إنت	الطلب
خلليكو فاكرين	خلليكي فاكرة	خلليك فاكر	خلليك فاكر
ما تنسوش	ما تنسيش	ما تنساش	ما تنساش
إوعوا تنسوا	إوعي تنسي	إوعيتنسى	إوعى تنسى
إوعوا	إوعي	إوعى	إوعى
+ فعل مضارع من غير ب			
+ اسم		أو	

(٢)   خلليك فاكر = إوعى تنسي = ما تنساش = خللي بالك

(٣)   خللي بالك   + من + الشقّة / البرد / الولد ... إلخ
                   + الاسم

النطق

لاحظ النبر:

خلليك فاكر	خللي بالِك	خللي بالك
☐■☐☐	☐■☐☐	☐■☐☐

إوعو تنسوا	إوعي تنسّي	إوعى تنسى
☐■☐☐	☐■☐☐	☐■☐☐

ما تنسوش	ما تنسيش	ما تنساش
■☐☐	■☐☐	☐■☐

التدريبات

تدريب (٨ – ٤ – أ (١))

اكتب الفعل الصحيح:

١– (خللي – فاكر)

.... تيجوا بدري بكره، عندنا اجتماع مهم.

٢– (خللي – بالك)

.... تلبس جاكتّة، برّه برد والدنيا شتا.

٣– (ما تنساش)

.... يا هناء معاد الأتوبيس السّاعة ٧.

٤– (إوعى – ينسى)

.... يا ولاد، فيه امتحان بكره.

تدريب (٨ – ٤ – أ (٢))

بصّ للصورة دي:

هالة ورمزي عندهم حفلة في الشركة. همّ بيقولوا إيه؟

اقرا ورتّب الحوار مع زميلك:

١– رمزي | يا هالة إحنا هنا مش عشان الأكل. تورتة إيه؟ إحنا هنا عشان الناس في الشغل.

٢– هالة | أهلا يا رمزي. مبسوط في الحفلة؟

٣– رمزي | ليه بس؟

٤– هالة | السمك مش قوي، خللي بالك من السمك ده.

٥– رمزي | آه الحمد لله. وإنتي؟

٦– هالة | أنا مش مبسوطة قوي عشان الأكل مش حلو.

٧- رمزي	حاضر. أنا ما باكلش سمك.
	آه، خلليكي فاكرة تسلّمي على الموظّفين دول.
٨- هالة	الموظفين؟ ماشي. وإنت إوعى تنسى تاكل من الكفتة دي.
٩- رمزي	شوربة إيه بس؟ خللي بالك من الناس.
١٠- هالة	الناس؟ طيّب. ما تنساش الشوربة دي كويّسة.
١١- رمزي	أنا ما باحبّش الكفتة. بس خلليكي فاكرة تقابلي أستاذ محمود.
١٢- هالة	أستاذ محمود؟ آه طّيب. وإنت إوعى تنسى تاكل من التورتة دي.

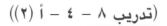

(تدريب ٨ - ٤ - أ (٢))

اسمع وصحّح الحوار. ٢٠

نص الاستماع لتدريب (٨ - ٤ - أ (٢))

هالة	أهلا يا رمزي. مبسوط في الحفلة؟
رمزي	آه الحمد لله. وإنتي؟
هالة	أنا مش مبسوطة قوي عشان الأكل مش حلوّ.
رمزي	ليه بس؟
هالة	السمك مش قوي. خللي بالك من السمك ده.
رمزي	حاضر. أنا ما باكلش سمك. آه، خلليكي فاكرة تسلّمي على الموظّفين دول.
هالة	الموظّفين دول؟ ماشي. وإنت إوعى تنسى تاكل من الكفتة دي.
رمزي	أنا ما باحبّش الكفتة. بس خلليكي فاكرة تقابلي أستاذ محمود.
هالة	أستاذ محمود؟ آه طّيب. وإنت إوعى تنسى تاكل من التورتة دي.
رمزي	يا هالة إحنا هنا مش عشان الأكل. تورتة إيه؟ إحنا هنا عشان الناس في الشغل.

تدريب (٨ – ٤ – ب)

طلبات أستاذ هشام

اسمع وقول:

١– أستاذ هشام فين؟

٢– ليلى الممرّضة مبسوطة من أستاذ هشام؟

اسمع مرّه تانية وكمّل:

١– إوعي تنسي ....

٢– ما تنسيش ....

٣– خللي بالك ....

٤– إوعي ....

٥– خلليكي فاكرة ....

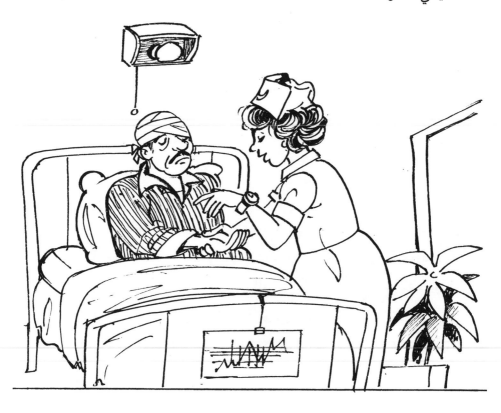

نص الاستماع لتدريب (٨ – ٤ – ب)

هشام	يا ليلى، إوعي تنسي تجيبي لي الفطار في الميعاد بكره الساعة ٧.
ليلى	حاضر يا أستاذ هشام.
هشام	وما تنسيش تقابلي الدكتور الساعة ١١.
ليلى	أقابل الدكتور. طبعا فاكرة، ده شغلي.
هشام	خللي بالك العصير بتاعي الساعة ١٢ وما تنسيش تفتحي الشبّاك شوية.
ليلى	أجيب لك العصير وأفتح لك الشباك. حاضر.
هشام	إوعي تنسي الدوا. معاد الدوا قبل الغدا.
ليلى	حاضر.. حاضر.. ده شغلي أنا عارفة.
هشام	آه، خلليكي فاكرة تشتريلي شوكولاتة عشان أولادي عايزين يزوروني بكره.
ليلى	أشتري شوكولاتة كمان؟ بس ده مش شغلي يا أستاذ هشام. أنا آسفة جدا.

تدريب (٨ – ٤ – ج)

بكره عندكم حفلة رقص في ديسكو.

كلّ طالب يحاول يفكّر مع زميله:

لازم يعملوا إيه عشان الحفلة بكره.

التذاكر – الميعاد – الهدوم –

المشروبات – الأكل

يروح إزّاي؟ يقول لأصحابه إمتى؟

يكلّم مين من أصحابه؟ يرجعوا إمتى؟

<u>من واقع الحياة</u>

الاستماع

ميرا وتامر عايزين يسافروا.

(١) هيسافروا وللا لا؟

(٢) هيسافروا فين؟

اسمع تاني وقول: ميرا بتقول لتامر يعمل إيه بالحاجات دي؟

يعمل إيه؟	الحاجة
	الهدوم
	الكتب
	اللعب
	الهدوم النضيفة
	المايوهات
	السندوتشات
	الكوكا
	الميّة
	اللبن

نص استماع من واقع الحياة

تامر	إيه يا ميرا؟ إنت متأخّرة، ياللا عايزين نسافر إسكندريّة.
ميرا	بصّ يا تامر، شوف الأولاد بيرموا كل حاجة في الأرض إزّاي. إزّاي أسافر والبيت كده؟
تامر	عايزة أساعدك إزّاي؟
ميرا	شيل اللعب وحطّها في الصندوق. ورتّب الكتب دي من فضلك على الترابيزة.
تامر	حاضر، أحطّ اللعب في الصندوق وأرتّب الكتب. وإيه تاني؟
ميرا	علّق الهدوم بتاعتهم واقفل الدولاب.
تامر	أعلّق الهدوم وأقفل الدولاب. طيب فين الهدوم بتاعة إسكندريّة؟
ميرا	آه، هات الهدوم النضيفة من الغسّالة، وخد معاك المايوهات في الشنطة.
تامر	ماشي، أجيب الهدوم من الغسّالة وآخد المايوهات. فيه حاجة تاني؟
ميرا	آه، انزل اشتري لنا سندوتشات، وحضّر العربية وما تنساش تجيب معاك لبن للولاد. وإوعى تنسى الشنطة بتاعتي. خد شنطتي معاك.
تامر	لا مش ناسي الشنطة.
ميرا	آه، خليك فاكر الميّة والكوكا كمان عشان السفر.
تامر	يوه .. يوه .. كلّ ده؟ وإنتي بتعملي إيه من الصّبح؟ قومي اشتغلي شويّة إنتي كمان.

القراءة

بيتر عايز يزور مصر.

علي بيكتب جواب لبيتر.

اقرا الجواب وقول علي بيطلب إيه.

عزيزي بيتر

إزيّك؟ عامل إيه؟ إنت عايز تيجي مصر؟ أنا مبسوط قوي عشان كده.

لمّا تيجي مصر عايزين نروح أسوان وشرم الشيخ. إوعى تيجي في الصيف.

الجوّ حرّ قوي. تعالى في الشتا الجوّ في الشّتا دافي والشمس كتير ومافيش برد.

ما تنساش تاخد الفيزا إسبوعين. وخلليك فاكر تجيب معاك مايّوه عشان شرم الشيخ.

وإوعى تنسى الكاميرا بتاعتك وهات معاك هدوم خفيفة وشورتات كتيرة.

احجز الفندق والطيّارة بسرعة. وادفع الفلوس على طول عشان مافيش أماكن كتيرة. ابعت لي الحجز ومعاد الطيّارة بسرعة.

صديقك

علي

١– عايزين ....

٢– إوعى .... في الصيف .... في الشّتا.

٣– ماتنساش ....

٤– خلليك فاكر ....

٥– .... الكاميرا.   ٨ – .... هدوم خفيفة.

٦– .... الفندق والطيّارة على طول.

٧– .... الفلوس بدري.   ٩ – .... الطيّارة والحجز بسرعة.

الكتابة

اكتب جواب لصاحبك أو عيلتك عشان يزوروا مصر زي الجواب اللّي فات.

الكلام

طالب (١) موظّف في شركة

طالب (٢) زميل أو زميلة

عايزين تعملوا حفلة في الشغل.

اتكلّموا عايزين تجيبوا إيه.

اتكلّموا عن:

الأكل – التذكرة

المشروبات – الفرقة – المكان

الحجز ... إلخ

استعمل تعبيرات:

ما تنساش

خلليك فاكر

إوعى تنسى

هات – جيب

٣١٠

افتكر

(١)

القاعدة	إنت	إنتي	إنتو	الفعل	النفي
فيه سكون على الحرف التاني = فيه ا	تكْتب اكْتب	تكْتبي اكْتبي	تكْتبوا اكْتبوا	المضارع الأمر	ما+ت+ش ما تكتبش
ما فيش سكون على الحرف التاني = ما فيش ا	تنضّف نضّف	تنضّفي نضّفي	تنضّفوا نضّفوا	المضارع الأمر	ما تنضّفش

(٢) الطلب

الفعل	ل	الضمير	
افتح	ل	ي ـه ها	أنا هو هي إلخ

(٣) التحذير والنهي

إوعى تاكل من الشارع = ما تاكلش من الشارع

إوعى + فعل مضارع من غير ب

(٤) التذكير والتحذير

إوعى خلليك فاكر ما تنساش	+ فعل مضارع من غير ب

١

الوحدة التاسعة

محتويات الموضوعات في الوحدة التاسعة

- السؤال عن الهوايات والقدرة (تعرف - تقدر)
- لغة المستقبل والتخطيط
- لغة استقبال الرسائل والرّد عليها
- لغة الاقتراح والاعتذار

الكلمات الجديدة في وحدة ٩

تقديم (١)

يعرف - يقدر - ينطّ - يعوم - يجري - رياضة - يشيل - إعلان - يخلّص - شيكات - كرة قدم - شطرنج

تقديم (٢)

الجّاي - بعد شويّة - بعد بكره - الإسبوع الجّاي - الشهر الجّاي - السّنة الجّاية - الواحات - يزور - يطلب - يتخرّج من - عيد ميلاد - جناين - مفاجأة - كلّ سنة وإنت طيّب - مطعم - يتّصل بـ

تقديم (٣)

رسالة - أسيب - آسف - على طول - يفوت على - يركّب - السطوح - إريال - حمّام شمس - يسأل عن - يردّ - ياخد رسالة

تقديم (٤)

خطيبة - مش هاقدر - أخد الدكتوراه - يوصّل - يعتذر - إعتذار - يحوّش - صداع - جامد - اللّي فات - نقعد - عيد راس السّنة - حفلة التخرّج - عيد شمّ النسيم - مبروك - بيطفّي الشمع - تورتة

من واقع الحياة

يتفسّح - شرا - لعب - الساحل الشمالي - فخّار - رقص شرقي - ألف مبروك

٢

تقديم (٩ – ١)

بتعرف إيه؟

اسمع وكرّر مع المدرّس.

شيرين بتعرف إيه؟ سامر يقدر يعمل إيه؟

سامر	الدنيا حرّ. ياللا نروح النادي ونعوم.
شيرين	نعوم؟ إنت بتعرف تعوم يا سامر؟
سامر	آه، باعرف. ده أنا باقدر أعوم ٤٠٠ متر وباقدر أنطّ ٤ متر. وإنتي بتعرفي تعومي؟
شيرين	لا، أنا ما باعرفش أعوم خالص. بتقدر تلعب أيّ رياضة تانية يا سامر؟
سامر	آه، باقدر أجري ٤ كم كل يوم. وإنتي تقدري تجري؟
شيرين	لا .. لا، ماقدرش أجري. ماقدرش ألعب رياضة خالص.
سامر	طيّب بتعرفي إيه؟
شيرين	أنا باعرف كمبيوتر كويّس وباعرف أتكلّم لغات إنجليزي وفرنساوي وشويّة ياباني، لكن ماقدرش أجري ولا أعوم. ماقدرش ألعب رياضة خالص.

٣

لاحظ القواعد:

(١)

الضمير	تعرف	تقدر
أنا	باعرف أستعمل كمبيوتر	أقدر أشيل حديد
إنت	بتعرف تستعمل كمبيوتر	بتقدر تشيل حديد
إنتي	بتعرفي تستعملي كمبيوتر	تقدري تشيلي حديد
هو	يعرف يستعمل كمبيوتر	يقدر يشيل حديد
هي	بتعرف تستعمل كمبيوتر	تقدر تشيل حديد
إحنا	بنعرف نستعمل كمبيوتر	بنقدر نشيل حديد
إنتو	بتعرفوا تستعملوا كمبيوتر	تقدروا تشيلوا حديد
همّ	بيعرفوا يستعملوا كمبيوتر	بيقدروا يشيلوا حديد

٤

قاعدة	بيعرف + فعل مضارع من غير ب	بيقدر + فعل مضارع من غير ب
النفي	ما بيعرفش يستعمل ما بيعرفش + فعل مضارع	ما بيقدرش يشيل ما بيقدرش + فعل مضارع

(٢) تعرف + اسم = تعرف كمبيوتر كويس

= تعرف شارع أحمد عرابي فين؟

٥

النطق

لاحظ النبر:

يعرف	تعرفي	تعرفوا	تقدر	يقدروا
□■	□■□	□■□	□■	□■□

ما يعرفش	ما تعرفيش	ما تعرفوش	ما تقدرش	ما يقدروش
■□□	■□□□	■□□□	■□□	■□□□

التدريبات

تدريب (٩ – ١ – أ (١))

اختار الفعل المناسب واسأل زميلك الأسئلة دي:

١– تقدر (تنضّف – بتنضّف – بنضّف) البيت كل يوم؟

٢– تعرفي (بتتكلّمي – تتكلّمي – بتتكلّموا) كام لغة يا ليلى؟

٣– (تقدروا – تعرف) تمشي ٥ كيلو متر كلّ يوم؟

٤– (تقدروا – تعرفوا) تعوموا ٥ ساعات مرّة واحدة؟

٥– (تعرفي – تقدري) تجري ١٠ كيلو متر يا سوسن؟

٦– (تعرف – تقدر) تكسر الباب يا أحمد؟

٧– (تعرفي – تقدري) فين المجمّع؟

٨– (تعرفوا – تقدروا) تشتغلوا ٢٠ ساعة في اليوم؟

٩– (تعرفي – تقدري) نمرة تليفون زميلك؟

تدريب (٩ – ١ – أ (٢))

رتّب الجملة وصحّح مع زميلك:

١– في اليوم – ألعب – باقدر – تنس – ٣ ساعات – أنا

٢– يطلع السلم – وما يقدرش – عنده ٨٠ سنة – بابا – لوحده

٣– ياكل جزر – عنده ٣ شهور – ابني – دلوقتي – ما يقدرش

٤– هي ست – لوحدها – كبيرة في السن – تعدي الشارع – ما تقدرش

٥– إزّاي – ولا المتحف – ما عرفش – الأهرام – أروح

٦– قاعة الساقية فين – تعرفي – ؟

٧– الأوبرا – أروح – ما تعرفش – إزّاي – ؟

تدريب (٩ – ١ – ب (١))

(١) قول جملة عن كلّ صورة: سوزان بتعرف تعمل إيه؟ / ما تقدرش
تعمل إيه؟

(٢) اكتب الجملة دي تحت الصورة المناسبة.

(٣) اسأل زميلك يعرف / يقدر يعمل الأفعال دي زي سوزان؟

تدريب (٩ – ١ – ب (٢))

إعلان عن وظيفة

استماع

نادية بتقرا إعلان في الجورنال. اسمع:

(١) حسن ممكن يشتغل الوظيفة دي؟

(٢) حسن بيعرف يعمل إيه؟

(٣) حطّ (✓) الحاجات اللّي بتطلبها الشركة.

نص الاستماع لتدريب (٩ – ١ – ب(٢))

نادية	يا حسن، الجورنال فيه إعلان عن وظيفة كويّسة.
حسن	إعلان عن وظيفة كويّسة؟ في أنهي شركة؟
نادية	مش عارفة، لكن همّ عايزين واحد بيعرف يعمل حسابات كوّيس.
حسن	طّيب كويّس، أنا باعرف أعمل حسابات. وإيه تاني؟
نادية	عايزين واحد بيعرف يستعمل كمبيوتر وبيعرف يتكّلم لغات. ويقدر يروح البنك كتير ويخلّص شيكات.
حسن	كويّس قوي. أنا باعرف أعمل كلّ الحاجات دي.
نادية	طّيب يااللا اتكلّم في التليفون بسرعة.

تدريب (٩ – ١ – ج)

اتكلّم مع زميلك في الفصل عن الحاجات اللّي بيعرف أو بيقدر يعملها:

الاسم								
١-								
٢-								
٣-								
٤-								
٥-								
٦-								

٧

تقديم (٩ - ٢)

هتعملي إيه الإسبوع الجّاي؟

بسمة عندها ضيوف الإسبوع ده. هي بتقول لفاتن صاحبتها هتعمل إيه الأيّام الجّاية.

اسمع وكرّر مع المدّرس.

فاتن	ألو، إزيّك يا بسمة؟ إنتي عندك ضيوف الأربع الجّاي مش كده؟
بسمة	أيوه، عندي ضيوف الأربع الجّاي إن شاء الله.
فاتن	طّيب هتعملي إيه؟
بسمة	شوفي يا ستي، النّهارده هانضّف البيت وهاحضّر أوضة النوم بتاعتهم.
فاتن	وبكره؟
بسمة	بكره هاطبخ لهم أكل مصري.
فاتن	وبعد بكره؟
بسمة	بعد بكره الأربع هاروح المطار وهنرجع البيت على السّاعة ٨ باالليل.
فاتن	كويّس والخميس الجاي هتسافروا إسكندريّة؟
بسمة	لا، مش هنسافر إسكندريّة. هنروح المتحف والأهرام.

اكتب بسمة هتعمل إيه؟

إمتى؟	هتعمل إيه؟
النّهارده	
بكره	
بعد بكره	
الأربع الجّاي	
الخميس الجّاي	

لاحظ القواعد: ٨

(١)

	أيوه	لا
أنا	هاروح المطار	مش + هاروح
إنت	هتروح المطار	مش + هتروح
إنتي	هتروحي المطار	مش + هتروحي
هو	هيروح المطار	مش + هيروح
هي	هتروح المطار	مش + هتروح
إحنا	هنروح المطار	مش + هنروح
إنتو	هتروحوا المطار	مش + هتروحوا
همّ	هيروحوا المطار	مش + هيروحوا

هـ+ فعل مضارع   **مش + هـ+ فعل مضارع**

(٢) كلمات للمستقبل:

بعد شويّة – بكره – بعد بكره – الإسبوع الجّاي – الشهر الجّاي – السّنة الجّاية – بعد ساعتين

النطق ٩

لاحظ النبر:

هاكتب	هتروحي	هنسافر	هيخرجوا	هتقابل
□■	□■□	□■□	□■□□	□■□
مش هاكتب	مش هتروحي	مش هنسافر	مش هيخرجوا	مش هتقابل
□■□	□■□□	□■□□	□■□□□	□■□□

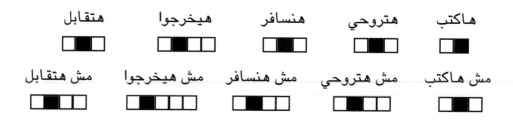

التدريبات

تدريب (٩ - ٢ - أ (١))

اختار الفعل المناسب:

١- الإسبوع الجّاي سامي ونبيلة .... الواحات. (مسافر - هيسافروا - بيسافروا)

٢- بكره بعد الضّهر أحمد .... أخوه. (زيارة - هيزور - هيزوروا)

٣- صلاح وسيف مش .... بيتزا النّهارده. (بيشتروا - هيشتروا - هيشتري)

٤- .... بعد ساعة في التليفون. (طلب - هاطلبك - طلبات)

٥- السّنة الجايّة .... من الجامعة إن شاء الله. (خرج - هنتخرّج - يتخرّج)

٦- مش .... دلوقتي، يمكن بعد شويّة. (أكل - هتاكل - ما بتاكلش)

٧- لما يوصل مصر .... في شّقة في مصر الجديدة. (هيسكن - ساكن - بيسكن)

تدريب (٩ - ٢ - أ (٢))

اسأل زميلك هيعمل إيه من الأفعال دي النهارده زي المثال تحت:

هتعمل إيه بعد الضّهر؟	مش هتعمل إيه النّهارده بعد الضّهر؟
١- هاروح السنيما.	١- مش هانّضف البيت بعد الضّهر.
٢-	٢-
٣-	٣-
٤-	٤-

١٠

تدريب (٩ – ٢ – ب)

كلمات مفيدة:
عيد ميلاد – جناين
مفاجأة – كلّ سنة وإنت طيّب
مطعم – محفظة

وليد بكره عنده يوم مهمّ. إيه هو؟

اسمع وقول:

١– في الصّبح ....

٢– في الغدا ....

٣– هو هيشتري ....

٤– هو هيقابل أصحابه؟ إمتى؟

بصّ للصورة.

إيه هي المفاجأة؟

نص الاستماع لتدريب (٩ - ٢ - ب)

مها	وليد
- عيد ميلادك إمتى يا وليد؟	- بكره إن شاء الله.
- طيّب كل سنة وإنت طيب. وهتعمل إيه بكره في عيد ميلادك؟	- مش هاعمل حاجات كتير. غالباً هنفطر أنا ومراتي برّه.
- هتفطروا برّه. كويّس قوي، وهتعملوا حاجة تاني؟	- آه، أنا باحبّ خان الخليلي، فهنروح نشتري هديّة عيد ميلادي من هناك .. محفظة وللا حزام شيك.
- وهتتغدّوا فين؟	- هنتغدّى في جناين الأزهر. هناك فيه مطاعم حلوة قوي.
- هتروحوا خان الخليلي وهتتغدّوا في جنينة الأزهر. طّيب أنا وأصحابنا هنشوفك إمتى؟	- أنا مشغول طول اليوم ده. قولي لأصحابي أنا مشغول.
- لا.. لا، لازم نقول كلّ سنة وإنت طيّب، وهنشتري هديّة طبعاً.	- لا .. لا .. مش لازم. ألف شكر.
- لا.. لا .. مش ممكن هنقابلك في البيت إن شاء الله. وهنعملك مفاجأة.	- إن شاء الله .. إن شاء الله.

تدريب (٩ - ٢ - ج)

(١) **طالب (١) يسأل: هتعمل إيه بعد شويّة؟**

طالب (٢) عنده حاجات كتير يعملها بعد شويّة وهو متأخّر دلوقتي قول حاجات زي: المدير - الاجتماع - الجواب - تذكرة الطيارة - البنك - السينما مع الأصحاب - يتّصل - يقابل

(٢) اسأل زميلك في الفصل:

هتعمل إيه بعد ساعتين – بكره – في الأجازة – الشهر الجّاي – السّنة الجّاية؟

تقديم (٩ – ٣)

تليفونات ورسائل

١١

اسمع وكرّر مع المدرّس:

	(١)		(٢)
متكلّم	ألو، مصطفى موجود؟	نوال	ألو، أنا نوال. سعاد موجودة؟
سالم	لا يا فندم، آسف. هو مش موجود دلوقتي. تحبّي تسيبيله رسالة؟	سالم	آسف يا فندم. هي مش هنا.
متكلم	أيوه، قوله سامح جوزي مش هينزل البلد بعد الضهر. هو عيّان قوي في المستشفى.	نوال	هي فين؟
سالم	حاضر، هاقولّه يا فندم. مع السلامة.	سالم	هي في الشغل. تحبّي أقول لها حاجة؟
متكلّم	شكرا.	نوال	أيوه، ممكن أسيب لها رسالة؟
		سالم	اتفضّلي.
		نوال	قولّها نوال وزينب هيروحوا سينما التحرير النّهارده الساعة ٦.
		سالم	حاضر يا فندم هاقولّها تطلبك على طول.

إيه الرسالة؟

١٢

لاحظ القواعد:

لغة الرسالة في التليفون

السؤال في التليفون	الجواب
المتكلّم	الردّ
ألو، .... موجود؟	لا، آسفة.
ممكن أسيبله رسالة؟	اتفضّل. نقول له مين؟
قولّي له	حاضر، هاقولّه يطلبك على طول.

الفعل	ل	الضمير	
قول +	ل +	ـه	(هو)
قول +	ل +	ها	(هي)
قول +	ل +	هم	(همّ)

ممكن	أسيب	ل	ه	(هو)
		ل	ها	(هي) رسالة؟
		ل	هم	(همّ)

تحبّ	تسيب	ل	ـه	(هو)
		ل	ها	(هي) رسالة؟
		ل	هم	(همّ)

النطق

١٣

لاحظ النبر:

قوله   قولّها   قولّهم   أسيب لها   أسيب لهم

التدريبات

تدريب (٩ - ٣ - أ (١))

كلمة مفيدة :
يفوت على

كمّل الحوار بكلمات من تحت:

(١) أ- ألو، سميّة ....؟

ب- لا، ....

أ- ممكن ....؟

ب- طبعاً ....

أ- .... حامد مش هييجي الشغل النهارده.

ب- حاضر، ها .... لمّا ترجع.

(٢) أ- ألو، أمين هنا؟

ب- لا، هو .... تحّب .... رسالة؟

أ- أيوه، لو سمحت .... أنا هافوت عليه الساعة ٧.

ب- حاضر، .... لمّا يرجع.

أ- شكرا.

ب- العفو.

الكلمات:

مش - آسف - موجودة - اتفضّل - أسيب لها - قولّها - مش هنا - تسيب له - قولّه - هاقوله

تدريب (٩ - ٣ - أ (٢))

١٤
١٥
١٦
١٧

اسمع:

(١) اكتب الاسم تحت الصورة.

(٢) قول الرسالة بتاعة كلّ صورة إيه؟

الرسالة: سعاد وعليّة هيتقابلوا قدّام الأوبرا الساعة ٧ بكره.

شهيرة

كلمات مفيدة: بيركّب - إريال - حمّام شمس - السطوح

نص الاستماع لتدريب (٩ – ٣ – أ (٢))

استماع (١) ١٤

عليّة	أ
ألو، أنا عليّة. ممكن أكلّم شهيرة؟	لا، أنا آسفة. هي في المول بتشتري حاجات.
هترجع إمتى؟	مش عارف.
طيّب ممكن أسيب لها رسالة؟	اتفضّلي.
قول لها سعاد وعليّة هيتقابلوا بكره الأربع قدّام الأوبرا بالليل الساعة ٧ ونص.	سعاد وعليّة هيتقابلوا بكره قدّام الأوبرا الساعة ٧ ونص. حاضر.

استماع (٢) ١٥

سهام	أ
ألو، أنا سهام. فريدة موجودة؟	لا، هي مش موجودة دلوقتي. هي في النادي بتاخد حمّام شمس.
طيّب قولّها سعاد وناهد مش هيزوروا طنط عفاف بكره.	حاضر يا فندم، هاقولّها.

استماع (٣) ١٦

صبري	أ
ألو، أنا صبري. شهير موجود؟	أيوه يا فندم، بس بياخد دش.
طيّب، قولي له أنا هافوت عليه بعد ربع ساعة.	هتفوت عليه بعد ربع ساعة. حاضر هاقولّه يا فندم.

استماع (٤) ١٧

محمد	أ
ألو، أنا محمد. الأستاذ فادي موجود لو سمحتي؟	الأستاذ فادي فوق السطوح بيركّب إريال. أيّ خدمة؟
أيوه، من فضلك قولي له رسالة.	أقولّه إيه يا فندم؟
قولي له أنا مش هاقدر أروح معاه النادي بعد الضّهر.	مش هتقدر تروح النادي بعد الضّهر؟ حاضر يا فندم، هاقولّه.

تدريب (٩ – ٣ – ب)

(١) اتكلّم مع زميلك واعمل حوار عن الصور دي:

أ– ألو، أنا سوزي. مريم ....؟

ب– لا، هي ....

أ– هي ....؟

ب– هي في .... تحبّ أقولّها إيه؟

أ– قولّها ....

أ– ألو، أنا .... موجودة؟

ب– لا، ....

أ– هي ....؟

ب– .... إيه؟

أ– ....

أ– ألو ....؟

ب– لا، ....

أ– هي ....؟

ب– هي .... إيه؟

أ– قوليَ لها ....

أ– ألو ....؟

ب– لا، هو ....

أ– هو ....؟

ب– هو .... تحبّ .... إيه؟

أ– قولّه ....

تدريب (٩ – ٣ – ج)

طالب (١)
يتّصل يسأل عن صاحبه / أصحابه
عشان هيخرجوا في آخر الإسبوع

طالب (٢)
زميل في الشقّة بيردّ .. وبياخد
رسالة عشان هو / هي / همّ
مش موجودين.

١٨

تقديم (٩ – ٤)

آسفة، أنا مشغولة

ضياء عايز حنان خطيبته تخرج معاه في الأجازة.
هي هتخرج معاه؟ ليه؟

حنان ضياء

اسمع وكرّر مع المدرّس:

ضياء	حنان
تيجي نروح السينما السبت الجّاي؟	السينما؟ لا، أنا آسفة يا ضياء مش فاضية يوم السبت الجّاي.
ليه؟	عشان هاقابل الدكتور بتاعي في الجامعة.
طيّب إيه رأيك نلعب تنس الجمعة الجايّة الصّبح بدري؟	الصّبح بدري؟ لا لا آسفة. مش هاقدر ألعب تنس الصّبح بدري.
ليه؟	عشان بانام متأخّرة وباذاكر كتير وعشان لازم آخد الدكتوراه.
طيّب تحبّي نروح الأوبرا يوم الخميس الجّاي بعد الضّهر؟	أمّ .. أمّ .. مش عارفة هاشوف، لا .. لا .. أنا آسفة عشان ما عنديش وقت كفاية.

جاوب:

١– هي هتروح السينما السبت الجّاي؟ ليه؟

٢– حنان هتلعب تنس الجمعة الصّبح بدري؟ ليه؟

٣–حنان هتروح الأوبرا الخميس الجّاي؟ ليه؟

لاحظ القواعد: ١٩

لغة الاقتراح والاعتذار والسبب

الاقتراح/ العزومة	الاعتذار	السبب
١- تيجي نروح	لا، آسف.	عشان + باذاكر عشان + ب + فعل مضارع
٢- إيه رأيك؟ / ياللا + نروح	لا، آسفة مش هاقدر.	عشان + هاقابل الدكتور عشان + فعل مستقبل عشان + لازم + آخد..
٣- تحّبوا + تروحوا	آسفين.	عشان + عندي عشان + ما عندناش وقت

النطق ٢٠

لاحظ النبر:

آسف

آسفة

آسفين

مش هاقدر

ما قدرش

ما عنديش وقت

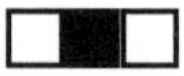

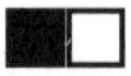

التدريبات

تدريب (٩ – ٤ – أ)

وصّل (أ) مع (ب):

(أ)	(ب)
١– تيجي تنزل البلد بعد الشغل؟	أ– آسف، والله ما قدرش عشان ما عنديش عربيّة.
٢– ياللا نروح فيلم من ٩ ل ١٢ الليلة دي؟	ب– آسف يا حسين، مش هاقدر أروح معاك عشان عندي محاضرة.
٣– تقدر توصّلني معاك البيت؟	ج– لا، مش هاقدر عشان ما عنديش وقت.
٤– تعالى نزور مصطفى بكره؟	د– لا ياحبيبي، آسفة عشان ما عنديش فلوس كفاية.
٥– تحبّي نروح جنينة الأزهر النهارده؟	ه– لا آسفين، بلاش سينما الليلة دي عشان بنذاكر.
٦– ياللا نشتري التلفزيون ده؟	و– لا آسف، عشان هاتأخّر في الشغل النهارده.

تدريب (٩ – ٤ – ب (١))

كلمات مفيدة:

يعتذر – اعتذارات – يحوّش – صداع – جامد – اللّي فات

اسأل زميلك كلّ قدّ إيه بتقول الاعتذارات دي؟

نادراً ما	أحياناً	عادةً/ دايماً	الاعتذارات
			١– آسف عشان لازم أتأخّر في الشغل النهارده.
			٢– آسف عشان باذاكر دلوقتي.
			٣– ماقدرش آسف عشان هانام بدري.
			٤– معلش آسفة عشان باحوّش الأيام دي.
			٥– إحنا آسفين جدا عشان هنزور العيلة بكره.
			٦– آسف جدا عشان عندي درس دلوقتي.
			٧– آسفة قوي عشان عندي صداع جامد دلوقتي.
			٨– لا .. معلش، آسفة عشان لازم أقعد في البيت النّهارده.

تدريب (٩ – ٤ – ب (٢))

طالب (١): اعمل اقتراح أو عزومة (سؤال) لكلّ اعتذار من التدريب اللّي فات.

طالب (٢): كرّر الاعتذارات اللّي فاتت.

مثال: تيجي نقعد على القهوة بعد الضّهر؟

آسف عشان لازم أتأخّر في الشغل النهارده.

تدريب (٩ – ٤ – ج)

حفلات وأعياد

عيد رأس السنة – حفلة التخرّج – عيد شم النسيم – عيد ميلاد

(١) كلام

اسأل زميلك: ١– أنهي صورة لأنهي عيد؟

٢– الناس في صورة (...) بيعملوا إيه؟

(٢)

(١)

(٤)

(٣)

(٢) تمثيل

طالب (١) اعزم زميلك على مناسبة من اللّي فوق.

طالب (٢) يعتذر ويقول السبب.

كلام مفيد:
بيطفّي الشمع – بياكلوا تورتة – بيفتح الهدايا – بيغنّوا – بيقعدوا في الجنينة
بياكلوا بيض ملوّن – بيتخرّجوا – بياخد دبلوم – بيسمع كلمة مدير الجامعة
بيقول مبروك – بيقول كل سنة وإنت طيّب – بيرقصوا – بياكلوا سمك – بياكلوا
لحمة مشويّة

من واقع الحياة

٢١

كلمات مفيدة:
فخّار
سوق الحمّام

الاستماع:

مجدي ونوال في الشغل. مجدي بيسأل نوال عن الأجازة.

(١) اسمع وحطّ (✓) على الإجابة المناسبة في الصورة.

(٢) كرّر الحوار ده مع زميلك واختاروا إجابة تانية من الصور واملا الجدول.

الاسم	المعاد	المكان	يروحوا إزّاي	يتفسّحوا فين	الأكل	الشرا

نص استماع من واقع الحياة ٢٢

مجدي	نوال
هتخدي إجازتك السنوية إمتى يا نوال؟	مش عارفة لسّه. غالباً في شهر أغسطس إن شاء الله.
وهتاخدي قدّ إيه؟	هناخد إسبوعين أنا والعيلة إن شاء الله.
إسبوعين؟ كويس. وهتروحوا فين؟	هنروح الساحل الشمالي. إحنا دايماً بنروح الساحل في الصيف.
وهتروحوا إزّاي وهتركبوا إيه؟	هنروح بالعربيّة عشان عندنا حاجات كتيرة، هاخد الأولاد وهناخد لعبهم. لازم آخد العربيّة.
وهتاكلوا فين في الساحل؟ فيه مطاعم؟	آه، فيه مطاعم كويّسة .. مش كتير لكن فيه مطاعم فراخ وسمك. نطبخ شويّة وناكل برّه شويّة.
والأولاد بيحبّوا ياكلوا في المطاعم؟	آه، طبعاً بيحبّوا ياكلوا في مطعم فراخ وياكلوا الأيس كريم والهمبرجر وكلّ حاجة.
فيه أيّ سوق مشهور هناك؟	آه، فيه سوق الحمّام بيجيب حاجات من ليبيا، وفيه سوق عشان الفخّار فيه حاجات حلوة. أنا باحبّ أشتري فخّار.
طيّب، رحلة سعيدة إن شاء الله.	شكرا.

القراءة

سلمى عندها حفلة تخرّج، ودي الرسالة الإلكترونيّة بتاعتها عشان تعزم أصحابها على الحفلة.

أعزائي

أنا بكره عندي حفلة التخرج بتاعتي. الحفلة الساعة ٨ بالليل يوم الخميس ٨ يوليو، أهلا وسهلا بيكو.

هتسمعوا مزّيكا كلاسيك، ولكن فية مزّيكا مصري كمان.

هنرقص رقص شرقي، وهناكل أكل مصري.

كل واحد لازم يجيب معاه:

(١) صنف مشروبات كوكا أو عصير

(٢) طبق سلاطة

(٣) صنف مأكولات: صنف خضار أو لحمة أو مكرونة أو فراخ

العنوان: ٥ شارع أحمد ثروت – روكسي – مصر الجديدة

للاعتذار: ابعت الاعتذار قبل يوم التلات.

سلمى

جاوب على الأسئلة.

الحفلة:

– إمتى؟

– السّاعة كام؟

– هيسمعوا إيه؟

– هيرقصوا في الحفلة؟

– مطلوب أكل إيه؟

– العنوان فين؟

الكتابة

اكتب اعتذارات الناس دول:

(١) هبة مش هتقدر تيجي عشان الامتحانات.

(٢) مي مش هتقدر تيجي عشان العربيّة عطلانة.

(٣) نشوى مش هتقدر تيجي عشان ابنها عيّان.

(٤) سهام مش هتقدر تيجي عشان مامتها في المستشفى.

اعتذار (١)	اعتذار (٢)
عزيزتي سلمى أنا آسفه عشان مش هاقدر آجي الحفلة، عشان الأولاد بيذاكروا وعندهم امتحانات بكره لكن ألف مبروك وأشوفك بعدين. أختك هبة	
اعتذار (٣)	**اعتذار (٤)**

الكلام

طالب (أ): إنت عايز تقابل زميلك. اسأله إمتى تقدر تقابله.

طالب (ب): زميلك عايز يخرج معاك وجدولك مش فاضي. حاول ترتّب معاد مناسب.

مثال: طالب (أ): إنت فاضي يوم الجمعة ٨ في الشهر؟

طالب (ب): لا، آسف مش فاضي عشان هالعب ماتش كورة في النادي.

استمرّوا في الأسئلة لغاية ما تلاقوا يوم مناسب. اعكسوا الأدوار.

السبت	الأحد	الاثنين	الثلاثاء	الأربعاء	الخميس	الجمعة
						١ هارجع من الرحلة
٢ زيارة العيلة	٣ ماتش الكورة	٤	٥ زيارة دكتور السّنان	٦	٧ غدا مع ناجي أخويا	٨
٩	١٠ مقابلة مع سمير	١١ دكتور السّنان	١٢	١٣ اجتماع مع المدير	١٤ حفلة عند ماجد	١٥
١٦ أجازة	١٧ أجازة	١٨ أجازة	١٩ أجازة	٢٠ أجازة	٢١ أجازة	٢٢ أجازة
٢٣ تدريب تنس	٢٤	٢٥	٢٦ دكتور السّنان	٢٧	٢٨	٢٩
٣٠ النادي مع الأولاد	٣١	**يوليو**				

السبت	الأحد	الاثنين	الثلاثاء	الأربعاء	الخميس	الجمعة
						١
٢	٣	٤ زيارة بابا وماما	٥	٦ النادي	٧	٨ ماتش كورة
٩ زيارة أختي ماجدة	١٠	١١	١٢	١٣ تدريب كورة	١٤	١٥ عيد ميلاد أحمد
١٦	١٧	١٨	١٩	٢٠	٢١	٢٢
٢٣ غدا مع سهير	٢٤	٢٥ درس بيانو	٢٦	٢٧ ← أجازة	٢٨	٢٩ →
٣٠ شرا طلبات الشهر	٣١	**يوليو**				

دلوقتي إنت عارف هتقابل زميلك إمتى. فكّروا هتعملوا إيه.

زي الحوار ده :

طالب (أ): تحبّ تلعب تنس؟

طالب (ب): أنا آسف عشان ماعرفش ألعب تنس.

استمرّ في الحوار وقول للفصل إنتو هتعملوا إيه؟

افتكر

(١) بتقدر / بتعرف

(أ) بتعرف + فعل مضارع

بتقدر
بتعرف } + فعل مضارع من غير ب

بتعرف تتكلّم لغات؟ — بتقدر تجري ٥ كم؟

أيوه	لا
باعرف أتكلم لغات.	ما باعرفش أتكلم لغات.
باقدر أجري ٥ كم.	ما باقدرش أجري ٥ كم.
	ما + ب + الفعل (١) + ش + الفعل (٢)

(ب) لاحظ الفرق

تعرف + اسم

تعرف البيت فين؟ — تعرف نمرة تليفون السفارة؟

(٢) السؤال عن المستقبل

سؤال — هتعمل إيه في الأجازة؟

أيوه	لا
هاروح النادي	مش هاروح النادي
هـ+ فعل مضارع	مش + فعل مستقبل

أنا	هاروح
إنت	هتروح
إنتي	هتروحي
هو	هيروح
هي	هتروح
إحنا	هنروح
إنتو	هتروحوا
همّ	هيروحوا

(٣) لغة الرسالة في التليفون

المتكلّم:

طلب	هو	هي	همّ
ممكن أسيب قول	له له	لها لها	لهم رسالة؟ لهم
اقتراح			
تحبّ تسيب	له	لها	لهم رسالة؟

المتكلم	الرد
هو موجود؟	أيوه، هو موجود.
	آسف، هو مش موجود. تحبّ تسيبله رسالة؟

(٤) لغة الاقتراح والاعتذار

اقتراح	اعتذار
تيجي نروح؟ ياللا نروح؟ تحبّ نروح؟	آسف، عشان + ب + فعل مضارع آسفة، عشان + هـ ..... آسفين، عشان + عايزين + فعل مضارع عشان + عندنا أو ما عندناش

١

الوحدة العاشرة

محتويات الموضوعات في الوحدة العاشرة

◆ الكلام عن أحداث الأجازة في الماضي

◆ الكلام عن يوم عمل / أحداث يومية في الماضي

◆ الكلام عن قصّة / حكاية / موقف في الماضي

◆ التعبير عن المرض والألم مع استعمال الفعل الماضي والأمر

الكلمات الجديدة في وحدة ١٠

تقديم (١)

اللّي فات – إمبارح – أول إمبارح – الإسبوع اللّي فات – قعد قدّام – أجّر فيلم –
عزم – ييجي – اجتمع

تقديم (٢)

النّظام الجديد – فعل معتلّ – حرف علّة – ساب – شال – مالك – ساعد – طول
بعد الضّهر

تقديم (٣)

عدّ – لقى – حكاية – موقف – انبسط – مخالفة – روّح – ردّ – نطّ – التليفون
ضرب

تقديم (٤)

عيّان – مغص – زكام – وجع في سناني – صداع – شريط – كبسولة –
كبسولات – قرص – أقراص – دوا شُرب – معلقة – إسهال – كريم – دهان –
تقيل – خفيف – جامد

من واقع الحياة

ضهر – معبد فيله – الكرنك – وادي الملوك – راس محمد – آثار رومانيّة – خان
الخليلي

تقديم (١٠ – ١)

ادرس الكلمات دي:

بُصّ في النتيجة

النّهارده إيه؟ النهارده السبت ١٢ فبراير.

إمبارح ....

أوّل إمبارح ....

الإسبوع اللّي فات ....

الشهر اللّي فات ....

2005	January					يناير	٢٠٠٥
5	SAT.	1	8	15	22	29	السبت
	SUN.	2	9	16	23	30	الأحد
	MON	3	10	17	24	31	الاثنين
	TUE.	4	11	18	25		الثلاثاء
	WED.	5	12	19	26		الأربعاء
	THU.	6	13	20	27		الخميس
Wednesday	FRI.	7	14	21	28		الجمعة

٥ — الاربعاء

٢٤ ذو القعدة ١٤٢٥ هـ ٢٧ كيهك ١٧٢١

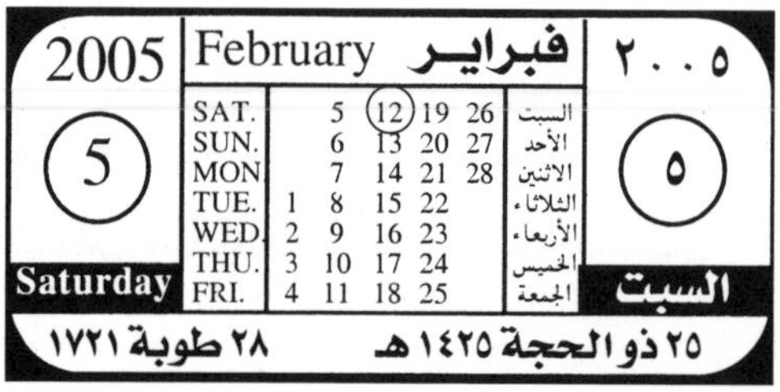

2005	February					فبراير	٢٠٠٥
5	SAT.		5	(12)	19	26	السبت
	SUN.		6	13	20	27	الأحد
	MON		7	14	21	28	الاثنين
	TUE.	1	8	15	22		الثلاثاء
	WED.	2	9	16	23		الأربعاء
	THU.	3	10	17	24		الخميس
Saturday	FRI.	4	11	18	25		الجمعة

٥ — السبت

٢٥ ذو الحجة ١٤٢٥ هـ ٢٨ طوبة ١٧٢١

2005	March					مارس	٢٠٠٥
5	SAT.		5	12	19	26	السبت
	SUN.		6	13	20	27	الأحد
	MON		7	14	21	28	الاثنين
	TUE.	1	8	15	22	29	الثلاثاء
	WED.	2	9	16	23	30	الأربعاء
	THU.	3	10	17	24	31	الخميس
Saturday	FRI.	4	11	18	25		الجمعة

٥ — السبت

٢٤ محرم ١٤٢٦ هـ ٢٦ أمشير ١٧٢١

تابع تقديم (١ – ١٠)
عملت إيه في الأجازة؟

اسمع وكرّر مع المدرّس:

ماجد	إزّي الأجازة بتاعتك يا مديحة الإسبوع اللّي فات؟
مديحة	يعني مش قوي .. نُصّ نص.
ماجد	ليه يا مديحة مش قوي؟ شكلك تَعبان قوي.
مديحة	عشان يوم الجمعة اللّي فاتت الصّبح أنا ذاكرت كتير ٦ ساعات عشان عندي امتحان. وبعد الضّهر لبست بسرعة وقابلت أختي في المطار عشان هيّ رجعت من دُبي. وقعدنا في المطار ٣ ساعات ورجعنا متأخّر.
ماجد	ياه! ذاكرتي ٦ ساعات وبعدين قابلتي أختك في المطار ورجعتوا البيت متأخّر. كُلّ ده؟ طيِّب ويوم السّبت؟
مديحة	يوم السّبت؟ طبعاً غسلت وطبخت وخرجنا مع ماما وإخواتي وبرضه رجعنا متأخّر. وإنت عملت إيه في الأجازة؟
ماجد	ما عملتش حاجة .. ما ذاكرتش .. ما غسلتش .. ما نزلتش من البيت.
مديحة	ما لعبتش الرياضة بتاعتك؟
ماجد	آه، لعبت جولف، بس على الكمبيوتر. واتفرّجت على التليفزيون طبعاً.

هي عملت إيه؟   هو عمل إيه؟

٣

لاحظ القواعد:

(١) عملت إيه في الأجازة اللّي فاتت؟ بتكتب = كتبت

ضمير	الفعل من ٣ حروف	
	ك ت ب ـَ ـَ ـْ	ن ز ل ـِ ـِ ـْ
أنا	كَتَبْت ـَـَـْ ت	نِزِلْت ـِـِـْ ت
إنت	كَتَبْت ـَـَـْ ت	نِزِلْت ـِـِـْ ت
إنتي	كَتَبْتِي ـَـَـْ تي	نِزِلْتي ـِـِـْ تي
هو	كَتَب ـَـَـْ	نِزِلْ ـِـِـْ
هي	كَتَبِت ـَـَـِ تْ	نِزْلِت ـِـْـِ ت
إحنا	كَتَبْنا ـَـَـْ نا	نِزِلْنا ـِـِـْ نا
إنتو	كَتَبْتُوا ـَـَـْ توا	نِزِلْتوا ـِـِـْ توا
همّ	كَتَبُوا ـَـَـُ وا	نِزْلُوا ـِـْـُ وا

ضمير	الفعل من ٣ حروف مع شدّة
	نَ ضَّ ف ـَ ـَّ ـْ
أنا	نَضَّف ـَـَّـْ ت
إنت	نَضَّفت ـَـَّـْ ت
إنتي	نَضَّفتي ـَـَّـْ تي
هو	نَضَّف ـَـَّـْ
هي	نَضَّفِت ـَـَّـِ ت
إحنا	نَضَّفْنا ـَـَّـْ نا
إنتو	نَضَّفْتوا ـَـَّـْ توا
همّ	نَضَّفُوا ـَـَّـُ وا

ضمير	الفعل من ٤ حروف
	ذ ا كِ ر ـَ ا ـِ ـْ
أنا	ذَاكِر ـَ ا ـِ ـْ ت
إنت	ذَاكِر ـَ ا ـِ ـْ ت
إنتي	ذَاكِر ـَ ا ـِ ـْ تي
هو	ذَاكِر ـَ ا ـِ ـْ
هي	ذَاكِر ـَ اـْ ـِ ت
إحنا	ذَاكِر ـَ ا ـِ ـْ نا
إنتو	ذَاكِر ـَ ا ـِ ـْ تُوا
همّ	ذَاكِر ـَ اـْ ـُ وا

النفي: ما + الفعل الماضي + ش

(٢) لعبت رياضة؟ لا، ما لعبتش.

ضمير	ماَـ ـَ ـْ تش	ما ـِ ـِ ـْ تش	
أنا	ما كتبتش	ما لعبتش	
إنت	ما كتبتش	ما لعبتش	
إنتي	ما كتبتيش	ما لعبتيش	
هو	ما كتبش	ما لعبش	ما + الفعل الماضي + ش
هيّ	ما كتبتش	ما لعبتش	
إحنا	ما كتبناش	ما لعبناش	
إنتو	ما كتبتوش	ما لعبتوش	
همّ	ما كتبوش	ما لعبوش	

٥

النطق

لاحظ النبر:

(١)	دخل	خرج	مادخَلش	ما خرجش
	□■	□■	■□□	■□□
(٢)	لبس	نزل	ما لبسش	ما نزلش
	□■	□■	■□□	■□□
(٣)	سافر	فكّر	ما سافرش	ما فكّرش
	□■	□■	■□□	■□□

اسمع المدرّس وحطّ النبر:

فتح　　عمل　　غسل　　ما فتحش　　ما عملش　　ما غسلش

طلع　　فطر　　ما طِلعش　　ما فطرش

قابل　　رتَّب　　ما قابلش　　ما رتبش

التدريبات

تدريب (١٠ - ١ - أ (١))

وصل (أ) مع (ب) وقول الناس عملت إيه في الأجازة:

أ	ب
أنا	قعدوا قدّام التليفزيون كُلّ الأجازة.
هو	ذاكرت كتير عشان عندها امتحان.
هيّ	لعب تنس في النادي.
إنتو	سافرنا شرم الشيخ.
إحنا	خرجتوا مع أصحابكو، مش كده؟
إنتو	نضّفتي البيت ليه في الأجازة؟
إنتي	نزلتوا البلد ليه؟ المهندسين فيها كُلّ حاجة.
همّ	ما قابلتوش أصحابنا في المطعم؟
إنتو	سمعوا مزّيكا في الأوبرا.
همّ	ما غسلتش الهدوم عشان خرجت.

تدريب (١٠ - ١ - أ (٢))

كمّل الحوار بالفعل المناسب زي المثال:

١-	لعبت تنس يوم الجمعة اللّي فاتت؟	آه، لعبت مع حسام صاحبنا. (بالعب - لعبت - هالعب)
٢-	ماجدة وهناء قعدوا فين في السينما إمبارح؟	همّ .... ورانا. (هاقعد - بيقعدوا - قعدوا)
٣-	الإسبوع اللّي فات ناجي ورمزي	.... إسكندريّة. (هيسافروا - سافروا - بيسافرو)
٤-	سميحة عملت إيه في الأجازة؟	سميحة .... مع أختها وأخوها. (هتخرج - بيخرجوا - خرجت)
٥-	عملتي الأكل يوم السّبت اللّي فات؟	لا، .... الأكل. نضّفت بس. (ما عملتش - عملت - باعمل)
٦-	أكلتوا في المطعم ده قبل كده؟	لا، .... (بناكل - ما أكلناش - هناكل)
٧-	ذاكرتي في الأجازة؟	لا، .... طبعاً. خرجت بس. (باذاكر - ما ذاكرتش - هاذاكر)

اسمع وصحّح الحوار.

كرّر الحوار مع زميلك.

تدريب (١٠ – ١ – ب)

اختار افعال من الصور دي.

قول لزميلك عملت إيه / وما عملتش إيه في الأجازة؟

أجّر فيلم

عزم

قعد قدّام التلفزيون

غسل

سمع

نضّف الجنينة

قابل

طبخ

اكتب الجمل في الجدول:

عملت إيه في الأجازة؟	ما عملتش إيه؟

تدريب (١٠ – ١ – ج)

اسأل زمايلك في الفصل عملوا إيه في الأجازة.

٧

تقديم (١٠ – ٢)

المدير عمل إيه؟

اسمع وكرّر:

عُلا	تـامر
إيه مالك؟ زعلان ليه يا تـامر؟	عشان الشغل. اشتغلت كتير قوي إمبارح وحصلت حاجات تانية.
إيه؟ حصل إيه إمبارح؟	إمبارح رحت الشغل بدري، قابلت المدير وطلب طلبات وأوامر كتير.
معلش، لازم المدير يقول ويطلب أوامر كتير.	ماشي.. بس.. اسمعي عملت إيه. شُفت البوسطة بتاعة المكتب كلّه وشلت كُلّ الملفات بتاعة المدير واتكلمت مع الموظفين عن النظام الجديد في المكتب واجتمعت مع مدير الحسابات ورجعت تَعبان قوي ونِمت على طول.
كويّس قوي .. طيّب زعلان ليه دلوقتي؟	لا، مش كويّس. بعد كُلّ ده المدير قال لي مع السّلامة، ما تجيش بكره.

٨

لاحظ القواعد:

أفعال معتلّة في الوسط / أفعال أكتر من ٤ حروف

	العلّة و ١ ٢ ٣	العلّة ي ١ ٢ ٣	العلّة ا ١ ٢ ٣	فعل ٤ حروف أو أكتر أولّه سكون		
الضمير	قال/يقول	شال/يشيل	نام/ينام	اتكلم/ يتكلم	اشتغل/ يشتغل	حروف الزيادة
أنا	قُلت	شِلت	نِمت	اتكلّمت	اشتغلْت	ا ـ ـ ـ ـ ت
إنت	قُلت	شِلت	نِمت	اتكلّمت	اشتغلْت	ا ـ ـ ـ ـ ت
إنتي	قُلتي	شِلتي	نِمتي	اتكلّمتي	اشتغلْتي	ا ـ ـ ـ ـ تي
هو	قَال	شَال	نَام	اتكلّم	اشتغل	ا ـ ـ ـ ـ
هيّ	قَالت	شَالت	نَامت	اتكلّمت	اشتغلِت	ا ـ ـ ـ ـ ت
إحنا	قُلنا	شِلنا	نِمنا	اتكلّمنا	اشتغلْنا	ا ـ ـ ـ ـ نا
إنتو	قُلتوا	شِلتوا	نِمتوا	اتكلّمتوا	اشتغلْتوا	ا ـ ـ ـ ـ توا
همّ	قَالوا	شَالوا	نَاموا	اتكلّموا	اشتغلوا	ا ـ ـ ـ ـ وا

حرف العلّة موجود مع هو / هيّ / هم

من غير (ا) في أول الفعل الماضي **مع (ا) في أول الفعل الماضي**

ـُ	ضمّة	كسرة	ـِ

٩

النفي

نِمت إمبارح؟ لا، ما نِمتش.

	شَاف	باع	نام	اتفرج على	اشتغل
أنا	ما شُفتش	ما بِعتش	ما نِمتش	ما اتفرّجتش	ما اشتغلْتِش
إنت	ما شُفتش	ما بِعتش	ما نِمتش	ما اتفرّجتش	ما اشتغلْتِش
إنتي	ما شُفتيش	ما بِعتيش	ما نمتيش	ما اتفرّجتيش	ما اشتغلتيش
هو	ما شافش	ما باعش	ما نامش	ما اتفرّجش	ما اشتغلش
هيّ	ما شفاتش	ما باعتش	ما نامتش	ما اتفرّجتش	ما اشتغلِتْش
إحنا	ما شُفناش	ما بِعناش	ما نِمناش	ما اتفرّجناش	ما اشتغلناش
إنتو	ما شُفتوش	ما بِعتوش	ما نِمتوش	ما اتفرّجتوش	ما اشتغلتوش
همّ	ما شافوش	ما باعوش	ما ناموش	ما اتفرّجوش	ما اشتغلوش

ما + الفعل الماضي + ش

١٠

النطق

لاحظ النبر:

(١) شاف   راحوا   ما شافش   ما راحوش

(٢) نمت   نامت   ما نمتش   ما نامتش

(٣) باعوا   جابت   ما باعوش   ما جابتش

(٤) استعملتي   اتكلمتوا   ما استعملتيش   ما اتكلمتوش

اسمع المدرّس وحطّ النبر:

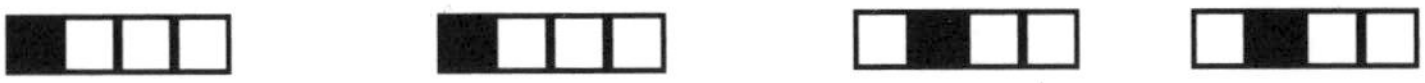

شفت	راحت	ما شفتش	ما راحتش
خفتوا	نمنا	ما خفتوش	ما نمناش
شلنا	جيبتوا	ما شلناش	ما جيبتوش
اجتمعنا	اتفرّجوا	ما اجتمعناش	ما اتفرّجوش

التدريبات

تدريب (١٠ – ٢ – أ (١))

وصّل (أ) مع (ب):

(أ)	(ب)
أنا	ما قالوش عايزين إيه؟
إنت	ما شفناش أحمد إمبارح.
إنتي	اشتغل كتير قوي إمبارح.
هو	ما لعبتيش تنس الجمعة اللّي فاتت؟
هيّ	ما ذاكرتش كويّس ليه؟
إحنا	رحت السينما إمبارح.
إنتو	اتفرّجت على فيلم عربي في سينما راديو.
همّ	ما اتكلّمتوش مع المدير ليه؟

تدريب (١٠ – ٢ – أ (٢))

كمّل الجدول:

المضارع	الماضي	المضارع	الماضي	المضارع	الماضي
بتروح		بتشيل		بيبيع	
بيسافروا		بيتفرّج على		بيقولوا	
بنشتغل		بيتكلّموا		بتنام	
باشوف		بتساعِد		بيجتمعوا	
بيسوقوا		بيستعمل		بتسيبوا	

تدريب (١٠ - ٢ - ب (١))

كمِّل الحوار وكرّره مع زميلك.

(١) أ: شفت فيلم عربي وللا أجنبي إمبارح؟

ب: لا، .... فيلم أجنبي.......... فيلم عربي.

(٢) أ: رُوحتوا مطعم الجمعة اللّي فاتت وللا قعدتوا في البيت؟

ب: أيوه، .... مطعم الجمعة اللّي فاتت. لا، .... في البيت.

(٣) أ: نضّفت البيت يوم السّبت اللّي فات؟

ب: آه، .... يوم السّبت بس ما.......... ش البلكونات.

(٤) أ: سافرت شرم الشيخ الإسبوع اللّي فات؟

ب: لا، .... الغردقة.

(٥) أ: نمت فين في إسكندريّة؟

ب: .... في فندق على البحر، كويّس قوي ورخيص كمان.

(٦) أ: شلتوا الأكل اللّي في المطبخ؟

ب: أيوه، .... الأكل و.......... كُلّ حاجة في التلاجة.

(٧) أ: اتكلّمتي مع المدير عشان الأجازة؟

ب: لا، .... عشان عنده ناس كتير دلوقتي.

تدريب (١٠ - ٢ - ب (٢))

استعمل ٥ أفعال من الجدول في تدريب (١٠ - ٢ - أ (٢)) واعمل جملة زي كده:

طالب (أ): إنت رحت السينما في الأجازة؟

طالب (ب): لا، ما رحتش سينما. رحت الأوبرا.

تدريب (١٠ – ٢ – ج (١))

(١) اسمع عن ٤ رجّالة كلّ واحد عمل إيه بعد الشغل وحطّ النمرة تحت الصورة المناسبة:

نص الاستماع لتدريب (١٠ – ٢ – ج (١))

١– إمبارح أنا عُمْت في النادي ٣ ساعات وبعدين قعدت على القهوة.

٢– بعد الضّهر رحت المول عشان أشتري بدلة، وقابلت صاحبي هناك.

٣– بالليل ذاكرت عربي ساعتين وبعدين اتفرّجت على التليفزيون شويّة.

٤– أنا نِمت طول بعد الضّهر لغاية الصّبح، ما عملتش حاجة تانية.

(٢) دلوقتي اسأل زمايلك في الفصل عملوا إيه إمبارح.

بالليل	بعد الضّهر	عملت إيه في الشغل؟	الاسم
			١–
			٢–
			٣–
			٤–
			٥–

١٢

تقديم (١٠ – ٣)

حصل إيه؟ أمّا حكاية

كلمات مفيدة:
لقى – عدّ – حكاية – موقف

إبراهيم حصل له موقف.
اسمع وكرّر مع المدرِّس.
شوف حصل إيه.

إبراهيم	فاتن
– عرفتي حصل إيه إمبارح يا فاتن؟	– لا، ما عرفتش. حصل إيه؟
– إمبارح صحيت بدري ورحت أشتري طلبات من السوق.	– طيّب وبعدين؟
– وبعدين على الساعة ٣ دخلت مطعم واتغدّيت .. كلت وشربت وانبسطت وبعدين طلبت الحساب.	– أكلت وشربت وانبسطت وبعدين طلبت الحساب. طيب فين المشكلة؟
– المشكلة عدّيت الفلوس. ما لقيتش فلوس كفاية في المحفظة.	– يا خبر وعملت إيه؟
– كلّمت أخويا في التليفون. وصل المطعم بسرعة. وخدت منه فلوس عشان الحساب.	– طيّب كويّس. ياه أمّا حكاية! أمّا موقف!

١٣

لاحظ القواعد:

ضمير	حروف علّة في الأول - - V ١ ٢ ٣	حروف علّة في آخر فعل ٣ حروف V - - ١ ٢ ٣
أنا	وصلت و- -ت	صحيت - -يـ ت
إنت	وصلت و- -ت	صحيت - -يـ ت
إنتي	وصلتي و- -تي	صحيتي - -يـ تي
هو	وصل و- -	صحي - -ي
هيّ	وصلت و- -ت	صحيت - -يـ ت
إحنا	وصلنا و- -نا	صحينا - -يـ نا
إنتو	وصلتوا و- -توا	صحيتوا - -يـ توا
همّ	وصلوا و- -وا	صحيوا - -يـ وا

ضمير	حروف علّة في آخر فعل من ٤ حروف أو أكتر	فعل أوله استـ ـ ـ ـ	همزة في الأول أـ ـ ١ ٢ ٣	شدّة في الآخر ـ ـّ عدّ
أنا	اتغدّيت	استعملت	أخدت/خدت	عدّيت
إنت	اتغدّيت	استعملت	أخدت/خدت	عدّيت
إنتي	اتغدّيتي	استعملتي	أخدتي/خدتي	عدّيتي
هو	اتغدّى	استعمل	أخد/خد	عدّ
هيّ	اتغدّت	استعملت	أخدت/خدت	عدّت
إحنا	اتغدّينا	استعملنا	أخدنا/خدنا	عدّينا
إنتو	اتغدّيتوا	استعملتوا	أخدتوا/خدتوا	عدّيتوا
همّ	اتغدّوا	استعملوا	أخدوا/خدوا	عدّوا

حرف العلّة موجود مع كُلّ الضماير لكن مش موجود مع هيّ / همّ	ممكن من غير همزة خد / كُلّ

النفي

١٤

أنا	إنت	إنتي	هو	هيّ
ما صحيتش	ما صحيتش	ما صحيتيش	ما صحيش	ما صحيتش
ما وصلْتِش	ما وصلتش	ما وصلتيش	ما وصلش	ما وصلِتْش
ما أكلْتِش	ما أكلتش	ما أكلتيش	ما أكلش	ما أكلِتْش
ما خدْتِش	ما خدتش	ما خدتيش	ما خدش	ما خدِتْش
ما اتغدّتش	ما تغدّتش	ما اتغدّتيش	ما تغدّاش	ما اتغدْتش

إحنا	إنتو	همّ
ما صحيناش	ما صحيتوش	ما صحيوش
ما وصلناش	ما وصلتوش	ما وصلوش
ما أكلناش	ما أكلتوش	ما أكلوش
ما خدناش	ما خدتوش	ما خدوش
ما اتغدّناش	ما اتغدّتوش	ما اتغدّوش

النطق

١٥

لاحظ النبر:

وقف	سألت	أخدتوا	اتعّشوا
□■	■□	□■□	□■□
ما وقفش	ماسألتش	ما أخدتش	ما اتعّشوش
■□	■□□□	■□□□	■□□

اسمع وحطّ النبر:

ما اتغدّاش	ما جريش	ما عدّش	ما اشتريناش
اتغدّى	جري	عدّ	اشترينا

التدريبات

تدريب (١٠ – ٣ – أ)

كلمة مفيدة:
مخالفة

اكتب الفعل المناسب.

(١) .... مخالفة قبل كده؟

(ياخد)

آه، .... مخالفة الإسبوع اللّي فات، .... ١٠٠ جنيه.

(ياخد)   (يدفع)

(٢) .... العربيّة الجديدة الجمعة اللّي فاتت؟

(يشتري)

لا، .... العربيّة عشان ما عنديش فلوس كفاية.

(يشتري)

(٣) .... على عنوان البيت فين؟

(يسأل)

لا، .... عشان ما .... حدّ في المكتب النهارده.

(يسأل)   (يشوف)

(٤) أخوك .... إمبارح من المطار إمتى؟

(يوصل)

هو .... الساعة ٨ بالليل و .... مع بعض بعد كده.

(يوصل)   (يتعشّى)

(٥) .... الغدا؟ .... الشّاي؟

(ياكل)   (يشرب)

لا، .... الغدا، لكن .... الشّاي.

(ياكل)   (يشرب)

(٦) إنت .... الهدوم في الدولاب؟

(يحطّ)

أيوه، .... الهدوم في الدولاب من ساعة.

(يحطّ)

تدريب(١٠ – ٣ – ب (١))

رتّب الحوار بين ندا وهبة.

كلمة مفيدة:
يلقى / لقى

هبة	ندا
– مشينا طبعاً. مشينا من التحرير لغاية الهرم ووصلنا البيت بعد نُصّ الليل.	– اتّصلتي بمحمود إمبارح؟ وخرجتوا مع بعض يا هبة؟
– آه، قوي لكن إتأخّرنا في السينما وما لقيناش تاكسي بالليل.	– وبعدين عملتوا إيه؟
– خدنا تاكسي تاني ورحنا واتفرّجنا على الفيلم.	– طيّب رحتوا إزّاي؟
– سألنا على عنوان سينما أوديون عشان نروح فيلم جديد، لكن سوّاق التاكسي ما عرفش.	– انبسطوا؟
– آه، رحنا السينما إمبارح وكلنا في مطعم.	– ياه! ما لقيتوش تاكسي، وعملتوا إيه؟
	– يا خبر! أمّا موقف!

 ١٦

اسمع وصحّح الحوار.

تدريب (١٠ – ٣ – ب (٢))

اسمع مرّة تانية وكمّل الجمل:

(١) هبة .... بمحمود.

(٢) هبة ومحمود .... مع بعض إمبارح.

(٣) همّ .... السينما.

(٤) .... في المطعم.

(٥) هبة ومحمود .... على عنوان سينما كريستال.

(٦) سوّاق التاكسي ما ....

جاوب على الأسئلة:

(١) هم خلّصوا الفيلم بدري؟

(٢) حصل إيه بعد كده؟

(٣) انبسطوا؟

(٤) روّحوا البيت إمتى؟ وإزّاي؟

تدريب (١٠ – ٣ – ج (١))

كلمات مفيدة: رنّ – نطّ – التليفون ضرب

قول حكاية عن مصطفى: إمبارح سمع التليفون ضرب الساعة ٣ الصّبح صحي بسرعة ونطّ من السرير وردّ على التليفون و ....

كلّ طالب يقول جملة عن مصطفى لغاية آخر طالب يقول آخر الحكاية.

تدريب (١٠ – ٣ – ج (٢))

دلوقتي كلّ طالب يقول حكاية لزميله عن موقف حصل أو سمع عن موقف حصل لحدّ.

تقديم (١٠ – ٤أ)

أنا عيّان يا دكتور.

ادرس الكلمات دي:

تَعبان = عيّان

عندي حرارة

عندي مغص

عندي زكام

عندي برد

عندي وجع في سناني

عندي صداع

عندي إسهال

أنبوبة كريم / دهان

شريط كبسولات

أقراص

معلقة

إزازة دوا شُرب

تقديم (١٠ - ٤ب)

(١)

اسمع وكرّر مع المدرِّس نهال

عندها إيه؟

١٧

دكتور: مالك يا مدام نهال؟ عندك إيه؟
نهال: تَعبانة يا دكتور، عندي برد وزكام وصداع.
دكتور: ليه كده؟ عملتي إيه؟
نهال: ما لبستش هدوم كفاية والدنيا برد.
دكتور: عندك حرارة؟
نهال: لا، ما عنديش حرارة.
دكتور: طيّب خدي الدوا ده قرصين فيتامين (c) كُلّ يوم، اشربي لمون كتير ونامي في السرير. والكبسولات دي عشان البرد. كبسولتين بعد الأكل.
نهال: شكرا يا دكتور.

(٢)

اسمع وكرّر مع المدرِّس ناجي

عنده إيه؟

١٨

دكتور: إيه يا ناجي؟ مالك عندك إيه؟
ناجي: عندي مغص جامد قوي يا دكتور. إمبارح أكلت كشري من الشارع.
دكتور: عندك إسهال أو حرارة؟
ناجي: أيوه، عندي إسهال وحرارة.
دكتور: طيّب، خد الكبسولات دي، كبسولة واحدة كُلّ ٦ ساعات. اشرب ميّة وسفن أب كتير. ما تاكلش حاجة النّهارده. وبكره كل شوربة.
ناجي: حاجة تانية؟
دكتور: آه، خُد قرصين قبل الأكل عشان المغص وأشوفك بعد يومين.
ناجي: شكرا يا دكتور، مع السّلامة.

١٩

لاحظ القواعد:

سؤال	إجابة	النفي
(١) مالَك؟	تَعبان / عيّان	مش تَعبان / عيّان
مالِك؟	تَعبانة / عيّانة	مش تَعبانة / عيّانة
مالكو؟	تَعبانين / عيّانين	مش تَعبانين / عيّانين
(٢) عندَك إيه؟	عندي: برد – حرارة – مغص – وجع في سناني – إسهال – زكام – صداع	ما عنديش: برد – مغص – وجع في سناني – إسهال – زكام – حرارة – صداع

كلمات جديدة:

دوا: كبسولة – كبسولات – قرص – أقراص – مرهم – دهان

عندي / ما عنديش: برد – مغص – وجع في سناني – إسهال – زكام – حرارة – صداع

٢٠

النطق

لاحظ النبر:

مغص	إسهال	زكام	صداع	وجع
■□	□■	□■	□■	■□

كبسولة	كبسولات	قرص	أقراص	مرهم
□■□	□□■	□	□■	■□

التدريبات

تدريب (١٠ – ٤ – أ (١))

الناس دي بتقول إيه للدكتور؟

وصّل (أ) مع (ب) وصحّح مع زميلك:

(ب)	(أ)
ألو يا دكتور: ١– إمبارح شربت عصير من الشارع ودلوقتي عندي إسهال جامد قوي. ٢– أكلت كتير قوي في الحفلة ودلوقتي عندي مغص جامد. ٣– عندي حرارة ٣٩ وتَعبان قوي. ٤– شربت ويسكي كتير وعندي صداع جامد. ٥– عندي برد وزكام وشغل كتير. ٦– ما نمتش إمبارح خالص وعندي وجع في سناني.	

تدريب (١٠ – ٤ – أ (٢))

اسمع نصيحة الدكتور وقول لأنهي صورة:

(١) اشرب قرصين من الدوا كُلّ ٤ ساعات عشان الحرارة ونام في السرير وكُل خفيف.

(٢) لازم تاخد الكبسولات دي مرّتين في اليوم ومعلقتين من الدوا وما تشربش حاجة من الشارع.

(٣) روح لدكتور السّنان وخد الأقراص دي عشان تنام.

(٤) ما تاكلش حاجة النّهارده تاني وخُد الكبسولات دي مع شوربة بس.

(٥) خدي قرصين عشان الصداع واشربي قهوة. وما تشربيش ويسكي تاني.

(٦) ما تشتغلش النّهارده وخد الدوا ده عشان البرد مع فيتامين (ج) مرّتين في اليوم.

٢٢

تدريب (١٠ – ٤ – ب)

اسمع وقول:

١– مدام وفاء عيّانة؟

٢– مين عيّان؟

٣– شوشو عندها إيه؟ ليه؟

٤– الدكتور كتب إيه؟

حطّ (✓) على الصورة واكتب الدوا.

٥– اكتب

هيّ
لازم .....
وما .....
وتحطّ .....
وتشرب .....

نص الاستماع لتدريب (١٠ – ٤ – ب)

الصيدلي	مدام وفاء
– اتفضّلي المرهم والأقراص يا مدام وفاء. إيه مالِك؟ إنتي عّيانة؟	– لا، أنا مش عّيانة. دي بنتي شوشو إمبارح راحت النادي وقعدت في الشمس كتير. ودلوقتي عندها حرارة وإسهال.
– آه، ألف سلامة. طيّب اتفضّلي كمان الكبسولات والفيتامين دول كتبهم الدكتور.	– الدكتور كتب الكبسولات كُلّ قد إيه؟
– تاخد كبسولة كُلّ ٦ ساعات مع الفيتامين. وطبعاً قال لازم تعمل حاجات تاني. مش كده؟	– آه، ما تقعدش في الشمس تاني وتحطّ الكريم ده ولازم تنام في السرير وتشرب عصير وميّة كتير.

تدريب (١٠ – ٤ – ج (١))

طالب (أ) إنت مريض. مثّل مرض زي الصور وقول عندك إيه.

طالب(ب) اسأل: ماله؟ وليه؟ وقول له نصيحة.

زكام وحرارة — وجع سنان — صداع

٢٣

من واقع الحياة

آه يا ضهري

كلمة مفيدة:

ضهر

الاستماع

اسمع وقول:

(١) عفاف عندها صداع؟ عندها إيه؟

(٢) عفاف تَعبانة ليه؟

(٣) هيّ بتقدر تمشي كويّس؟

(٤) هيّ هتاخد دوا إيه؟

(٥) هيّ لازم تعمل إيه تاني؟

(٦) عفاف هتقدر تنام ١٠ أيّام؟

نص استماع من واقع الحياة:

الدكتورة	مدام عفاف
– أيوه يا مدام عفاف، مالِك؟	– تَعبانة قوي يا دكتورة. إمبارح اشتغلت في البيت كتير. نضّفت وغسلت ونِزلت السوق. اشتريت طلبات وشِلت الحاجات وطلعت سادس دور عشان الأسانسير عطلان.
– طيّب إيه المشكلة؟ بتقدري تمشي كويّس؟	– لا .. لا، يا دكتورة. عندي وجع في ضهري وما باقدرش أمشي خالص.
– ماشي، خدّي الكبسولات دي .. كبسولة كُلّ ٦ ساعات، ودوا الشُرب ده .. معلقتين قبل الأكل، والمرهم ده .. مرّتين في اليوم.	– حاضر، الكبسولات .. واحدة كُلّ ٦ ساعات ومعلقتين من دوا الشُرب قبل الأكل والمرهم مرّتين في اليوم. حاجة تانية يا دكتورة؟
– أيوه، نامي على ضهرك ما تقوميش من السرير١٠ أيام. وما تشيليش حاجة تقيلة.	– أنام على ضهري ١٠ أيام؟ وما أقومش من السرير؟ والأولاد يا دكتورة؟ الأولاد .. أعمل إيه؟

القراءة

جورج وسوزي زاروا مصر.

اقرا برنامج جورج وسوزي. راحوا فين في مصر؟

يوم الاتنين

– وصلنا مطار القاهرة ٧ ونص بالليل.

– رحنا فندق كونراد.

– اتعشّينا أكل مصري.

– نمنا الساعة ١١.

يوم التلات

– فطرنا وركبنا الأتوبيس ورحنا المتحف واتفرّجنا علي الأهرام والقاهرة الإسلاميّة. وبعد الغدا ركبنا فلوكه في النيل.

– رجعنا الساعة ٧ وطلعنا البرج.

– اتعشّينا أكل صيني ونمنا الساعة ١١.

يوم الأربع

– شُفنا القلعة والأزهر واشترينا حاجات من خان الخليلي.

يوم الخميس

– سافرنا أسوان واتفرّجنا علي النيل ومعبد فيله ونمنا في فندق جوّه النيل.

يوم الجمعة

– زرنا الأقصر وشفنا معبد الكرنك ومعبد وادي الملوك.

يوم السبت

– ركبنا الأوتوبيس وبعدين المركب وصلنا شرم الشيخ وعُمنا في راس محمد.

يوم الحد

– أخدنا الطيّارة ورحنا إسكندريّة. واتفرجنا علي الآثار الرومانيّة ورجعنا القاهرة بالليل وسافرنا يوم الاتنين بدري.

قول صحّ وللا غلط، وغلط ليه؟

(١) هم وصلوا مطار القاهرة الساعة ٧ ونص الصّبح؟

(٢) هم راحوا فندق سميراميس؟

(٣) ناموا الساعة ١٢ يوم الاتنين؟

(٤) يوم التلات راحوا بالفلوكه؟

(٥) اتفرّجوا على القلعة يوم التلات؟

(٦) هم راحوا الأزهر يوم الأربع واشتروا حاجات من خان الخليلي؟

(٧) سافروا الأقصر يوم الخميس؟

(٨) سافروا أسوان يوم الجمعة؟

(٩) راحوا شرم الشيخ يوم الحدّ؟

قُدّامك خريطة لمصر:

ارسم جورج وسوزي سافروا إزّاي.

اكتب أنهي محافظات زاروها وأنهي آثار شافوها.

خريطة مصر

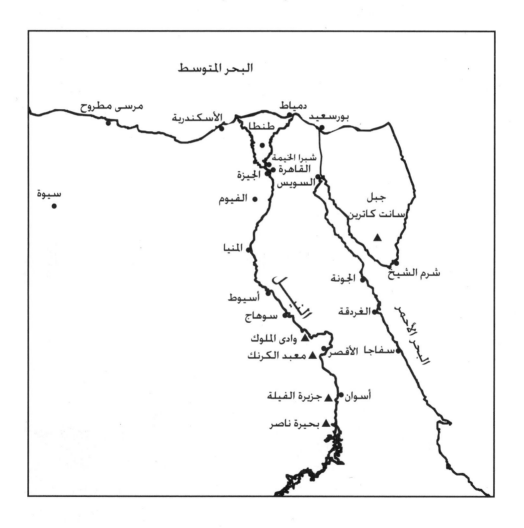

الكتابة

ده يوم في حياة نبيلة.

هيّ عملت إيه إمبارح؟

(١) اكتب ٣ جمل عن كُلّ صورة.

(٢) دلوقتي اكتب لعيلتك عن يوم في حياتك. عملت إيه إمبارح أو الإسبوع اللّي فات؟

الكلام

اختار موقف من المواقف دي واتكلّم مع زميلك حصل إيه في الموقف ده.

– جوزها عيان، عايزة دكتور بسرعة.
– حوار مع الممرّضة
– حوار مع الدكتور

– المدير نسي معاد الاجتماع.
– هيعتذر إزّاي؟
– حوار مع السكرتيرة

– نِسي معاد خطيبته.
– هيقول إيه؟
– هيعتذر إزّاي؟

– الكوافير عمل شعرها وحش قوي
وكلّ الناس شعرهم وحش.
– حوار مع السكرتيرة

افتكر

(١)

الفعل الماضي: من غير(ا) أول الفعل

فعل من ٣ حروف سليم		فعل مع شدّة		ثلاثي مع حرف علة			فعل من ٤ حروف
فتحة	كسرة	شدة في النص	شدة في الآخر	الأول	النص	الآخر	من غير سكون
فَتَح	لِبِس	فكّر	حطّ	وصل	قام باع نام	صحي	ذاكر
---	---	---	---	--V	-V-	V--	--ا-

ثلاثي مع همزة	
أ--	-أ-
أخد/خد	سأل

الفعل الماضي: مع(ا) في أول الفعل

أربع حروف مع سكون	أكثر من ٤ حروف	حرف علّة في الآخر ٤ حروف أو أكتر	فعل أوله استـ
أعْلن	اتكلّم	اتغدّي	استعمل

تصريف الفعل:

	من غير ا		مع ا		النفي	مع ا
أنا	شربت	ــــــــ ت	اشتغلت	اــــــــ ت	ما	ما
إنت	شربت	ــــــــ ت	اشتغلت	اــــــــ ت	شربتش	اشتغلتش
إنتي	شربتي	ــــــــ تي	اشتغلتي	اــــــــ تي	ما+الفعل	
هو	شرب	ــــــــ	اشتغل	اــــــــ	الماضي	ما +
هيّ	شربت	ــــــــ ت	اشتغلت	اــــــــ ت	+ ش	الفعل
إحنا	شربنا	ــــــــ نا	اشتغلنا	اــــــــ نا		الماضي
انتو	شربتوا	ــــــــ توا	اشتغلتوا	اــــــــ توا		+ ش
همّ			اشتغلوا			

(٢) السؤال عن المرض   الجواب

إنت مالك؟   عندي ....

إنتي مالك؟

إنتو مالكو؟

كلمات مفيدة:

حرارة - مغص - صداع - برد - وجع في..... - إسهال

٢٤

راجع معانا
(الوحدة ٥ - ١٠)

التدريب الأوّل:

ماجدة وسميحة بيتفرجّوا على صورتهم في الحفلة اللّي فاتت.

(١) اسمع واكتب اسم كُلّ واحد في الصورة:

(٢) تدريب كلام:

اسمع مرّة تانية واسأل عن الناس دول زي المثال:

١- مين لابسة جيبة؟

.... لابسة جيبة.

– هي مرات مين؟ جوزها اشتغل فين؟

– هيّ اشترت إيه؟

٢- مين لابس.........؟

.... نضارة؟

– هو جوز مين؟

– مراته بتشتغل إيه؟

٣- مين بشنب بس؟

– هو هيشتغل إيه؟

– هو ورا مين؟

٤- مين ....؟

– هو جوز مين؟

– هو جنب مين؟

– هو بيشتغل إيه؟

الاستماع

ماجدة	سميحة
– بُصّي يا سميحة، صورتنا في الحفلة اللّي فاتت. إيه الجيبة المشجّرة الحلوة دي؟ والبلوزة الزرقا دي ألوانها حلوّة قوي. إنتي إشتريتي هدوم جديدة يوم الحفلة من الأوكازيون؟	– آه، اشتريت حاجات رخيصة وحلوة قوي يوم الحفلة من الأكازيون. وبُصي جوزي لابس إيه في الصورة.
– آه لابس بدلة غامقة حلوة ونضّارة شيك قوي. إيه؟ هو أخد الشغل الجديد؟	– آه، الحمد لله. اشتغل في شركة كويّسة قوي في دُبي وهيسافر دُبي الإسبوع الجّاي إن شاء الله.
– طيّب كويّس. ومين دي؟ نادية؟ مش معقول! التايير بتاعها حلوّ قوي. هيّ اتجوزت؟	– آه، اتجوزت حسام، أهو جنبنا لابس جاكتّه غامقة وبنطلون ساده فاتح، بدقن وبشنب كمان وشعره ناعم. ده بيدرّس في الجامعة.
– أمّ. ومين ورا مصطفى ولابسة فستان منقوش وشعرها طويل؟	– دي شهيرة مراته بتشتغل مديرة في بنك. وإنتي فيه حدّ وراكي لابس بدلة بنّي وبشنب. مين ده؟
– ده حازم. ده هيشتغل محامي في شركة كبيرة قوي.	– ياه! برافو.

التدريب التاني

كُل طالب يقول جملة. الطالب اللّي يقول ٣ جمل في اتجاه هو الكسبان.

لازم	المفروض	باحبّ/ما باحبّش
جملة مع فعل أمر	أقدر X ما اقدرش	هات لي/جيب لي
أحياناً/غالباً/عادة/نادراً	إوعى	خليك فاكر/ماتنساش

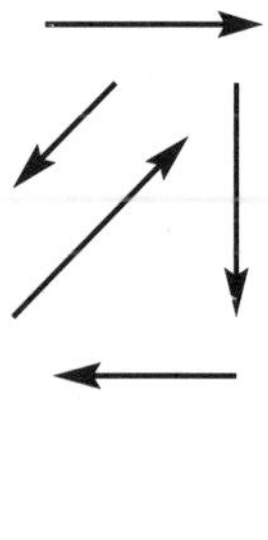

التدريب التالت:

وصّل (أ) مع (ب) وصحّح الجملة مع زميلك.

(أ)	(ب)
١– الجوّ فيه غيم ومطرة.	– لا، مش هاقدر. عندي مذاكرة كتير.
٢– ما تنساش تشتري هديّة.	– لا، شكرا. أنا باحبّ أشرب كوكا بس.
٣– تيجي نروح الإستاد؟	– طبعاً، لازم أجيب هديّة كويّسة لمراتي في عيد ميلادها.
٤– تحبّ تشرب بيرة؟	– حاضر، وأبعتلك سلطة طحينة وبابا غنّوج معاهم؟
٥– ألو، ممكن تبعت ١ كباب و٢ كفتة مشويّة؟	– لا، أنا ما باحبّش الأكل الهندي.
٦– ياللا نروح مطعم هندي.	– إوعى تخرج النّهارده. الشوارع مليانة ميّة.

التدريب الرابع:

النّهاردة إيه؟ اختار تاريخ اليوم

(١) اكتب واملا الجدول عن نفسك. عملت إيه إمبارح / أول إمبارح / الإسبوع اللّي فات؟ اسأل عن بكره / بعد بكره / الإسبوع الجّاي... إلخ.

(٢) اسأل الطلبة في الفصل عن الجدول بتاعهم.

السّبت	الأحد	الاثنين	الثلاثاء	الأربعاء	الخميس	الجمعة
						١
٢	٣	٤	٥	٦	٧	٨
٩	١٠	١١	١٢	١٣	١٤	١٥
١٦	١٧	١٨	١٩	٢٠	٢١	٢٢
٢٣	٢٤	٢٥	٢٦	٢٧	٢٨	٢٩
٣٠	٣١					

التدريب الخامس:

املا الجدول:

الفعل	مضارع	ماضي	مستقبل	أمر
١-		بعت		
٢-	بياكل			
٣-				تعالوا
٤-		مشي		
٥-				روحي
٦-	بيتفرّج على			
٧-			هنتغدّي	
٨-		وصلنا		
٩-				اتكلم
١٠-	بتقول		هتقابل	
١١-				

التدريب السادس:

رتب الجملة:

(١) ٥ مرّات في الإسبوع – بالعب تنس – أنا عادة

(٢) ٤٠ كجم – تشيل – تقدر

(٣) كويّس؟ – تستعمل – الكمبيوتر – بتعرف

(٤) من فوق الدولاب – هاتلي – يا أحمد – الشنطة

(٥) مرّتين في الإسبوع – باروح القهوة – أحياناً

(٦) في الشنطة – والكتب – الأقلام – حطّ – يا عادل

(٧) السينما – إمبارح؟ – رحت

(٨) عيلتك – إمتى؟ – هتزور

Glossary قاموس

Chapter 1 الوحدة الأولى

Presentation (1) تقديم (١)

English	Arabic
we	إحنا
What's up?	أخبارك؟
you (pl.)	إنتو
What?	إيه؟
Glad to meet you	تشرّفنا
party	حفلة
they	همّ
How are you?	عامل إيه؟
You're welcome	العفو
Everything's fine	كلّه تمام
also	كمان
but	لكن
happy	مبسوط
Where from?	منين؟
you (formal)	حضرتك

Presentation (2) تقديم (٢)

English	Arabic
Australia	أستراليا
Asia	آسيا
originally	أصلاً
South America	أمريكا الجنوبيّة
North America	أمريكا الشماليّة
Europe	أوروبّا
sea	بحر
your country	بلدك
nationality	جنسيّة
southeast	جنوب شرق
southwest	جنوب غرب
capital	عاصمة
Where exactly?	فين بالظبط؟
Africa	قارّة أفريقيا
governorate	محافظة
ocean	محيط
city	مدينة
Isn't it?	مش كده؟

Presentation (3) تقديم (٣)

English	Arabic
friends	أصحاب
in English	بالإنجليزي
cold	برد
folks	الجماعة
neighbors	جيران
temperature	حرارة
very nice	حلوة قوي
colleagues	زمايل
colleague (m.)	زميل
colleague (f.)	زميلة
year	سنة
headache	صداع
"I have" and its conjugation	عندي و تصريفها
money	فلوس
dictionary	قاموس
How many?	كام؟
How old are you?	كام سنة؟
cough	كحّة
Why?	ليه؟
not that great	مش قوي
not too bad	نصّ نص

Presentation (4) تقديم (٤)

English	Arabic
numbers from 1 to 90	الأرقام من ١ لـ ٩٠
week	إسبوع
sorry (m)	آسف
sorry (f)	آسفة
many thanks	ألف شكر
room	أوضة
How much do I owe?	الحساب كام؟
around / approximately	حوالي
operator	دليل
first floor	الدّور الأوّل
second floor	الدّور التاني
term	دورة
month	شهر
right	صح
colloquial	عاميّة
How much do you have?	عندك كام؟
How old are you?	عندك كام سنة؟
wrong	غلط
Modern Standard Arabic	فصحى
code	كود
please	لو سمحت

ok	ماشي
busy (m.)	مشغول
busy (f.)	مشغولة
present (m.)	موجود
present (f.)	موجودة
employee (m.)	موظّف
employee (f)	موظّفة
	نمرة تليفونك كام؟
What's your phone number?	
sir	يا أفندم
day	يوم

Chapter 2 الوحدة الثانية

Presentation (1) تقديم (١)

English	**Arabic**
also	برضه
income	دخل
this (m.)	ده
this (f.)	دي
these	دول
painter	رسّام
company	شركة
travel agency	شركة سياحة
small	صغيّر
airport controller	ظابط ملاّح
musician	عازف
Abbasiyya clinic	عيادة العباسيّة
big	كبير
accountant	محاسب
lawyer	محامي
court	محكمة
salary	مرتّب
Maadi factory	مصنع المعادي
singer (m.)	مغنّي
actor (m.)	ممثّل
job	وظيفة

Presentation (2) تقديم (٢)

English	**Arabic**
thousands of pounds	آلاف الجنيهات
million	مليون

in front of	قدّام/قُصاد
close to	قريّب من
wallet	محفظة
keys	مفاتيح
from	من
behind	ورا

Chapter 3 الوحدة الثالثة

Presentation (1) تقديم (١)

English	Arabic
license	رخصة
basket	سَبَت
bed	سرير
umbrella	شمسيّة
box	علبة
brush	فرشة
team	فريق
winner	كسبان
pocketbook / plastic bag	كيس
game	مباراة
comb	مشط
library	مكتبة

Presentation (3) تقديم (٣)

English	Arabic
son	ابن
brother	أخّ
sister	أخت
children	أولاد
dad	بابا
girl / daughter	بنت
husband	جوز
family	عيلة
mother	ماما
wife	مراة/زوجة
boy / son	ولد

Presentation (4) تقديم (٤)

English	Arabic
outside	برّه
far from	بعيد عن
under	تحت
inside	جوّه
on	على
over / on top of	فوق
in	في

turn	لفّ
I'm sure	متأكّد
I don't know	مش عارف
I'm not sure	مش متأكّد

Presentation (4) تقديم (٤)

English	Arabic
new	جديد
floor	دور
Where do you live? (m.)	ساكن فين؟
Where do you live? (f.)	ساكنة فين؟
Where do you live? (pl.)	ساكنين فين؟
flat	شقّة
Really?	صحيح
living	عايش
building	عمارة
old	قديم
Wow!	الله
sports club	نادي
he chooses	يختار
he connects	يوَصّل
he arrives	يوصل

Presentation (2) تقديم (٢)

English	Arabic
mine (m.)	بتاعي
mine (f.)	بتاعتي
theirs (pl.)	بتوعهم
football match	مباراة
he puts	يحطّ
maybe	يمكن

Presentation (3) تقديم (٣)

English	Arabic
I think / remember	أفتكر
Go straight	إمشي دوغري
I know	أنا عارف
after	بعد
enter	خُشّ
in the middle of	في وسط
Where is the stadium?	فين الإستاد؟
before	قبل
until the end of	لآخر
until	لحدّ / لغاية

When?	إمتى؟
at night	بالليل
early	بدري
he's eating / eats	بياكل
he's eating lunch / eats lunch	بيتغدّى
he's watching / watches	بيتفرّج على
he's running / runs	بيجري
he's preparing / prepares	بيحضّر
he's returning / returns	بيرجع
he's dancing / dances	بيرقص
he's going / goes	بيروح
he's listening / listens	بيسمع
he's buying / buys	بيشتري
he's drinking / drinks	بيشرب
he's swimming / swims	بيعوم
	بيفطر
he's eating breakfast / eats breakfast	
he's meeting / meets	بيقابل
he's dressing / dresses	بيلبس
he's playing / plays	بيلعب
he's sleeping / sleeps	بينام
he's cleaning / cleans	بينضّف
Tuesday	التلات
Friday	الجمعة

From Real Life — من واقع الحياة

English	Arabic
I was robbed	اتسرقت
you see / she sees	تشوف
perfect	تمام
crowded	زحمة
Do you want . . .?	عايز. . .؟
empty / free	فاضي
enough	كفاية
impossible	مش ممكن
busy	مشغول
full	مليان

Chapter 4 — الوحدة الرابعة

Presentation (1) — تقديم (١)

English	Arabic
Monday	الإتنين
holiday	أجازة
Wednesday	الأربع
weeks	أسابيع
rest	استراحة

Thursday	الخميس
month - months	شهر - شهور
morning	الصّبح
noon	الضّهر
afternoon	بعد الضّهر
dawn	الفجر
lazy	كسلان
no problem	ما فيش مشكلة
late	متأخّر
he sees	يشوف
day - days	يوم - أيّام
Sunday	الحدّ

Presentation (2) تقديم (٢)

English	Arabic
dairy	ألبان
rice pudding	رز بلبن
Umm 'Ali	أمّ علي
with milk	بلبن
guava	جوافة
Bring me	جيب لي / هات لي
extra sugar	سكّر زيادة
plain tea	شاي سادة
apple shisha	شيشة تفّاح
I want	عايز
orange juice	عصير برتقان
strawberry	فراولة
cinnamon	قرفة
coffee with a little sugar	قهوة عالريحة
French coffee	قهوة فرنساوي
cantaloup	كانتلوب
hibiscus tea	كركديه
coke	كوكا
hot drinks	مشروبات سخنة
cold drinks and juices	مشروبات متلّجة و عصاير
medium sugar	مظبوطة
milk pudding	مهلبيّة
mineral water	ميّة معدنية
mint	نعناع
anise tea	ينسون

Presentation (3) تقديم (٣)

English	Arabic
vegetables	خضار
okra	بامية

fruits	فاكهة
pears	كمّترى
mangoes	مانجه
bananas	موز
Give me the change	هات باقي
tangerines	يوستفندي

Presentation (4) تقديم (٤)

English	Arabic
monuments	الآثار
next week	الإسبوع الجّاي
after a while	بعد شويّة
afterward	بعد كده
next year	السّنة الجايّة
she wants to receive	عايزة تستقبل
we want	عايزين
when	لمّا
I don't want	مش عايز
presents	هدايا
he stays home	يقعد في البيت
he grows up	يكبر

eggplant	بتنجان
peas	بسلّة
onions	بصل
potatoes	بطاطس
garlic	توم
carrots	جزر
lettuce	خسّ
cucumber	خيار
tomatoes	طماطم
green beans	فاصوليا
pepper	فلفل
cabbage	كُرنب
zucchini	كوسة
oranges	برتقان
plums	برقوق
watermelon	بطّيخ
How much is . . . ?	بكام ال ... ؟
dates	بلح
apples	تفّاح
figs	تين
peaches	خوخ
melon	شمّام
grapes	عنب
Do you have change?	عندك فكّة؟

From Real Life — من واقع الحياة

English	Arabic
dessert	الحلو
eggplant salad	سلطة بابا غنوج
vegetables with mayonnaise	سلطة خضار بالمايونيز
garlic bread	عيش بالتوم
kufta	كفتة
zucchini with bechamel	كوسة بالبشامل
I'm not free	مش فاضي

Chapter 5 — الوحدة الخامسة

Presentation (1) — تقديم (١)

English	Arabic
bottle-bottles	إزازة-أزايز
plastic bag-bags	كيس-أكياس
packet-packets	باكو-بواكي
jar-jars	برطمان-برطمانات
protein	بروتين
biscuits	بسكوت

English	Arabic
coffee	بن
eggs	بيض
cheese	جبنة
shrimps	جمبري
jelly	جيلي
vinegar	خلّ
flour	دقيق
yogurt	زبادي
butter	زبدة
oil	زيت
sugar	سكّر
fish	سمك
margarine	سمن
stock cubes	شوربة
tomato sauce	صلصة
box-boxes	صندوق-صناديق
bread	عيش
chicken	فراخ
carton-cartons	كرتونة-كراتين/كرتونات
meat	لحمة
jam	مربّى
drinks	مشروبات
wine	نبيت
carbohydrates	نشويّات

Presentation (2) تقديم (٢)

English	Arabic
side lamp	أباجورة
elevator	أسانسير
dining room	أوضة سفرة
sitting room	أوضة صالون
living room	أوضة معيشة
bedroom	أوضة نوم
balcony	بالكونة
bathtub	بانيو
china cabinet	بوفيه
he cuts / is cutting	بيقصّ
dining table	ترابيزة السفرة
dressing table	تسريحة
air conditioning	تكييف
toilet	تواليت
bathroom	حمّام
tap	حنفيّة
basin	حوض
shower	دُش
heater	دفايّة
closet	دولاب
kitchen cupboard	دولاب المطبخ
curtain	ستارة
carpet	سجّادة
water heater	سخّان
bed	سرير
stairs	سلّم
dresser	شوفونيرة
washing machine	غسّالة
armchair	فوتيه
there is (m.)	فيه
there is (f.)	فيها
dining chairs	كراسي السفرة
Side table	كمودينو
Sofa	كنبة
There isn't (m.)	مافيهوش
There isn't (f.)	مافيهاش
kitchen	مطبخ
chandelier	نجفة
he fixes	يصلّح
he dries	ينشّف

Presentation (3) تقديم (٣)

English	Arabic
white	أبيض

red	أحمر
green	أخضر
blue	أزرق
black	إسود
yellow	أصفر
pink	بمبي
eggplant (color)	بتنجاني
orange	برتقاني
watermelon green	بطّيخي
purple	بنفسجي
brown	بنيّ
beige	بيج
turquoise	تركواز
gray	رمادي
olive (color)	زتوني
look	شوف
dark	غامق
light-colored	فاتح
pistachio (color)	فستقي
fuchsia	فوشيا
rose (color)	وردي
navy blue	كحلي
light blue	لبني
lemon	لموني
his color	لونه
her color	لونها
incredible / unbelievable	مش معقول
apricot (color)	مشمشي
wine (color)	نبيتي

Presentation (4) تقديم (٤)

English	**Arabic**
coat	بالطو
suit	بدلة
blouse	بلوزة
pants	بنطلون
suit with skirt	تايير
jacket	جاكتّة
shoes	جزمة
gallabiyya	جلابيّة
belt	حزام
robe	روب
plain-colored	سادة
socks	شراب
shorts	شورت
dress	فستان
shirt	قميص

below zero	تحت الصفر
dusty	تراب
snowing	تلج
The weather is very cold	الجوّ برد قوي
It's warm	الجوّ دافي
	الجوّ عامل إيه؟/الجوّ فيه إيه؟
What's the weather like?	
hot	حرّ
I'm hot	حرّان
fall	الخريف
temperature	درجة الحرارة
spring	الربيع
wind	ريح
fog	شبّورة
humid	رطوبة
winter	الشتا
sun	شمس
months of the year	شهور السّنة
summer	الصيف
cloudy	غيم
season-seasons	فصل/فصول
Celsius	مئويّة
rain	مطرة
January	يناير
checkered	كاروه
scarf	كوفية
he is wearing	لابس
she is wearing	لابسة
they are wearing	لابسين
floral	مشجّر
striped	مقلّم
dotted	منقّط
embroidered	منقوش

From Real Life من واقع الحياة

English	Arabic
cheap	رخيص
expensive	غالي
luxurious	فاخرة
requested	مطلوب

Chapter 6 الوحدة السادسة

Presentation (1) تقديم (١)

English	Arabic
I'm cold	بردان

English	Arabic
February	فبراير
March	مارس
April	أبريل
May	مايو
June	يونيو
July	يوليو
August	أغسطس
September	سبتمبر
October	أكتوبر
November	نوفمبر
December	ديسمبر

Presentation (2) — تقديم (٢)

English	Arabic
suggestion	اقتراح
meal	أكلة
order	أمر
come	تعالى
Shall we?	تيجي؟
Come on	ياللا
he goes out	يخرج
he asks	يسأل
he rests	يستريّح

English	Arabic
he fixes	يصلّح
he orders / asks for something	يطلب

Presentation (3) — تقديم (٣)

English	Arabic
romantic films	أفلام رومانسيّة
ticket	تذكرة
sport	رياضة
chess	شطرنج
cards	كوتشينة
Oriental music	مزّيكا شرقي

Presentation (4) — تقديم (٤)

English	Arabic
pepper steak	استيك بوافر
veal escalope	إسكالوب بانية
french fries	بطاطس محمرّة
omelet	بيض أومليت
mushroom piccata	بيكاتا بالمشروم
rice with curry	رز بالكاري
fried fish	سمك بانية
vegetable soup	شوربة خضار

Chapter 7 — الوحدة السابعة

Presentation (1) — تقديم (١)

English	Arabic
blonde	أشقر
bald	أصلع
bearded	بدقن
mustached	بشنب
fat	تخين
pretty	حلو
coarse / curly	خشن
thin	رفيّع
young person	شاب
hair	شعر
look	شكل
tall	طويل
old	عجوز
rich	غني
poor	فقير
in his / her twenties	في العشرينات
short	قصيّر
lazy	كسلان
full	مليان

meat shawerma	شاورمة لحمة
shish tawuk	شيش طاووق
falafil	طعميّة
chicken fajita	فراخ فاهيتا
grilled chicken	فراخ مشويّة
apple pie	فطيرة تفّاح
fuul (fava beans)	فول
crème caramel	كريم كراميل
kushari	كشري
grilled kufta	كفته مشويّة
zucchini with bechamel sauce	كوسة بالبشامل
chocolate cake	كيكة شوكولاتة
beef and eggplant casserole	مسقّعه باللحمة

From Real Life — من واقع الحياة

English	Arabic
total	إجمالي
Pay the bill	إدفع الحساب
Buy me	إشتري لي
anytime	أيّ خدمة
menu	منيو

Presentation (3) تقديم (٣)

English	Arabic
never	أبداً
sometimes	أحياناً
he walks	بيمشي
at all	خالص
always	دايماً
sometimes	ساعات
personality	شخصيّة
usually	عادةً
all the time	على طول
most of the time	غالباً
stories	قصص
How often?	كلّ قدّ إيه؟
football / soccer	كورة قدم
most of	معظم
rarely	نادرا
he ice-skates	يتزحلق على التلج
he rides a bicycle	يركب عجل
he sits	يقعد

curly / wavy	مموّج
soft	ناعم
active	نشيط
ugly / bad	وحش
he goes out	يخرج

Presentation (2) تقديم (٢)

English	Arabic
better	أحسن
How far is it?	بعيد قدّ إيه؟
almost	تقريبا
solutions	حلول
invitation	عزومة
because	عشان
sitting	قاعد
problem	مشكلة
Never mind / It's ok	معلش
situations	مواقف
she likes / you like	تحبّ
standing	واقف
he rides	يركب
he invites	يعزم

supposed to	المفروض
he trains / practises	يتمرّن
he pays	يدفع
situation	موقف

From Real Life من واقع الحياة

English	Arabic
dinner party	حفلة عشا
Nile cruise	رحلة نيليّة
for you	عشانك
per person	للفرد
air conditioned	مكيّف
public transport	المواصلات
the date	المعاد
gift	هديّة
he reserves	يحجز

Chapter 8 الوحدة الثامنة

Presentation (1) تقديم (١)

English	Arabic
order - orders	أمر – أوامر
call	اتّصل ب

Presentation (4) تقديم (٤)

English	Arabic
snake	تِعبان
ready	جاهز
army	الجيش
ok	حاضر
birthday party	حفلة عيد ميلاد
medicine	دوا
garbage	زبالة
condition-conditions	شرط–شروط
maid	شغّالة
loud voice	صوت عالي
low voice	صوت واطي
customs and habits	عادات
military	العسكري
patients	عيّانين
cats	قطط
dogs	كلاب
electricity	الكهربا
must	لازم
languages	لغات
by myself	لوحدي
don’t be upset (f.)	ما تزعليش
supervisor	مشرف

slowly	بشويش
bring	جيب / هات
put	حطّ
take	خد
put on	شغّل
requests	طلبات
team	فريق
train	القطر
quickly	قوام
all	كلّ
files	ملفّات
folks	يا جماعة
be quiet	اسكت

Presentation (2) تقديم (٢)

English	Arabic
he comes	ييجي
he prepares	يحضّر
he gives	يدّي
he arranges	يرتب
he visits	يزور
he carrys	يشيل
he puts right	يعدل
he mixes up	يلخبط
he gathers together	يلمّ
he gives a lift	يوصّل

Presentation (3) تقديم (٣)

English	Arabic
meeting	الاجتماع
hand	إيد
warning	تحذير
bicycle	العجلة
I remember	فاكر
electricity	كهربا
traffic	المرور
unbelievable	مش معقول
forbidden	ممنوع
system	نظام
he abstains from	يمتنع عن
he prohibits	يمنع
he speaks	يتكلّم
he is afraid of	يخاف
he pays	يدفع
he studies	يذاكر
he parks	يركن
he drives	يسوق
he leaves	يسيب

From Real Life — من واقع الحياة

English	Arabic
light	خفيفة
straight ahead	على طول
team / band	فِرقة
quickly	قوام
toys	لِعَب
he sends	يبعت
he throws	يرمي
he helps	يساعد

Chapter 9 — الوحدة التاسعة

Presentation (1) — تقديم (١)

English	Arabic
advertisement	إعلان
sports	رياضة
chess	شطرنج
checks	شيكات
football	كرة قدم
he runs	يجري
he finishes off	يخلّص
he crosses	يعدّي
he knows	يعرف
he stops	يقف
he breaks	يكسر
he passes by	يمُرّ
he walks	يمشي
he forgets	ينسى
prohibition	نهي

Presentation (4) — تقديم (٤)

English	Arabic
reminder	تذكير
Take care	خللي بالك
Remember	خلليك فاكر
dog	الكلب
by himself	لوحده
Don't forget	ماتنساش
traveling	مسافر
appointments	مواعيد
he greets	يسلّم على
he meets	يقابل

English	Arabic
he lifts / carries	يشيل
he swims	يعوم
he is able to	يقدر
he jumps	ينطّ

Presentation (2) تقديم (٢)

English	Arabic
after a while	بعد شويّة
day after tomorrow	بعد بكره
the next (time)	الجّاي
gardens	جناين
next month	الشهر الجّاي
birthday	عيد ميلاد
many happy returns	كلّ سنة وإنت طيّب
future	المستقبل
restaurant	مطعم
surprise	مفاجأة
oases	الواحات
he graduates from	يتخرّج من
he calls	يتّصل بـ
he visits	يزور

Presentation (3) تقديم (٣)

English	Arabic
antenna	إريال
he leaves a message	يسيب رسالة
suntan	حمّام شمس
message	رسالة
roof	السطوح
he takes a message	ياخد رسالة
he answers	يردّ
he installs	يركّب
he asks about	يسأل عن
he passes by	يفوت على

Presentation (4) تقديم (٤)

English	Arabic
did his Ph.D.	أخد الدكتوراه
apology	اعتذار
he blows out the candles	يطفّي الشمع
cake	تورتة
strong	جامد
graduation party	حفلة التخرّج
fiancée	خطيبة

Chapter 10 الوحدة العاشرة

Presentation (1) تقديم (١)

English	Arabic
he meets with	يجتمع
he rents a film	يأجّر فيلم
last week	الإسبوع اللّي فات
yesterday	إمبارح
the day before	أول إمبارح
he invites	يعزم
he sits in front of	يقعد قدّام
he comes	ييجي

Presentation (2) تقديم (٢)

English	Arabic
vowel	حرف علّة
let	ساب
helped	ساعد
carried	شال
whole afternoon	طول بعد الضّهر
vowelled verb	فعل معتلّ
what's wrong?	مالك؟
the new system	النّظام الجديد
headache	صداع
New Year's Eve	عيد راس السّنة
Sham al-Nisim	عيد شمّ النسيم
birthday / Christmas	عيد ميلاد
past / last	اللي فات
congratulations	مبروك
I can't	مش هاقدر
he stay	نقعد
he saves money	يحوّش
he apologizes	يعتذر

From Real Life من واقع الحياة

English	Arabic
belly dancing	رقص شرقي
North coast	الساحل الشمالي
buying	شرا
many congratulations	ألف مبروك
pottery	فخّار
he goes for an outing	يتفسّح

Presentation (3) تقديم (٣)

English	Arabic
he was happy	انبسط
the telephone rang	التّليفون ضرب
story	حكاية
he replied	ردّ
he went home	روّح
he counted	عدّ
he found	لقى
traffic ticket	مخالفة
he jumped	نطّ

Presentation (4) تقديم (٤)

English	Arabic
diarrhea	إسهال
pill / pills	قرص/أقراص
heavy	تقيل
ointment	دهان
syrup	دوا شُرب
light	خفيف
cold	زكام
strip of pills	شريط
sick / patient	عيّان
capsule - capsules	كبسولات – كبسولة
cream	كريم
spoon	معلقة
stomachache	مغص
toothache	وجع في السنان

From Real Life من واقع الحياة

English	Arabic
Roman monuments	آثار رومانيّة
Khan al-Khalili	خان الخليلي
Ras Muhammad	راس محمد
back	ضهر
Karnak	الكرنك
Philae temple	معبد فيله
Valley of the Kings	وادي الملوك